Kurzzeittherapie und Wirklichkeit

D1669480

SERIE
PIPER

Zu diesem Buch

Seit vielen Jahren arbeiten Psychotherapeuten mit der sogenannten strategischen Kurzzeittherapie. Die Grundfrage dieses
Therapieansatzes lautet: Wie verhalten sich Menschen zu der
von ihnen selbst konstruierten Wirklichkeit? Da eine psychische
Störung auf einer gestörten Wahrnehmung der Wirklichkeit beruht, muß die Therapie versuchen, die Wahrnehmung von Wirklichkeit zu verändern, und zwar in möglichst überschaubarer
Zeit. Die Psychotherapeuten Paul Watzlawick und Giorgio Nardone haben in diesem Band internationale Experten versammelt
und bieten eine umfassende Darstellung von Theorie, Praxis und
Forschung der Kurzzeittherapie.

Paul Watzlawick, geboren 1921 in Villach / Kärnten, studierte
Philosophie und Sprachen. Psychotherapeutische Ausbildung
am C.G. Jung-Institut in Zürich. 1957 bis 1960 Professor für
Psychotherapie in El Salvador; seit 1960 Forschungsbeauftragter
am Mental Research Institute in Palo Alto / Kalifornien. Außerdem lehrte er an der Stanford University. Zahlreiche Veröffent-
lichungen.
Giorgio Nardone, geboren 1958 in Arezzo, ist Psychotherapeut
und Professor für Psychotherapie an der Universität von Siena.
Außerdem ist er Repräsentant des Mental Research Institute in
Italien und Direktor des Centro di Terapia Strategica in Arezzo.

Kurzzeittherapie und Wirklichkeit

Eine Einführung

Herausgegeben von
Paul Watzlawick und Giorgio Nardone

Aus dem Englischen und Italienischen von
Michael von Killisch-Horn

Mit 5 Abbildungen

Piper München Zürich

Die Übersetzung erfolgte aus dem englischen und italienischen Manuskript, von dem die italienische Buchausgabe in einigen Punkten abweicht.

Zu den lieferbaren Büchern von Paul Watzlawick in der Serie Piper siehe Seite 330.

Dieses Taschenbuch wurde auf FSC-zertifiziertem Papier gedruckt.
FSC (Forest Stewardship Council) ist eine nichtstaatliche, gemeinnützige Organisation, die sich für eine ökologische und sozialverantwortliche Nutzung der Wälder unserer Erde einsetzt (vgl. Logo auf der Umschlagrückseite).

Ungekürzte Taschenbuchausgabe
1. Auflage September 2001
3. Auflage Juli 2005
© 1997, 1999 Paul Watzlawick und Giorgio Nardone
Titel der italienischen Ausgabe:
»Terapia breve strategica«, Raffaello Cortina Editore, Mailand 1997
© der deutschsprachigen Ausgabe:
1999 Piper Verlag GmbH, München
Umschlag: Büro Hamburg
Stefanie Oberbeck, Isabel Bünermann
Umschlagabbildung: Albert Rocarols (»Pocospelos«)
Foto Umschlagrückseite: Peter Peitsch (Paul Watzlawick)
Satz: EDV-Fotosatz Huber / Verlagsservice G. Pfeifer, Germering
Papier: Munken Print von Arctic Paper Munkedals AB, Schweden
Druck und Bindung: Clausen & Bosse, Leck
Printed in Germany
ISBN-13: 978-3-492-23395-8
ISBN-10: 3-492-23395-3

www.piper.de

Die wahre Entdeckungsreise
besteht nicht darin,
daß man neue Länder sucht,
sondern daß man neue Augen hat.

Marcel Proust

Inhalt

Prolog

Gib nach, und du wirst unnachgiebig sein.
Beuge dich, und du wirst siegen. Leere dich,
und du wirst voll sein. Das Harte und das
Unbeugsame werden von der Veränderung
zerbrochen; das Biegsame und das Nachgie-
bige biegen sich und werden überlegen sein.

RAY GRIGG,
Das Tao der Beziehungen

Der strategische Ansatz ist nicht eine einfache Theorie und Praxis auf dem Gebiet der Psychotherapie, sondern eine echte Denkschule, die sich mit der Frage beschäftigt, »wie« die Menschen sich zur Wirklichkeit verhalten oder, besser, wie jeder von uns sich zu sich selbst, zu den anderen und zur Welt in Beziehung setzt.

Die Grundannahme lautet: Die Wirklichkeit, die wir wahrnehmen und auf die wir reagieren, einschließlich der Probleme und der psychischen Störungen, ist das Ergebnis der Wechselwirkung zwischen dem Beobachtungsstandpunkt, den wir einnehmen, den Mitteln, die wir verwenden, und der Sprache, die wir benutzen, um diese Wirklichkeit mitzuteilen. Es gibt daher keine »wahre« Wirklichkeit, sondern nur so viele mögliche Wirklichkeiten, wie es mögliche Wechselwirkungen zwischen Subjekt(en) und Wirklichkeit gibt.

Aus dieser Annahme ergibt sich, daß jede geistig gesunde oder geistesgestörte Verfassung, in der wir uns befinden, das Produkt einer aktiven Beziehung zwischen uns und dem, was wir erleben, ist. Mit anderen Worten, *jeder konstruiert die Wirklichkeit, die er dann erfährt.*

Aus dieser Perspektive erscheinen die Geistesstörungen als Produkt einer dysfunktionalen Art der Wahrnehmung und Reaktion in der Konfrontation mit der Wirklichkeit, die das

Subjekt durch seine Dispositionen und Handlungen buchstäblich selbst konstruiert hat. Dies ist ein »Konstruktionsprozeß«, in dem sich mit den Wahrnehmungsweisen des Subjekts auch seine Reaktionen verändern.

Das Konzept des *strategischen problem solving*, auf dem die Kurzzeittherapie beruht, wird von dieser scheinbar so einfachen Logik gesteuert, die sich in der klinischen Praxis darin äußert, daß der Patient, häufig mit Hilfe von Tricks (Stratagemen) und Formen raffinierter Suggestion, die seine Widerstände unterlaufen, veranlaßt wird, alternative Wahrnehmungen seiner Wirklichkeit zu erproben. Solche neuen und korrigierenden Wahrnehmungserfahrungen sollen ihn dazu bringen, seine früheren dysfunktionalen emotionalen und kognitiven Dispositionen und Verhaltensmuster zu ändern.

Dennoch hatten es die strategischen Ansätze der Psychotherapie, obwohl sie sich in der konkreten Anwendung als die wirksamsten und leistungsfähigsten Modelle für die kurzfristige Lösung der meisten Geistes- und Verhaltensstörungen erwiesen haben (Nardone, 1991; de Shazer, 1991; Bloom, 1995), von ihrer ersten Formulierung (Weakland, Fisch, Watzlawick, Bodin, 1974) an sehr schwer, von der Gemeinschaft der Psychotherapeuten anerkannt zu werden. Denn diese, in ihrer Mehrheit in den psychodynamischen Langzeittherapiemodellen geschult, hatten, was hinsichtlich ihrer gesellschaftlichen Rolle paradox scheint, die Vorstellung verworfen, daß es möglich sein könnte, die menschlichen Probleme innerhalb kurzer Zeit zu lösen, auch wenn dies konkret bewiesen werden konnte (Bloom, 1995).

Die Wissenschaftsgeschichte weist im übrigen so viele Beispiele von Widerstand gegen eine Veränderung der für »wahr« gehaltenen Theorien auf, daß es sich erübrigt, die erwähnte feindselige Haltung gegenüber dem Neuen und anderen mit der Haltung zu vergleichen, die die Heilige Inquisition gegenüber den Entdeckungen Galileis einnahm: Wenn die Tatsachen nicht mit der Theorie (oder dem Glauben) übereinstimmen, um so schlimmer für die Tatsachen. Wir brauchen uns nur zu erinnern, wie schwer es Einsteins Relativitätstheorie und Heisenbergs Quantenmechanik hatten, die früheren positivistischen Formulierungen in der Physik abzulösen, obwohl sie experimentell bewiesen worden waren. Wenn die anwendungstheoretischen Formulierungen autoimmunisierende Theorien werden, ist es in der Tat natürlich, daß sie sich tapfer ihrer eigenen Veränderung widersetzen, da sie als »autoreferentielle« Systeme (von Foerster, 1973) auf der Grundlage des Mechanismus der »Autopoiesis« (Maturana, Varela, 1980) funktionieren und vor allem für die Personen, die an sie »glauben«, die Grundlage ihrer persönlichen Identität darstellen (Salvini, 1995), deren Stabilität zu schützen ist, denn wenn die Theorie, an die sie glauben, in sich zusammenbricht, bricht auch ihre persönliche Identität auseinander. Und vergessen wir nicht, daß Milton H. Erickson wegen seiner »unorthodoxen« Therapieansätze zu Beginn seiner brillanten Karriere aus der American Psychiatry Association ausgeschlossen wurde.

Um all dem vorzubeugen, haben die Forscher und Autoren der strategischen Kurzzeittherapie im Laufe von mehr als zwanzig Jahren jedoch eine solche Fülle von wissenschaftlichen Arbeiten vorgelegt, daß dieser Ansatz in seinen verschiedenen Formulierungen eine fast inflationäre Verbreitung gefunden hat.

Die strategische Therapie ist eine in der Regel kurze therapeutische Intervention, deren Ziel die Beseitigung der Symptome und die Lösung des vom Patienten dargestellten Problems ist. Dieser Ansatz ist weder eine Verhaltenstherapie noch eine oberflächliche Symptomtherapie, sondern eine Umdeutung und Veränderung der Wirklichkeitswahrnehmung und der sich daraus ergebenden Verhaltensweisen des Patienten.

Der Grundgedanke ist folgender: Die Beseitigung der Störung erfordert das Durchbrechen des zirkulären Systems von Wechselwirkungen zwischen Individuum und Wirklichkeit, das die problematische Situation aufrechterhält, die

Neudefinition der Situation und die entsprechende Veränderung der Wahrnehmungen und Auffassungen der Welt, die die Person zu gestörten Reaktionen zwingen.

Aus dieser Perspektive ist der Rückgriff auf Notizen oder Informationen über die Vergangenheit oder die sogenannte »klinische Geschichte« des Patienten nur ein Mittel, um bessere Lösungsstrategien für die gegenwärtigen Probleme entwickeln zu können, und kein therapeutisches Verfahren wie in den traditionellen Formen der Psychotherapie.

Anstatt die Vergangenheit seines Patienten zu erforschen, konzentriert der Therapeut von der ersten Begegnung mit dem Patienten an seine Aufmerksamkeit und die Bewertung auf folgende Punkte:

a) Was geschieht innerhalb der drei interdependenten Beziehungen, die der Patient mit sich selbst, mit den anderen und mit der Welt unterhält?

b) Wie funktioniert das präsentierte Problem in einem solchen Beziehungssystem?

c) Wie hat der Patient bis jetzt versucht, das Problem zu bekämpfen oder zu lösen (versuchte Lösungen)?

d) Wie kann diese problematische Situation auf die wirksamste und rascheste Weise verändert werden (Nardone, Watzlawick, 1990, S. 48)?

Nachdem gemeinsam mit dem Patienten auf der Grundlage der ersten therapeutischen Interaktionen (Diagnose) die Ziele der Therapie festgelegt worden sind, werden eine oder mehrere Hypothesen über die genannten Punkte gebildet und die Strategien zur Lösung des präsentierten Problems entwickelt und in die Praxis umgesetzt. Wenn die Intervention erfolgreich ist, beobachtet man beim Patienten in der Regel vom Anfang der Behandlung an eine deutliche *Besserung der Symptome* und eine *schrittweise Veränderung* der Art und Weise, wie er sich selbst, die anderen und die Welt wahrnimmt. Das bedeutet, daß sich die Perspektive, aus der heraus er die Wirklichkeit wahrnimmt, allmählich von der für das perzeptiv-reaktive System, das die problematische Situation aufrechterhält, typischen Starrheit zu einer flexibleren Wirklichkeitswahrnehmung und Einstellung zur Wirklichkeit hin verschiebt, verbunden mit einer allmählichen Stärkung der persönlichen Unabhängigkeit und des Selbstwertgefühls aufgrund der Feststellung, daß eine Lösung des Problems möglich ist.

Die erste Formulierung der strategischen Kurzzeittherapie verdanken wir der Forschungsgruppe des Mental Research Institute (MRI) in Palo Alto (Watzlawick, Weakland, Fisch, 1974; Weakland, Fisch, Watzlawick, Bodin, 1974). Diese Autoren verknüpften ihre systematische Perspektive mit den technischen Beiträgen der Hypnotherapie von Milton H. Erickson, wodurch sie vom Standpunkt der Formulierung systemischer Modelle aus in der Lage waren, Ericksons strategischen Therapieansatz von reiner Kunst oder Magie zu einem wiederholbaren klinischen Verfahren weiterzuentwickeln.

Doch die pragmatische Tradition und die Philosophie des Stratagems als Schlüssel zur Lösung von Problemen hat eine sehr viel ältere Geschichte. Denn strategische Ansätze, die immer noch modern wirken, finden wir beispielsweise in der Überzeugungskunst der Sophisten, in der alten Praxis des Zen oder im Buch der 36 Stratageme aus dem alten China.

Parallel zur Entwicklung des MRI-Modells entwickelte Jay Haley, der ebenfalls ein Mitglied der bekannten Gruppe für Kommunikationsforschung von Bateson war und zusammen mit John Weakland jahrelang die Charakteristika von Ericksons Therapiestil studiert hatte, eine eigene Formulierung der strategischen Therapie mit ähnlichen Ergebnissen wie das MRI.

Anfang der achtziger Jahre tauchte dann ein drittes Modell der Kurzzeittherapie auf systemisch-strategischer Grundlage auf, formuliert von Steve de Shazer und seiner Gruppe in Milwaukee (de Shazer, 1982a, 1982b, 1984, 1985, 1988a, 1988b). Die von dieser Gruppe vorgelegten Ergebnisse scheinen hinsichtlich Wirksamkeit und Leistungsfähigkeit noch bedeutsamer zu sein.

Danach entwickelten andere Autoren, die jeweils einer der drei Gruppen angehören, die Grundmodelle (Madanes, 1990; Berg, 1993; O'Hanlon, 1987; O'Hanlon und Wilk, 1987; O'Hanlon und Weiner-Davis, 1989; Nardone, 1991, 1993).

In den letzten zehn Jahren erlebte der Ansatz der Kurzzeittherapie im Gefolge der enormen gesellschaftlichen Nachfrage und der praktischen Erfolge der Kurzzeittherapien eine Explosion im Bereich der anwendungsorientierten Forschung und der Veröffentlichung von Fachliteratur. Zahlreiche Autoren, die sich auf eines der drei Grundmodelle beziehen oder eine synthetische Position einnehmen, die spezifische Formulierungen für bestimmte Anwendungskontexte (Madanes, 1990, 1995; Nardone, 1991, 1993, 1995; Nardone, Watzlawick, 1990) oder auch besondere Typologien für die Behandlung bestimmter pathologischer Formen liefern, präsentieren interessante technische Weiterentwicklungen und tragen zu einer weiteren Erhöhung der Wirksamkeit und Leistungsfähigkeit der Therapie bei (Nardone, 1993; Berg, 1994).

In den letzten Jahren bildete sich darüber hinaus innerhalb des weiten Bereichs der Psychotherapie eine in theoretischer Hinsicht pluralistische und auf der Ebene der Interventionstechniken synthetische Perspektive immer stärker aus (Omer, 1992, 1994; Cade, Hondon, 1994; Bloom, 1995). Die neunziger Jahre erweisen sich damit als das Jahrzehnt, in dem sich die Überwindung starker anwendungstheoretischer Positionen zugunsten eines größeren operativen Pragmatismus der klinischen Interventionen andeutet. Tatsächlich ist es kein Zufall, daß sich in den letzten Jahren auch die Festung der Psychoanalyse der geplanten Kurzzeittherapie geöffnet hat (Bloom, 1995), wobei diese jedoch immer als eine in bezug auf die Tiefe und Unangefochtenheit der Langzeittherapie nachgeordnete Therapie angesehen wird. Diese Öffnung scheint daher keine kritische Revision der unerschütterlichen psychoanalytischen Überzeugungen zu sein, sondern eine Anpassung an die Gesetze des Marktes, der sich immer stärker an der Nachfrage nach therapeutischen Interventionen orientiert, die konkret in der Lage sind, innerhalb kurzer Zeit auf die besonderen Bedürfnisse der Patienten einzugehen.

Auf diese Weise wird eine Realität sichtbar, in der sich der strategische Ansatz der Kurzzeittherapie aufgrund seiner im Vergleich zu den anderen Therapiemodellen erwiesenermaßen größeren Wirksamkeit und Leistungsfähigkeit immer stärker ausbreiten wird, was nicht so sehr auf eine innere Weiterentwicklung der Psychotherapie im ganzen zurückzuführen ist, in der immer noch Starrheit und wirklich erstaunliche Widerstände gegen jede Veränderung vorherrschen, sondern auf die Schubkraft der Marktgesetze, die vom Therapeuten verlangen, daß er sich der Nachfrage anpaßt, wenn er nicht wie mittlerweile zahlreiche Psychotherapeuten in Italien hoffnungslos hinter den Therapiebedürfnissen hinterherhinken will.

All dies führte zu dem Entschluß, über die von den Herausgebern bereits veröffentlichten Arbeiten hinaus eine vollständige Übersicht über das vorzulegen, was die strategischen Ansätze der Kurzzeittherapie Patienten wie Therapeuten zum gegenwärtigen Zeitpunkt anbieten können. Um dieses Ziel zu erreichen, haben wir uns für Essays entschieden, die von den international führenden Vertretern dieses Ansatzes zur Erforschung der menschlichen Probleme und ihrer Lösung verfaßt wurden. Auf diese Weise soll dem Leser ein umfassender Überblick über den Gesamtkomplex aus Theorie, klinischer Anwendung sowie empirischer und experimenteller Forschung geboten werden, den die wissenschaftliche Arbeit bildet, die sich mit der Frage beschäftigt, »wie« die psychischen Störungen rasch und wirkungsvoll beseitigt werden können.

Zu diesem Zweck gliedert sich der vorliegende Band in zwei Teile: Theorie und Praxis. Der erste, stärker theorieorientierte Teil beschäftigt sich mit den philosophisch-epistemologischen Grundlagen und den Modellen moderner Logik, die dem strategischen *problem solving* der Kurzzeittherapie zugrunde liegen. Der zweite Teil, der der klinischen Anwendung gewidmet ist, stellt die unterschiedlichen strategischen Therapiemodelle vor und beschreibt die Entwicklung vom rein artistischen zum technologischen Ansatz, den diese in den letzten zehn Jahren genommen haben. Diese Entwicklung führte zu immer leistungsfähigeren und schnelleren Interventionstechniken für spezifische Probleme, die mit den methodologischen Kriterien der Wissenschaft verifizierbar sind.

Wir glauben, daß der Leser auf diese Weise in die faszinierende Kunst, komplizierte menschliche Probleme mit Hilfe scheinbar einfacher Lösungen zu beheben, eingeführt werden kann. Und entdeckt, daß hinter solchen »einfachen Lösungen« eine komplizierte und moderne Theorie steht.

Erster Teil **Die Theorie
der Kurzzeittherapie**

Einleitende Bemerkungen

> *Wir dichten uns selber als Einheit in dieser selbst-erschaffenen Bilderwelt, das Bleibende in dem Wechsel.*
>
> FRIEDRICH NIETZSCHE,
> *Nachgelassene Fragmente*

Es scheint uns sinnvoll, den folgenden Essays ein paar einleitende Bemerkungen voranzustellen, da sie von verschiedenen Autoren verfaßt wurden und einige von ihnen Kontexten entstammen, die mit der Psychotherapie scheinbar nur wenig zu tun haben. Dies soll dem Leser ermöglichen, einerseits genau zu verstehen, inwieweit sich jeder einzelne Aufsatz in den Gesamtzusammenhang dieses Buches einfügt, und andererseits jeden Beitrag in seiner Originalität und Tragweite voll zu würdigen.

Der erste Essay dieses der Theorie der Kurzzeittherapie gewidmeten Teils stammt von einem der beiden Herausgeber dieses Buches und behandelt die Frage, wie die traditionellen diagnostischen Konzeptualisierungen der Psychiatrie in Verfahren umgewandelt werden können, mit deren Hilfe aus der interpersonellen Kommunikation auf psychische Störungen geschlossen werden kann. Der Autor behandelt darüber hinaus unter radikal-konstruktivistischem Gesichtspunkt die Aspekte der Beziehung, die jedes Individuum mit seiner Wirklichkeit erlebt, und geht auf die Frage ein, wie die Charakteristika einer solchen Beziehung »pathologische Wirklichkeiten« sowie »therapeutische Wirklichkeiten« bestimmen können.

Der zweite Essay, verfaßt von dem bedeutendsten Theoretiker der radikal-konstruktivistischen Philosophie, erinnert an die historischen und theoretischen Grundlagen dieser Annäherung an das Wissen und hebt ihren operativen Wert hervor. Denn wenn der Mensch als aktives Subjekt betrachtet wird, das die Wirklichkeit, die es erfährt oder beherrscht, »konstruiert«, ist das, was er braucht, um die problematischen Situationen zu bewältigen, nicht eine mutmaßliche »Wahrheit« über die Dinge, sondern das operative und strategische Bewußtsein, das es in die Lage versetzt, von Mal zu Mal die Probleme, denen es begegnet, zu lösen.

Der dritte Beitrag behandelt die Umsetzung der Lehren aus dem Konstruktivismus in die klinische Praxis und die konkreten Aspekte der Wirksamkeit innerhalb der therapeutischen Interaktion, die auf der zentralen Perspektive gründet, die Probleme des Patienten zu lösen.

Der vierte Essay, der wie der zweite von einem der Hauptvertreter des Konstruktivismus geschrieben wurde, führt den Leser in allgemeinere und grundlegende Aspekte des Konstruktivismus und der Kybernetik ein. Heinz von Foerster beschäftigt sich mit der Frage der Ethik und stellt die epistemologischen Grundlagen und die besonderen Charakteristika der kybernetisch-konstruktivistischen Annäherung an die Wirklichkeit dar. Dieser Beitrag und derjenige von Glasersfeld ergänzen sich insofern, als sie dem Leser eine klare und erhellende Darstellung dieser neuen theoretischen Perspektive bieten, die in den übrigen Beiträgen in ihren mehr anwendungsbezogenen psychotherapeutischen Aspekten zum Ausdruck kommt.

Der letzte Essay dieses Teils stellt die Entwicklungen der strategischen Logik und der mathematischen Logik als grundlegende Methodologie für die Ausarbeitung der therapeutischen Interventionen dar. Der Autor weist darauf hin, daß diese Disziplinen die Möglichkeit bieten, nicht nur spezifische therapeutische Techniken zu konstruieren, sondern auch ganze therapeutische Modelle für spezifische Formen von psychischen Störungen, die aus einer Strategie bestehen, die Taktiken und Maßnahmen mit selbstkorrigierenden

Eigenschaften beinhaltet. All dies erlaubt einen beträchtlichen Schritt vorwärts, da es den Wechsel von allgemeinen Therapiemodellen zu spezifischen Modellen möglich macht und ihre Wirksamkeit und Leistungsfähigkeit ebenso wie ihre Strenge und Systematik erheblich steigert, ohne deswegen ihre Geschmeidigkeit und Anpassungsfähigkeit zu verringern.

1. Kapitel

PAUL WATZLAWICK

Die Konstruktion klinischer »Wirklichkeiten«[*]

Als Kliniker sind wir normalerweise nicht auch Epistemologen, das heißt, wir sind nicht mit jenem Wissenschaftszweig vertraut, der den Ursprung und die Natur der Erkenntnis studiert. Die Implikationen und Konsequenzen dieser Tatsache sind weitreichend und übersteigen gewiß bei weitem meine eigenen dürftigen philosophischen Kenntnisse. Dennoch glaube ich, daß zumindest ein paar grundlegende erkenntnistheoretische Überlegungen die Richtung bestimmen, in die unser Gebiet sich entwickelt.

Die Normalität definieren

Lassen Sie mich mit einer Überlegung beginnen, die für manche trivial und selbstverständlich sein mag, für andere dagegen beinahe skandalös: Im Unterschied zu den medizinischen Wissenschaften verfügt unser Gebiet nicht über eine allgemein anerkannte, *endgültige Definition von Normalität*. Die Mediziner sind in der glücklichen Lage, eine recht klare, objektiv verifizierbare Vorstellung von dem zu haben, was man das normale Funktionieren des menschlichen Körpers nennen kann. Das versetzt sie in die Lage, Abweichungen von der

---

[*] Aus Zeig, J.K. (Hg.), *The Evolution of Psychotherapy: The Second Conference*, Brunner/Mazel, New York, 1992, S. 55–62

Norm zu erkennen und diese als krankhaft zu bestimmen. Es versteht sich von selbst, daß dieses Wissen sie nicht notwendigerweise befähigt, diese Abweichungen auch zu behandeln. Aber es bedeutet ganz klar, daß sie mit großer Wahrscheinlichkeit die meisten Erscheinungsformen von Gesundheit und Krankheit voneinander unterscheiden können.

Die Frage nach der emotionalen oder geistigen Gesundheit eines Individuums ist ein ganz anderes Thema. Sie ist keine wissenschaftliche, sondern eine philosophische, eine metaphysische oder sogar eine ganz und gar abergläubische Annahme. Um uns bewußt zu werden, was oder wer wir »wirklich« sind, müßten wir aus uns heraustreten und uns objektiv betrachten, ein Kunststück, das nicht weit entfernt ist von dem, das bislang nur Baron von Münchhausen fertiggebracht hat, als er sich und sein Pferd davor bewahrte, in einem Sumpf zu versinken, indem er sich an seinem Zopf herauszog.

Jeder Versuch des menschlichen Geistes, sich selbst zu studieren, führt zu Problemen der Rekursivität oder Autoreferenz, die die gleiche Struktur wie manche Witze haben, die Frage etwa: »Was ist Intelligenz?«, und die Antwort: »Intelligenz ist die geistige Fähigkeit, die mit Intelligenztests gemessen wird.«

Zu allen Zeiten wurde Wahnsinn als Abweichung von einer Norm verstanden, die ihrerseits als die endgültige, letzte Wahrheit angesehen wurde. Diese Wahrheit war so »endgültig«, daß schon ihre Infragestellung als Zeichen von Verrücktheit oder Bosheit galt. Die Aufklärung bildete da keine Ausnahme, außer daß sie nicht irgendeine göttliche Offenbarung war, sondern daß der menschliche Geist nun selbst göttliche Eigenschaften hatte und als *déesse raison* bezeichnet wurde. Demnach wurde das Universum von logischen Prinzipien regiert, der menschliche Verstand war imstande, diese Prinzipien zu verstehen, und der menschliche Wille war in der Lage, nach ihnen zu handeln. Nebenbei sei bemerkt, daß die Inthronisierung der Göttin Vernunft zur Enthauptung von 40 000 Personen durch Dr. Guillotins aufgeklärte Erfindung und schließlich erneut zur Errichtung einer traditionellen Monarchie führte.

Mehr als hundert Jahre später führte Freud eine weit pragmatischere und humanere Definition von Normalität ein, indem er sie als »die Fähigkeit zu arbeiten und zu lieben« definierte. Für viele schien diese Definition ihren Zweck zu erfüllen, weshalb sie auf breite Akzeptanz stieß. Unglücklicherweise jedoch wäre nach dieser Definition Hitler ein normaler Mensch gewesen, weil er, wie wir alle wissen, sehr hart arbeitete und zumindest seinen Hund, wenn nicht auch seine Geliebte, Eva Braun, liebte. Freuds Definition versagt, wenn wir es mit den sprichwörtlichen Exzentrizitäten besonders außergewöhnlicher Menschen zu tun haben.

Diese Probleme mögen dazu beigetragen haben, daß eine weitere Definition von Normalität, nämlich als *Anpassung an die Wirklichkeit*, allgemeine Anerkennung fand. Diesem Kriterium zufolge sehen normale Menschen (und insbesondere wir Therapeuten) die Wirklichkeit so, wie sie wirklich ist, während Menschen, die unter emotionalen oder geistigen Störungen leiden, sie verzerrt sehen. Diese Definition setzt fraglos voraus, daß es eine wirkliche Wirklichkeit gibt, die dem menschlichen Geist zugänglich ist, eine Annahme, die schon seit etwa zweihundert Jahren als philosophisch unhaltbar galt. Hume, Kant, Schopenhauer und viele andere Denker haben immer wieder nachdrücklich betont, daß wir lediglich eine Meinung über die »wirkliche« Wirklichkeit haben können, ein subjektives Bild, eine willkürliche Interpretation. Kant zufolge bestehen beispielsweise alle Irrtümer in der Art und Weise, wie wir Begriffe für Eigenschaften der Dinge an sich bestimmen, aufgliedern oder deduzieren. Und Schopenhauer schrieb in *Über den Willen in der Natur* (1836): »Dies ist der Sinn der großen Lehre Kants, daß die Zweckmäßigkeit erst vom Verstande in die Natur gebracht wird, der demnach ein Wunder anstaunt, das er erst selbst geschaffen hat.« (S. 242)

Es ist sehr einfach, solche Ansichten verächtlich als rein »philosophisch« und folglich ohne jeden praktischen Nutzen abzutun. Derartige Feststellungen finden sich jedoch in den Werken von Vertretern dessen, was allgemein als die Naturwissenschaft schlechthin angesehen wird: der theoretischen Physik. 1926 soll Einstein in einem Gespräch mit Heisenberg über Theoriebildung gesagt haben, es sei ganz falsch zu versuchen, eine Theorie allein auf objektive Beobachtung zu gründen. Das genaue Gegenteil sei der Fall: Die Theorie bestimme, was wir beobachten können.

In die gleiche Richtung geht Schrödingers Behauptung in seinem Buch *Mind and Matters* (1958): »Jedermanns Weltbild ist und bleibt stets das Konstrukt seines Verstandes, und es kann nicht bewiesen werden, daß es irgendeine andere Existenz hat.« (S. 52)

Und Heisenberg (1958) sagt zum gleichen Thema:

> Die Wirklichkeit, über die wir sprechen können, ist niemals die Wirklichkeit »a priori«, sondern eine von uns geformte bekannte Wirklichkeit. Wenn man gegen diese Behauptung einwendet, es gebe doch schließlich eine objektive Welt, unabhängig von uns und unserem Denken, die ohne unser Zutun funktioniere oder funktionieren könne und die diejenige sei, die wir eigentlich meinen, wenn wir forschen, dann müssen wir auf diesen Einwand, so überzeugend er auf den ersten Blick auch klingen mag, entgegnen, daß selbst der Ausdruck »es gibt« seinen Ursprung in der menschlichen Sprache hat und daher nichts meinen kann, was nicht mit unserem Verstehen zusammenhängt. Für uns »gibt es« eben nur die Welt, in der der Ausdruck »es gibt« eine Bedeutung hat. (S. 236)

Die autoreferentielle Zirkularität des Verstandes, der sich selbst zum Gegenstand einer »wissenschaftlichen Untersuchung« macht, ist sehr schön von dem berühmten Biokybernetiker Heinz von Foerster (1974) beschrieben worden:

Wir sind jetzt im Besitz der Binsenwahrheit, daß eine Beschreibung (der Welt) jemanden impliziert, der sie beschreibt (beobachtet). Was wir jetzt brauchen, ist die Beschreibung des »Beschreibers« oder, anders ausgedrückt, wir brauchen eine Theorie des Beobachters. Da wir nur lebende Organismen als Beobachter bezeichnen würden, fällt diese Aufgabe dem Biologen zu. Er ist jedoch selbst ein Lebewesen, was bedeutet, daß er in seiner Theorie nicht nur über sich selbst, sondern auch über seine Ausarbeitung dieser Theorie Rechenschaft ablegen muß. Dies ist eine neue Situation für den wissenschaftlichen Diskurs, denn nach dem traditionellen Standpunkt, der den Beobachter von seinen Beobachtungen trennt, mußte jede Bezugnahme auf diesen Diskurs sorgfältig vermieden werden. Diese Trennung war alles andere als ein exzentrischer oder verrückter Einfall, denn unter gewissen Umständen kann die Einbeziehung des Beobachters in seine Beschreibungen zu Paradoxen führen, der Äußerung nämlich: »Ich bin ein Lügner.« (S. 401)

Und vielleicht noch radikaler (im ursprünglichen Sinn von »zu den Wurzeln zurückgehen«) äußert sich der chilenische Biologe Francisco Varela (1975) in seinem Aufsatz: »A Calculus for Self-Reference«:

Der Ausgangspunkt dieses Kalküls [...] ist der Akt des Bezeichnens. In diesem ursprünglichen Akt trennen wir Formen, die uns als die Welt selbst erscheinen. Von diesem Ausgangspunkt aus behaupten wir die Vorrangstellung der Rolle des Beobachters, der Unterscheidungen trifft, wo immer es ihm beliebt. Die getroffenen Unterscheidungen, die unsere Welt schaffen, enthüllen aber genau dies: die Unterscheidungen, die wir treffen – und diese Unterscheidungen beziehen sich mehr auf eine Enthüllung des Standorts des Beobachters als auf eine immanente Konstitution der Welt, die gerade durch diesen Mechanismus der Trennung zwischen Beobachter und Beobachtetem stets

nur schwer faßbar scheint. Indem wir die Welt finden, wie
wir sie finden, vergessen wir alles, was wir unternommen
haben, um sie als solche zu finden, und wenn wir wieder
daran erinnert werden, wenn wir unseren Weg bis zur
Bezeichnung zurückverfolgen, finden wir wenig mehr als
ein gespiegeltes Spiegelbild unserer selbst und der Welt.
Im Gegensatz zu dem, was gewöhnlich angenommen wird,
enthüllt eine Beschreibung, wenn sie sorgfältig unter die
Lupe genommen wird, die Eigenschaften des Beobachters.
Wir, die Beobachter, erkennen uns selbst, indem wir erkennen, was wir anscheinend nicht sind, die Welt. (S. 24)

Schön, mag man sagen, aber was hat das alles mit unserem
Beruf zu tun, in dem wir es mit der nackten Realität von Ver-
haltensweisen zu tun haben, deren Verrücktheit selbst ein
Philosoph nicht leugnen könnte?

Lassen Sie mich als Antwort jenen merkwürdigen Vorfall
erwähnen, der vor mehreren Jahren aus der italienischen
Stadt Grosseto gemeldet wurde. Eine Frau aus Neapel, die in
Grosseto zu Besuch war, wurde in einem Zustand akuter
Schizophrenie ins städtische Krankenhaus eingeliefert. Da die
psychiatrische Station nicht in der Lage war, sie aufzuneh-
men, wurde beschlossen, sie nach Neapel zurückzuschicken.
Als die Männer der Ambulanz kamen und fragten, wo die
Patientin sei, wurde ihnen gesagt, in welchem Raum sie
warte. Als sie dort eintraten, fanden sie die Patientin auf dem
Bett sitzend, vollständig angezogen und die Handtasche griff-
bereit. Als sie sie aufforderten, mit ihnen zum wartenden
Krankenwagen hinunterzugehen, wurde sie erneut psycho-
tisch, wehrte sich mit allen Kräften gegen die Pfleger, weiger-
te sich mitzukommen und zeigte alle Anzeichen von Persön-
lichkeitsverlust. Sie mußten ihr eine Beruhigungsspritze
geben und sie zum Krankenwagen hinuntertragen, und dann
fuhren sie mit ihr nach Neapel.

Auf der Autobahn außerhalb von Rom wurde der Krankenwagen von einer Polizeistreife angehalten und nach Gros-

seto zurückgeschickt. Es hatte eine Verwechslung gegeben: Die Frau im Krankenwagen war nicht die Patientin, sondern eine Einwohnerin von Grosseto, die ins Krankenhaus gekommen war, um einen Verwandten zu besuchen, der sich einer kleinen Operation hatte unterziehen müssen.

Wäre es übertrieben, wenn man sagt, daß der Irrtum eine klinische Wirklichkeit geschaffen (oder, wie wir radikalen Konstruktivisten sagen würden, »konstruiert«) hatte, in der auch das »wirklichkeitsangepaßte« Verhalten jener Frau ein klarer Beweis für ihre »Verrücktheit« war? Sie wurde aggressiv, beschuldigte das Personal böser Absichten, begann Anzeichen von »Ichverlust« zu zeigen, und so weiter.

Wer mit dem Werk des Psychologen David Rosenhan vertraut ist, brauchte gar nicht bis zu dem Vorfall in Grosseto zu warten. Bereits fünfzehn Jahre früher veröffentlichte er die Ergebnisse einer eleganten Studie, »On Being Sane in Insane Places« (1973), in der er und sein Team nachwiesen, daß die Normalen nicht erkennbar gesund sind und daß psychiatrische Kliniker ihre eigenen Wirklichkeiten schaffen.

Ein ganz analoges Beispiel wurde vor etwa einem Jahr von den Nachrichtenmedien aus der brasilianischen Stadt São Paulo berichtet. Diesem Bericht zufolge war es für nötig befunden worden, das (sehr niedrige) Geländer der Terrasse des Reitclubs zu erhöhen, da eine Reihe von Besuchern nach hinten über das Geländer gefallen waren und sich schwer verletzt hatten. Und da anscheinend nicht alle Unfälle einfach nur mit Trunkenheit erklärt werden konnten, wurde, vermutlich von einem Anthropologen, eine andere Erklärung vorgeschlagen: Unterschiedliche Kulturen haben unterschiedliche Regeln, was den »korrekten« Abstand betrifft, der einzunehmen und einzuhalten ist, wenn sich zwei Personen von Angesicht zu Angesicht unterhalten. In westeuropäischen und nordamerikanischen Gesellschaften beträgt dieser Abstand die sprichwörtliche Armlänge; in mediterranen und lateinamerikanischen Gesellschaften ist er erheblich kürzer. Wenn also ein Nordamerikaner und ein Brasilianer ein

Gespräch miteinander beginnen, würde der Nordamerikaner vermutlich den Abstand halten, der für ihn der »korrekte, normale« ist. Der Brasilianer würde sich unangenehm weit vom anderen entfernt fühlen und näher rücken, um den Abstand herzustellen, der für ihn, den Brasilianer, der »richtige« ist; der Nordamerikaner würde zurückweichen, der andere näher rücken, und so weiter, bis der Nordamerikaner nach hinten über das Geländer fallen würde. Zwei verschiedene »Wirklichkeiten« schufen also ein Ereignis, für das in der klassischen monadischen Vorstellung vom menschlichen Verhalten die Diagnose einer Manifestation des »Todestriebs« nicht allzu weit hergeholt wäre und das folglich eine klinische »Wirklichkeit« konstruieren würde.

Die wirklichkeitschaffende Kraft solcher kultureller Gegebenheiten ist das Thema von Walter Cannons (1942) klassischem Aufsatz »Voodoo Death«, einer faszinierenden Sammlung anthropologischer Fallstudien, die zeigen, wie der feste Glaube einer Person an die Macht eines Fluchs oder eines bösen Zaubers innerhalb von Stunden zum Tod dieser Person führen kann. In einem Fall zwangen die Mitglieder eines Stammes im australischen Busch ihren Medizinmann jedoch, seinen Fluch zurückzunehmen, und das Opfer, das bereits ganz lethargisch geworden war, erholte sich innerhalb kürzester Zeit.

Soweit ich weiß, hat niemand die Konstruktion solcher klinischer »Wirklichkeiten« eingehender studiert als Thomas Szasz. Von seinen zahlreichen Büchern ist *The Manufacture of Madness – A Comparative Study of the Inquisition and the Mental Health Movement* (1975) für mein Thema von besonderer Relevanz. Lassen Sie mich von den historischen Quellen, die er benutzte, diejenige zitieren, mit der ich am vertrautesten bin. Es handelt sich um das Buch *Cautio Criminalis*, das die Hexenprozesse behandelt und 1631 von dem Jesuiten Friedrich von Spee geschrieben wurde (wiederveröffentlicht 1977). Als Beichtvater vieler der Hexerei Angeklagter wurde er Zeuge der grausamsten Folterszenen und schrieb dieses Buch, um den Gerichten bewußtzumachen, daß nach ihren Prozeßregeln *keine* Verdächtige jemals für unschuldig befunden werden könne. Mit anderen Worten, diese Regeln konstruierten eine Wirklichkeit, in der *jedes* Verhalten der Angeklagten ein Schuldbeweis war.

Hier einige der »Beweise«:

- Gott würde die Unschuldige von Anfang an beschützen; nicht von Gott gerettet zu werden, ist »daher« bereits an sich ein Schuldbeweis.
- Das Leben einer Verdächtigen ist entweder rechtschaffen oder nicht. Wenn nicht, dann ist das ein zusätzlicher Beweis. Wenn ja, dann gibt dies Anlaß zu weiteren Verdächtigungen, denn es ist ja bekannt, daß Hexen in der Lage sind, als rechtschaffen zu erscheinen.
- Im Gefängnis wird die Hexe entweder Angst haben oder nicht. Hat sie Angst, ist das ein klarer Beweis, daß sie sich ihrer Schuld bewußt ist. Hat sie keine Angst, so bestätigt das die Wahrscheinlichkeit der Schuld, denn man weiß ja, daß die gefährlichsten Hexen in der Lage sind, unschuldig und ruhig zu wirken.
- Die Verdächtige versucht zu fliehen oder sie versucht es nicht. Jeder Fluchtversuch ist ein klarer und zusätzlicher Schuldbeweis, während keine Flucht bedeutet, daß der Teufel ihren Tod will.

Wie wir erneut sehen können, konstruiert die Bedeutung, die bestimmten Umständen innerhalb eines gegeben Rahmens von Annahmen, Ideologien oder Überzeugungen zugewiesen wird, eine ganz eigene Wirklichkeit und enthüllt sozusagen jene »Wahrheit«. In Gregory Batesons Terminologie handelt es sich hier um »Doppelbindungs«-Situationen, logische Sackgassen, für die er vor allem in seinem Buch *Perceval's Narrative – A Patient's Account of His Psychosis* (1961) zahllose klinische Beispiele gab.

John Perceval, Sohn des britischen Premierministers Spencer Perceval, entwickelte 1830 eine Psychose und blieb bis

1834 hospitalisiert. In den Jahren nach seiner Entlassung schrieb er zwei autobiographische Berichte unter dem Titel *Narrative*, in denen er detailliert seine Erfahrungen als geisteskranker Patient schildert. Hier nur ein Beispiel aus Batesons Einleitung, wo er von der Interaktion zwischen dem Patienten und seiner Familie spricht:

> [Die Eltern] können ihre eigene Perfidie nicht erkennen, es sei denn, sie wird durch das Verhalten des Patienten gerechtfertigt, und der Patient wird sie nicht erkennen lassen, wie sein Verhalten mit seiner Ansicht über das, was sie getan haben und was sie jetzt tun, verknüpft ist. Die Tyrannei »guter Absichten« muß endlos ausgeübt werden, während der Patient eine ironische Heiligkeit erreicht, indem er sich selbst in närrischen oder selbstzerstörerischen Handlungen opfert, bis er schließlich gerechtfertigt wird durch das Zitieren des Gebets unseres Heilands: »Vater, vergib ihnen, denn sie wissen nicht, was sie tun. – Amen.« (S. xviii)

Die alte Weisheit *similia similibus curantur* (›Gleiches wird durch Gleiches geheilt‹) gilt jedoch auch für diese Situationen. Das älteste Beispiel der Konstruktion einer positiven klinischen Wirklichkeit, das mir bekannt ist, wird von Plutarch in seinen *Moralia* berichtet und spricht vom außerordentlichen Erfolg des Ratschlags eines weisen Mannes in der antiken Stadt Milesia in Kleinasien:

> Ein gewisse schreckliche und ungeheure Verstimmung, deren Ursache unbekannt war, befiel die Mädchen von Milesia. Sehr wahrscheinlich hatte die Luft eine erregende und giftige Eigenschaft angenommen, die sie zu dieser Veränderung und Geistesgestörtheit trieb; denn sie wurden ganz plötzlich von einem heftigen Verlangen zu sterben gepackt, das sich in wütenden Versuchen, sich aufzuhängen, äußerte, und vielen gelang es insgeheim. Die Argumente und Tränen

der Eltern und die Versuche der Freunde, sie davon abzu-
bringen, fruchteten nichts, im Gegenteil, sie entzogen sich
ihren Bewachern, obwohl diese all ihre Findigkeit aufboten,
um sie daran zu hindern, und sie brachten sich weiterhin
um. Und das Unheil schien ein außergewöhnlicher göttli-
cher Fluch zu sein, gegen den die Menschen nichts ausrichten konnten, bis auf den Rat eines weisen Mannes hin der
Senat ein Gesetz erließ, das verfügte, daß alle Mädchen, die
sich erhängt hatten, nackt über den Marktplatz getragen
werden sollten. Dieses Gesetz ließ ihr Verlangen, sich um-
zubringen, nicht nur erlahmen, sondern unterdrückte es
vollständig. Beachtet, was für ein starkes Argument der
Anständigkeit und Tugendhaftigkeit diese Furcht vor
Schande ist; denn sie, die keine Angst vor den schrecklich-
sten Dingen der Welt, Schmerz und Tod, hatten, konnten
die Vorstellung nicht ertragen, sogar nach ihrem Tod noch
entehrt und erniedrigt zu werden.

Vielleicht kannte jener weise Mann die ebenfalls alte Weisheit von Epiktet, der sagte, daß nicht die Dinge an sich uns
beunruhigen, sondern die Meinungen, die wir über die Dinge
haben.

Doch das sind Ausnahmen. Im großen und ganzen hat unsere Disziplin niemals aufgehört anzunehmen, daß die Existenz
des Namens der Beweis für die »wirkliche« Existenz des
benannten Dings ist – trotz Alfred Korzybskis Warnung
(1933), daß *der Name nicht das Ding ist und die Landkarte
nicht das Land*. Das eindrucksvollste Beispiel für diese Art von
Wirklichkeitskonstruktion, zumindest in unseren Tagen, ist
das *Diagnostic and Statistical Manual of Mental Disorders
(DSM)*. Seinen Verfassern muß nämlich der wahrscheinlich
größte therapeutische Erfolg aller Zeiten zugute gehalten werden: Auf zunehmenden gesellschaftlichen Druck hin strichen
sie aus der dritten Auflage (DSM-III) die Homosexualität als
psychische Störung und heilten auf diese Weise mit einem
Federstrich Millionen von Menschen von ihrer »Krankheit«.

Doch Spaß beiseite, die praktischen, klinischen Konsequenzen des Gebrauchs diagnostischer Begriffe wurden ernsthaft untersucht von Karl Tomm und seinem Team im Family Therapy Program, Department of Psychiatry, University of Calgary.

Was für praktische, nützliche Schlußfolgerungen können wir aus all dem ziehen?

Wenn man akzeptiert, daß geistige Normalität nicht objektiv definiert werden kann, dann ist notwendigerweise der Begriff der Geisteskrankheit ebenso undefinierbar.

Aber wie sieht es dann mit der Therapie aus?

Implikationen für die Therapie

An diesem Punkt müssen wir unsere Aufmerksamkeit auf ein Phänomen richten, das lange fast ausschließlich als eine negative, unerwünschte Verkettung von Umständen bekannt war: die sich selbst erfüllende Prophezeiung. Die erste detaillierte Untersuchung beruht auf den Forschungen von Russel A. Jones (1974) (und hier zitiere ich den Untertitel dieses Buchs) über die sozialen, psychologischen und physiologischen Wirkungen von Erwartungen.

Es ist allgemein bekannt, daß die sich selbst erfüllende Prophezeiung eine Annahme oder Voraussage ist, die, eben weil sie gemacht wurde, das erwartete oder vorhergesagte Ereignis eintreten läßt und so ihre eigene »Richtigkeit« bestätigt. Die Untersuchung interpersoneller Beziehungen bietet zahlreiche Beispiele. Wenn ein Mensch beispielsweise, aus welchem Grund auch immer, annimmt, daß die Menschen ihn nicht mögen, wird er aufgrund dieser Annahme ein so feindseliges, überempfindliches, mißtrauisches Verhalten an den Tag legen, daß er in seiner menschlichen Umgebung genau die Abneigung hervorruft, die er erwartete und die ihm »beweist«, wie sehr er von Anfang an recht hatte.

Eine sich selbst erfüllende Prophezeiung auf staatlicher Ebene ereignete sich im März 1979, als die kalifornischen

Nachrichtenmedien berichteten, daß aufgrund des arabischen Ölembargos eine schlimme Benzinknappheit drohe. Das Ergebnis war, daß die kalifornischen Autofahrer das unter den gegebenen Umständen einzig Vernünftige taten: Sie stürmten die Tankstellen, um ihre Tanks zu füllen und sie so voll wie möglich zu halten. Dieses Auffüllen von 12 Millionen Benzintanks (die zu jenem Zeitpunkt vermutlich zu 70% leer waren) brauchte die gewaltigen Benzinreserven vollständig auf und führte buchstäblich innerhalb eines Tages zu der vorhergesagten Knappheit. Endlose Schlangen bildeten sich an den Tankstellen, doch drei Wochen später war das Chaos beendet, als öffentlich bekanntgegeben wurde, daß die Benzinzuteilung für den Bundesstaat Kalifornien nur geringfügig eingeschränkt worden sei.

Andere mittlerweile klassische Untersuchungen sind die hochinteressanten Forschungen von Robert Rosenthal, über die er insbesondere in seinem Buch *Pygmalion in the Classroom* (Rosenthal/Jacobson, 1986) berichtet, ganz zu schweigen von den zahlreichen Untersuchungen über die Wirkung von Placebos, jenen chemisch inaktiven Substanzen, die der Patient für neuentwickelte hochwirksame Medikamente hält. Obwohl seit der Antike bekannt und von allen möglichen »spirituellen« Heilern, Kurpfuschern usw. angewandt, wurde dem Placebo-Effekt bis zur Mitte unseres Jahrhunderts von wissenschaftlicher Seite keine große Aufmerksamkeit geschenkt. Laut Shapiro (1960) wurden allein zwischen 1954 und 1957 mehr Forschungsberichte über dieses Thema veröffentlicht als in den vorangegangenen 50 Jahren.

In welchem Ausmaß bloße Annahmen oder Bedeutungen, die Wahrnehmungen zugeschrieben werden, den physischen Zustand einer Person beeinflussen können, wird an einem Beispiel deutlich, das ich bereits an anderer Stelle (Watzlawick, 1990) gegeben habe.

Ein wegen seiner Fähigkeiten und klinischen Erfolge hochgeachteter Hypnotiseur war eingeladen worden, einen Workshop für eine Gruppe von Ärzten in der Wohnung von einem von ihnen zu leiten. Als er das Haus betrat, bemerkte er, daß »jede horizontale Fläche mit Blumensträußen voll-gestellt war«. Da er an einer starken Allergie gegen frisch geschnittene Blumen litt, spürte er fast augenblicklich das wohlbekannte Brennen in Augen und Nase. Er wandte sich an den Gastgeber und erzählte ihm von seinem Problem und seiner Befürchtung, daß er unter diesen Umständen nicht in der Lage sein würde, seinen Vortrag zu halten. Der Gastgeber gab seiner Verwunderung Ausdruck und bat ihn, sich die Blumen doch einmal näher anzusehen; sie erwiesen sich als künstlich. Nachdem er diese Entdeckung gemacht hatte, ver-schwand seine allergische Reaktion fast ebenso schnell, wie sie aufgetreten war.

Dieses Beispiel scheint einen klaren Beweis dafür zu lie-fern, daß das Kriterium der Wirklichkeitsanpassung letztlich doch stichhaltig ist. Der Mann hielt die Blumen für echt, doch sobald er entdeckt hatte, daß sie nur aus Nylon und Plastik bestanden, löste diese Konfrontation mit der Wirk-lichkeit sein Problem und ließ ihn zur Normalität zurück-kehren.

Wirklichkeiten erster und zweiter Ordnung

An diesem Punkt wird es notwendig, zwischen zwei Ebenen der Wirklichkeitswahrnehmung zu unterscheiden, die ge-wöhnlich in einen Topf geworfen werden. Wir müssen unter-scheiden zwischen dem Bild der Wirklichkeit, das wir durch unsere Sinne empfangen, und der Bedeutung, die wir diesen Wahrnehmungen zuschreiben. Eine neurologisch gesunde Person kann beispielsweise einen Blumenstrauß sehen, berühren und riechen. (Der Einfachheit halber werden wir die Tatsache außer acht lassen, daß diese Wahrnehmungen auch das Ergebnis unwahrscheinlich komplexer Konstruktio-nen unseres zentralen Nervensystems sind. Wir wollen eben-falls außer acht lassen, daß der Ausdruck »Blumenstrauß«

nur für Sprecher des Deutschen eine Bedeutung hat. Für jeden anderen ist er bedeutungsloses Geräusch oder eine Reihe von Buchstabensymbolen.) Nennen wir dies die Wirklichkeit erster Ordnung.

Meist bleiben wir jedoch auf dieser Ebene nicht stehen. Fast immer weisen wir den Gegenständen unserer Wahrnehmung einen Sinn, eine Bedeutung und/oder einen Wert zu. Und auf dieser Ebene, der Ebene der Wirklichkeit zweiter Ordnung, entstehen die Probleme. Die entscheidend wichtige Unterscheidung zwischen diesen beiden Ebenen der Wirklichkeitswahrnehmung wird sehr schön durch den alten Witz veranschaulicht: »Was ist der Unterschied zwischen einem Optimisten und einem Pessimisten?« Antwort: »Ein Optimist sagt, eine Flasche Wein ist halb voll; ein Pessimist sagt, sie ist halb leer.« Die Wirklichkeit erster Ordnung ist dieselbe Flasche für beide (eine Flasche mit Wein darin); die Wirklichkeit zweiter Ordnung ist für beide eine andere, und es wäre vollkommen sinnlos, herausfinden zu wollen, wer recht und wer unrecht hat.

Im Fall des allergischen Hypnotiseurs kann die Allergie als ein Phänomen angesehen werden, das normalerweise auf der Ebene der Wirklichkeit erster Ordnung angesiedelt ist; das heißt, das System reagiert in typischer, objektiv nachprüfbarer Weise auf die Anwesenheit von Pollen in der Luft. Doch wie die Beispiele zeigen, hatte die bloße Annahme, daß Blumen im Zimmer sind (mit anderen Worten, die Konstruktion einer Wirklichkeit zweiter Ordnung) die gleiche Wirkung.

Wie anfangs erwähnt, verfügt die Medizin über eine angemessen zuverlässige Definition solcher Ereignisse und Prozesse der Wirklichkeit erster Ordnung. In der Psychotherapie bewegen wir uns dagegen in einer Welt bloßer Annahmen und Überzeugungen, die Teil unserer Wirklichkeit zweiter Ordnung und folglich Konstruktionen unseres Geistes sind. Die Verfahren, mit denen wir unsere persönlichen, sozialen, wissenschaftlichen und ideologischen Wirklichkeiten konstruieren und sie dann für »objektiv wirklich« halten, sind Gegenstand jener modernen erkenntnistheoretischen Disziplin, die radikaler Konstruktivismus genannt wird.

Realität und Psychotherapie

Einer der wahrscheinlich schockierendsten Lehrsätze dieser Denkschule besagt, daß wir von der »wirklichen« Wirklichkeit bestenfalls nur wissen können, was sie *nicht* ist. Mit anderen Worten, erst, wenn unsere Wirklichkeitskonstruktion scheitert, erkennen wir, daß die Wirklichkeit nicht so ist, wie wir sie uns vorgestellt haben. In seiner »Einführung in den radikalen Konstruktivismus« definiert Ernst von Glasersfeld (1984) das Wissen wie folgt:

> Wissen wird vom lebenden Organismus aufgebaut, um den an und für sich formlosen Fluß des Erlebens soweit wie möglich in wiederholbare Erlebnisse und relativ verläßliche Beziehungen zwischen diesen zu ordnen. Die Möglichkeiten, so eine Ordnung zu konstruieren, werden stets durch die vorhergehenden Schritte in der Konstruktion bestimmt. Das heißt, daß die »wirkliche« Welt sich ausschließlich dort offenbart, wo unsere Konstruktionen scheitern. Da wir das Scheitern aber immer nur in eben jenen Begriffen beschreiben und erklären können, die wir zum Bau der scheiternden Konstruktionen verwendet haben, kann es uns niemals ein Bild der Welt vermitteln, die wir für das Scheitern verantwortlich machen könnten. (S. 37)

Mit diesem Scheitern, diesem Zusammenbrechen sind wir jedoch in unserer Arbeit konfrontiert, mit jenen Angst-, Verzweiflungs- und Wahnsinnszuständen, die uns befallen, wenn wir uns in einer Welt wiederfinden, die nach und nach oder ganz plötzlich sinnlos geworden ist. Und wenn wir die

Möglichkeit akzeptieren können, daß wir von der wirklichen Welt mit Sicherheit nur wissen können, was sie nicht ist, dann wird die Psychotherapie zu der Kunst, eine Wirklichkeitskonstruktion, die nicht länger »paßt«, durch eine andere zu ersetzen, die besser »paßt«. Diese neue Konstruktion ist ebenso fiktiv wie die vorherige, mit der Ausnahme, daß sie uns die bequeme, »geistige Normalität« genannte Illusion erlaubt, daß wir die Dinge jetzt so sehen, wie sie »wirklich« sind, und daß wir dadurch im Einklang mit dem »Sinn des Lebens« stehen.

Aus dieser Perspektive befaßt sich die Psychotherapie damit, die Weltsicht des Patienten umzudeuten, eine neue klinische Wirklichkeit zu konstruieren und bewußt jene zufälligen Ereignisse herbeizuführen, die Franz Alexander (1956) korrigierende emotionale Erfahrungen nannte. Konstruktive Psychotherapie gibt sich nicht der Illusion hin, sie könne den Patienten die Welt sehen lassen, wie sie wirklich ist. Der Konstruktivismus ist sich vielmehr bewußt, daß die neue Weltsicht nur eine andere Konstruktion, eine andere Fiktion ist und sein kann – allerdings eine nützliche, weniger schmerzliche.

Am Ende einer Kurzzeittherapie (von neun Sitzungen) sagte die Patientin, eine junge Frau: »So, wie ich die Situation sah, war sie ein Problem. Jetzt sehe ich sie anders, und sie ist kein Problem mehr.«

Für mich sind diese Worte die Quintessenz einer erfolgreichen Therapie: Die Wirklichkeit erster Ordnung ist zwangsläufig dieselbe geblieben, aber die Wirklichkeit zweiter Ordnung des Patienten ist jetzt eine andere, erträgliche.

Und diese Worte bringen uns zurück zu Epiktet: Nicht die Dinge an sich beunruhigen uns, sondern die Meinungen, die wir über die Dinge haben.

2. Kapitel

Ernst von Glasersfeld

Radikaler Konstruktivismus oder Die Konstruktion des Wissens*

Als ich vor zwanzig Jahren das erste Mal über den Konstruktivismus schrieb, erwartete ich nicht, daß dieser Begriff in Mode kommen würde. Jean Piaget hatte ihn in den dreißiger Jahren eingeführt, in der psychologischen Literatur hatte er allerdings nur wenig Widerhall gefunden. Heute kann man kaum noch eine Fachzeitschrift für Sozialwissenschaften aufschlagen, ohne auf jemanden zu stoßen, der einen »konstruktivistischen Standpunkt« einnimmt. Sehr häufig jedoch ist die Sicht, die da zum Ausdruck gebracht wird, nicht im geringsten mit derjenigen vereinbar, der ich diesen Namen geben würde.

Der Konstruktivismus ist eine Erkenntnistheorie, die einen radikalen Bruch mit der traditionellen Epistemologie verlangt. Wenn man in diese Richtung zu denken beginnt, wird man feststellen, daß fast alles, was man vorher gedacht hat, geändert werden muß. Eine so weitreichende Revolution ist sowohl schockierend als auch furchterregend, und derjenige, der sie vorschlägt, sollte erklären, was dazu führte und warum man sie befürworten sollte. Ich bin mir dieser Verpflichtung sehr wohl bewußt und werde daher versuchen,

---

* Überarbeitete Fassung eines Vortrags, gehalten auf dem International Interdisciplinary Encounter New Paradigms, *Culture and Subjectivity*, Fundación Interfas, Buenos Aires, Oktober 1991.

etwas näher auf die vier Quellen einzugehen, aus denen dieses Denken sich speist. Es handelt sich um historische und biographische Quellen, die unter den folgenden Stichworten zusammengefaßt werden können: 1) Sprache; 2) die Position der Skeptiker seit Beginn der abendländischen Geschichte; 3) das Schlüsselkonzept der Darwinschen Evolutionstheorie; 4) die Kybernetik.

Bevor ich mich diesen vier Punkten zuwende, möchte ich jedoch eine wissenschaftliche Entdeckung präsentieren, die eines der stärksten Argumente für den Weg des Konstruktivismus liefert. Sie betrifft eine Tatsache, die im vorigen Jahrhundert von Neurophysiologen entdeckt wurde, die in der psychologischen Literatur jedoch praktisch keine Spuren hinterlassen hat. Heinz von Foerster, der ebenfalls zu den Begründern des Konstruktivismus gehört, entdeckte sie vor etwa dreißig Jahren wieder. Er entdeckte eine dem Nervensystem inhärente Eigenschaft: Die Signale, die von den Sinnesorganen eines Organismus an die Hirnrinde (den Teil des Gehirns, in dem, wie man annimmt, die kognitiven Prozesse stattfinden) gesendet werden, sind alle gleich. Er sprach daher von »undifferenziertem Kodieren«.

Dies bedeutet, daß, wenn ein Neuron in der Netzhaut ein »visuelles« Signal zur Hirnrinde sendet, dieses Signal exakt die gleiche Form hat wie das, das von den Ohren, von der Nase, von den Fingern oder Zehen oder von jedem anderen Signale erzeugenden Teil des Organismus kommt. Es gibt keinen qualitativen Unterschied zwischen diesen Signalen. Sie variieren hinsichtlich Frequenz und Amplitude, aber es gibt keinen qualitativen Hinweis auf das, was sie bedeuten könnten. Wie von Foerster sagt: »Sie sagen uns wieviel, aber nicht was.«

Das war eine verblüffende Beobachtung. Sie wurde später von Humberto Maturana im Bereich des Farbensehens bestätigt. Er zeigte, daß die Rezeptoren, die, wie man vermutet, Rot empfangen – Physiker würden sagen, die Wellenlängen des Lichts, die wir Rot nennen –, Signale senden, die sich in keiner Weise von denen unterscheiden, die von »Rezeptoren« ausgesendet werden, die Grün empfangen. Wenn wir aber fähig sind, Rot und Grün zu unterscheiden, so müssen diese Unterscheidungen in der Hirnrinde gemacht werden. Und doch kann dies nicht auf der Grundlage einfacher qualitativer Unterschiede geschehen, da es derartige Unterschiede nicht gibt. Die Behauptung, daß wir die Dinge erkennen, weil wir »Informationen« aus der sogenannten äußeren Welt empfangen, entbehrt also jeder Grundlage.

Für eine Erkenntnistheorie ist dies niederschmetternd. Wenn man jedoch die moderne Literatur zur Wahrnehmungspsychologie und zur kognitiven Psychologie durchsieht, so findet man keinerlei Hinweis darauf. Es könnte scheinen, daß der einzige Ansatz, der dieses Problem mit einiger Aussicht auf Erfolg anpacken könnte, ein Ansatz ist, der mit der Annahme beginnt, daß das, was wir »Wissen« nennen, nicht von einer äußeren Wirklichkeit vermittelt, sondern von uns selbst konstruiert wird. Dies ist gewiß eine seltsame Idee, und es ist nicht überraschend, daß sie ignoriert wurde, als Piaget sie erstmals als Grundlage seiner genetischen Epistemologie formulierte. Doch lassen Sie mich erzählen, wie ich zu solchen Gedanken gekommen bin.

Sprache

Wenn ich erkläre, daß für mich die Sprache eine der Quellen für den Konstruktivismus war, muß ich zwangsläufig biographisch werden. Ich wuchs auf in der für mich glücklichen Lage, keine bestimmte Muttersprache zu haben. Ich hatte zwei, und schon sehr bald waren es drei. Ich wuchs also *zwischen* Sprachen auf.

Für ein Kind ist das Lernen von zwei oder drei Sprachen kein Problem, wenn die Sprachen in der täglichen Umgebung gesprochen werden. Tatsächlich ist sich das Kind in der Regel nicht bewußt, daß es mit verschiedenen Menschen unterschiedliche Sprachen spricht. Wenn es jedoch älter wird, kommt der Zeitpunkt, da allmählich die ersten ehrfurchtgebietenden Fragen auftauchen. Dies beginnt mit der Pubertät. Du stehst vor einem Spiegel und fragst dich zum ersten Mal: Wer bin ich? Warum bin ich hier? Was bedeutet das alles? Was ist Wirklichkeit? – Und die Philosophie beginnt.

An diesem Punkt taucht, wenn Sie so aufgewachsen sind wie ich, eine weitere Frage auf. Sie sagen sich, wenn ich Italienisch spreche, scheine ich die Welt anders zu betrachten, als wenn ich Englisch oder Deutsch spreche. Sie erkennen, daß dies nicht einfach nur eine Frage des Wortschatzes oder der Grammatik ist, sondern mit den Begriffen zu tun hat. Und das führt unvermeidlich zu der Frage, welche dieser Sehweisen die richtige sein mag. Aber dann erkennen Sie, weil Sie unter Menschen gelebt haben, die mit ihrer Art, die Welt zu betrachten, ganz gut zurechtkommen, daß dies eine dumme Frage ist. Alle Sprecher einer Sprache denken natürlich, daß ihre Weise, die Welt zu betrachten, die »richtige« ist. Nach einer Weile gelangen Sie zu dem Schluß, daß jede Gruppe für sich recht hat und daß es außerhalb der Gruppen keine Richtigkeit gibt. Und dann stellen Sie fest, daß es sogar zwischen den Menschen einer Sprachgruppe begriffliche Differenzen gibt.

Rückblickend glaube ich, daß ebendieser Umstand mich zur Philosophie gebracht hat und der Hauptauslöser für mein Interesse an Erkenntnistheorien war. Ich las die Philosophen eklektisch und ohne Aufsicht. Das hat einen Nachteil. Ohne professionelle Führung braucht man manchmal fünfzehn oder zwanzig Jahre, um ein Problem zu lösen, nur um zu entdecken, daß man die Lösung in einem Buch hätte finden können, wenn einem gesagt worden wäre, wo man danach hätte suchen müssen. Andererseits hat eklektisches Lesen den Vorteil, daß man Autoren liest, die in philosophischen Standardkursen nie erwähnt werden. In meinem Fall erwiesen sich einige dieser Autoren als besonders wichtig für die Konstruktion einer konstruktivistischen Erkenntnistheorie.

Die Skeptiker

Mein Denken erfuhr eine entscheidende Richtungsänderung, als ich auf die Skeptiker stieß. Was sie sagten, hat sich über zweitausendfünfhundert Jahre hinweg im wesentlichen nicht geändert, und zwar, weil das Argument, das die Vorsokratiker im 6. vorchristlichen Jahrhundert so gut formuliert hatten, ein logisch unwiderlegbares Argument ist.

Wie ich es verstehe, ist es sehr einfach. Die Skeptiker behaupten, daß das, wovon wir Kenntnis erlangen, durch das System unserer Sinne und unser Begriffssystem gegangen ist, und es gibt uns ein Abbild. Wenn wir jedoch wissen möchten, ob dies ein richtiges Abbild, ein wahres Abbild einer äußeren Welt ist, stecken wir sofort in der Klemme, denn immer, wenn wir einen Blick auf die äußere Welt werfen, wird das, was wir sehen, erneut durch unsere Sinnesorgane und durch unser Begriffssystem gesehen.

Wir sind also in einem Paradox gefangen. Wir möchten glauben, daß wir etwas über die Welt da draußen wissen können, aber wir können niemals sagen, ob dieses Wissen wahr ist. Denn das Etablieren einer solchen Wahrheit würde einen Vergleich verlangen, den wir schlicht und ergreifend nicht anstellen können. Wir haben keine andere Möglichkeit, etwas über die äußere Welt herauszufinden, als sie zu erleben. Und während wir sie erleben, machen wir möglicherweise die gleichen Fehler; selbst wenn wir alles richtig gesehen hätten, hätten wir keine Möglichkeit zu wissen, daß es richtig ist.

Dies bringt die Epistemologie in eine ziemlich katastrophale Lage. Wenn man sich die Geschichte der abendländischen Philosophie ansieht, findet man ein paar wunderschöne Träume und ein paar geniale Geschichten, wie es sein könnte. Sie alle aber sind nicht in der Lage, jenes Grundproblem zu lösen, wie wir wissen können, daß unser Wissen wahr ist, wenn wir unter »wahr« eine wahre Darstellung einer ontologischen Welt verstehen, einer Welt, bevor wir Kenntnis von ihr erlangt haben.

Wenn dem so ist, dann muß man, so scheint mir, herauszufinden versuchen, ob es einen anderen Weg gibt. Und dieser andere Weg, denke ich, wurde zuerst in der Renaissance
gedacht. Er tauchte mit Kopernikus auf und dann im Prozeß,
der Galilei gemacht wurde. Wie Sie wissen, wurde Galilei
vom Vatikan der Häresie angeklagt, weil sein Modell des Pla-
netensystems nicht mit dem übereinstimmte, was der Vatikan für richtig hielt.

Damals versuchte Kardinal Bellarmino Galilei zu warnen.
Bellarmino, der der Ankläger im Prozeß gegen Giordano
Bruno gewesen war, war ein sehr kultivierter Mann, und
obwohl er gläubig war, war er offensichtlich der Meinung,
daß es einen besseren Weg, mit intelligenten Abweichlern
umzugehen, gab, als sie zu verbrennen. Er schrieb Galilei
einen Brief, in dem er ihm sagte, daß er gut beraten wäre,
wenn er stets nur hypothetisch spräche und seine Theorien
als Instrumente für Berechnungen und Voraussagen, niemals
aber als Beschreibungen der Welt Gottes darstellte.

Damit begann die Spaltung in das, was ich rationales und
mystisches Wissen nennen würde. Die Trennung dieser beiden Arten von Wissen findet sich häufig im skeptischen Denken des 16., 17. und 18. Jahrhunderts. In Frankreich behaup-
teten Montaigne und Denker wie Gassendi und Mersenne,
daß es für die Wissenschaft vollkommen in Ordnung sei,
rationale Modelle auszuarbeiten, daß diese jedoch immer nur
Modelle unserer Erfahrungswelt seien und niemals Modelle
einer »wirklichen« Welt.

Diese Trennung zweier Arten von Wissen – des rationalen
und des nicht rationalen – war ein neuer Gedanke innerhalb
des Skeptizismus. Wenn ich letzteres »mystisch« nenne,
könnten manche meinen, ich wolle damit eine Bewertung
vornehmen und das rationale Wissen über das mystische
stellen. Dem ist nicht so. Ich folge hier dem ersten echten
Konstruktivisten, dem italienischen Philosophen Giambatti-
sta Vico, der das Wissen der Vernunft dem Wissen der »dich-
terischen Einbildungskraft« gegenüberstellte, beider Wert

aber nicht in Frage stellte. Er schrieb Anfang des 18. Jahrhunderts eine lateinische Dissertation, die er *De Antiquissima Italorum Sapientia* nannte. Sie ist das erste konstruktivistische Manifest. In Hinblick auf die wirkliche Welt sagte Vico sehr deutlich, daß die Menschen nur kennen können, was sie selbst gemacht haben. Er faßte dies in dem wunderbaren Satz zusammen: »Gott ist der Schöpfer der Welt, der Mensch der Gott der Artefakte.«

Ein evolutionäres Konzept

Die Epistemologie befand sich in einer prekären Lage. Es gab zwei Arten von Wissen, die zu rechtfertigen waren. Das mystische Wissen konnte nur mit dem Dogma der heiligen Bücher oder einem metaphysischen Mythos gerechtfertigt werden. Das rationale Wissen schien seine Rechtfertigung verloren zu haben, wenn man nicht länger sagen konnte, daß das wissenschaftliche Wissen insofern »wahr« ist, als es eine wahre Darstellung einer äußeren Welt liefert. Die meisten Philosophen nahmen es daher nicht sehr ernst. Es mußte eine Rechtfertigung gefunden werden, die sich nicht auf die Darstellung berief.

Eine erste Möglichkeit, solch eine Rechtfertigung zu formulieren, bot ein Begriff der Darwinschen Evolutionstheorie. In dem Augenblick, da ich dies sage, merke ich, daß ich mißverstanden werden könnte. Ich meine damit nicht, daß sich das wissenschaftliche Wissen in der gleichen Weise entwickeln könnte, wie Arten sich in einer bestimmten Umwelt entwickeln. Es ist wichtig, dies unmißverständlich klarzumachen, denn manche sprechen heute von »evolutionärer Epistemologie«. Ich gehöre nicht zu ihnen. Für mich und eine Reihe von Denkern am Ende des Jahrhunderts ist der Begriff *fit* (›passen‹) wichtiger als der Begriff *match* (›stimmen‹).

In Darwins Theorie muß ein Organismus eine Körperform und eine Verhaltensweise haben, die in die Umwelt passen, in der er leben muß. Sie wissen alle, daß Anpassung in diesem Darwinschen Sinn nicht etwas ist, das der Organismus selbst tun kann. Sie ist etwas Zufälliges. Biologische Anpassung ist nicht etwas Aktives, sondern ein Zustand. Jedes Lebewesen, das in einer bestimmten Umgebung zu überleben vermag, ist »fit« (›geeignet‹). Wie der Biologe Colin Pittendrigh (1958) sagte, ist es bedauerlich, daß Darwin selbst gelegentliche Ausrutscher passierten und er von »the survival of the fittest«, dem ›Überleben der Tüchtigsten‹, sprach. Dieser Ausdruck ist irreführend. In der ursprünglichen Evolutionsstheorie bedeutet »fit« nicht mehr als die Fähigkeit zu überleben und sich fortzupflanzen.

Dieses Passen in ein Set von Beschränkungen nennen wir »Lebensfähigkeit«. Organismen sind beispielsweise lebensfähig, wenn sie trotz der Schranken, die ihre Umwelt ihrem Leben und ihrer Fortpflanzung setzt, zu überleben vermögen. Diese Beziehung ist daher keine der Darstellung, sondern eine des Fertigwerdens mit den gegebenen Umständen.

In Hinsicht auf das Wissen sind die Umstände häufig rein logische. Sie bilden keine physische Umwelt, sondern eine begriffliche. Um lebensfähig zu sein, sollte ein neuer Gedanke so in das bestehende Schema von Begriffsstrukturen passen, daß keine Widersprüche entstehen. Wenn es zu Widersprüchen kommt, müssen entweder der neue Gedanke oder die alten Strukturen verändert werden.

Der erste, der diesen Gedanken aufgenommen und in die Erkenntnistheorie eingeführt hat, war Mark Baldwin, einer von Jean Piagets Lehrern in Paris. Piaget entwickelte ihn dann zu einer ausgewachsenen Theorie der Erkenntnis und der Entwicklung von Erkenntnis. In all seinen Büchern wiederholt er, daß Erkenntnis eine aktive *Anpassung* sei.

Meiner Meinung nach nahmen sehr viele Leser Piagets dies jedoch niemals ernst. Und noch heute lesen die meisten Piaget, als spräche er vom Wissen der alten Art, von dem Wissen, das vorgibt, Darstellung zu sein.

Wenn man Piaget kohärent zu interpretieren versucht, kommt man zu dem Schluß, daß dies nur möglich ist, wenn man die Konzepte des Erkennens und der Erkenntnis vom Darstellungskonzept in das Anpassungskonzept ändert.

In dieser veränderten Perspektive liefert das Wissen keine Darstellung einer unabhängigen Welt, sondern eine Karte dessen, was in der Umwelt, wie sie erfahren wird, getan werden kann.

Kybernetik

Die letzte Wurzel des Konstruktivismus ist die Kybernetik. Dieser relativ neue Forschungszweig interessierte sich vor allem für die Selbstregelung und sich selbst organisierende Organismen.

Eine ernsthafte Untersuchung der Selbstregelung muß, so scheint mir, an den Punkt kommen, an dem sie auch nach der Aktivität des Erkennens fragt und ob das Erkennen nicht auch das Ergebnis von Selbstregelung ist. Die Bejahung dieser Frage war der Ausgangspunkt der sogenannten »Kybernetik zweiter Ordnung«, die ihre Aufmerksamkeit auf den *Beobachter* statt auf die beobachteten Dinge richtet. Die Grundlage ist wieder eine sehr einfache Aussage: Was immer wir Wissen nennen, muß aus Material zusammengesetzt oder konstruiert sein, das dem Erkennenden zugänglich ist. Im Grunde ist dies die kybernetische Formulierung dessen, was Vico sagte, nämlich, daß man nur das kennen kann, was man selbst gemacht hat. Und um es selbst zu machen, muß man Zugang zu den Bausteinen, zum Rohmaterial haben. Die Kybernetik begann dann zu erforschen, was einem erkennenden Subjekt zugänglich ist, und auszusondern, was logisch außer Reichweite ist.

Eine frühe Schlußfolgerung war, daß selbstregelnde Systeme geschlossene Informationssysteme sind. Um dies zu erklären, müssen wir an das erinnern, was Claude Shannon

(1948) in seiner berühmten Abhandlung über die Kommunikationstheorie zu den Zeichen und ihrer Bedeutung gesagt hat. Zwei Punkte reichen aus, um die weitverbreitete Mißinterpretation des Begriffs »Information« zu klären: 1) nicht Bedeutung wandert vom Sender zum Empfänger – das einzige, was wandert, sind Zeichen; 2) und Zeichen sind nur insofern Zeichen, als jemand sie dekodieren kann, und um sie dekodieren zu können, muß man mit ihrer Bedeutung vertraut sein.

Kommunikation funktioniert also dann wunderbar, wenn zwei Menschen sich eine Botschaft senden und vorher außerhalb dieses Kommunikationssystems einen Code festgelegt haben. (Im Fall der Sprache sind gesprochene oder geschriebene Wörter die Zeichen, und ihre Bedeutung wird individuell in den Interaktionen mit anderen Sprechern konstruiert. Die Empfänger können Botschaften dekodieren, sofern sie den Code für sich selbst festgelegt haben.) Doch wie sollen wir Zeichen dekodieren, die wir von unseren Sinnesorganen bekommen, Zeichen, die nach traditioneller Auffassung aus der Außenwelt kommen? Wir wissen nicht, wer oder was sie in jener hypothetischen Außenwelt kodiert hat, und wir kennen auch den Code nicht. Wir können die Zeichen nur von innen, nämlich als Empfänger, betrachten. In diesem Kontext von »Information« zu sprechen, ist also nicht sinnvoll. Wir können in bezug auf unsere eigenen Erfahrungen von Information sprechen, niemals aber in bezug auf etwas, das außerhalb unserer Erfahrung liegt.

Diese vier Punkte fassen in aller Kürze einige der Gründe zusammen, warum die traditionelle Ansicht, daß das Wissen die Darstellung einer unabhängigen »Wirklichkeit« sei, nicht haltbar scheint und warum es angemessener sein könnte, das Wissen als Konstruktion zu denken. Wenn man den Ursprung des Wissens jedoch einer Aktivität des erkennenden Subjekts zuschreibt, muß man bereit sein, einige der grundlegenden Schritte zu erforschen, die diese Aktivität verlangt.

Unterschiede und Gleichheit

Um zu zeigen, wie der Konstruktivismus sich diese Konstruktion vorstellt, möchte ich ein Beispiel schildern. Es handelt sich um eine Konstruktion, die, glaube ich, die meisten von uns in den ersten zwei Lebensjahren vollzogen haben. Meine Ausführungen beruhen zu einem guten Teil auf Piagets Buch *La Construction du réel chez l'enfant* (1937).

Es gibt kein Konstruieren, solange man nicht über irgendeine Form von Reflexion verfügt. Unter Reflexion verstehe ich weitgehend das gleiche, was Piaget und lange vor ihm der britische Empirist John Locke darunter verstanden haben. Locke ging in seiner Abhandlung davon aus, daß es zwei Quellen des Wissens gebe, nämlich einerseits unsere Sinne und andererseits die Reflexion des Verstandes über seine eigenen Operationen.

Die Reflexion des Kindes über seine eigenen mentalen Operationen ist für Piaget die Grundlage der »reflektierenden Abstraktion«, die alle wichtigen Begriffe hervorbringt, die nicht direkt von sensorischen oder motorischen Erfahrungen abgeleitet werden können. Diese abstrakten oder »operativen« Begriffe bilden eine Ebene über den »bildlichen« Begriffen, die von Sinneseindrücken abstrahiert werden können.

Die erste Frage lautet also, wie die Reflexion anfangen kann, etwas aufzubauen. Ich schlage vor (wie es William Jones vor langer Zeit getan hat), daß die Begriffe des Unterschieds und der Gleichheit zu den ersten unentbehrlichen Werkzeugen gehören. Wenn Sie George Spencer Browns Abhandlung *Laws of Form* (1969) kennen, werden Sie sich erinnern, daß er mit einem Befehl beginnt, der ganz einfach lautet: »Triff eine Unterscheidung.« Ich denke, dies ist ein guter Anfang für jede geistige Tätigkeit. Die Unterscheidung entsteht unvermeidlich aus einem Vergleich, und der Vergleich könnte ebensogut in die Gleichheit münden. Ich möchte über Vergleiche sprechen, bei denen das Ergebnis nicht ein Unterschied ist und man daher zu dem Schluß kommt, daß zwei Dinge gleich sind.

In manchen Sprachen gibt es zwei Wörter für diese Gleichheit. Im Deutschen beispielsweise *dasselbe* und *das gleiche*, im Italienischen *lo stesso* und *il medesimo*. Leider werden beide in der deutschen wie in der italienischen Alltagssprache vertauscht, obwohl sie ursprünglich wohl zwei verschiedene Bedeutungen hatten. Eine für Dinge, die hinsichtlich aller Merkmale, die untersucht werden, als gleich in dem Sinne angesehen werden, daß Angehörige einer Klasse alle gleich sind. Diese Art von Gleichheit nenne ich »Äquivalenz«. Sie ist ein sehr wichtiger Begriffsbaustein, weil man ohne ihn niemals klassifizieren könnte und weil die Klassifizierung für einen großen Teil unseres geistigen Bildes der Erfahrungswelt verantwortlich ist.

Daneben gibt es noch eine andere Bedeutung von Gleichheit. Sie wird benutzt, wenn man sagen will, daß ein bestimmtes Ding, das jetzt betrachtet wird, nicht nur wie ein Ding ist, das man gestern gesehen hat, sondern als Individuum ein und dasselbe ist. Diese Gleichheit nenne ich »individuelle Identität«. Es ist klar, daß auch sie sehr wichtig ist für die Konstruktion unserer Begriffswelt, weil sie Dauerhaftigkeit schafft.

Die Zuweisung individueller Identität ist jedoch nicht frei von Problemen. Nehmen wir an, ich bin gestern von meinem Schreibtisch aufgestanden und habe einen ungeöffneten Brief auf ihm liegenlassen. Heute komme ich herein und sage: »Ach, da ist ja der Brief, den ich gestern bekommen habe.« Wenn mich jemand fragt, wie ich sagen könne, daß es derselbe Brief ist, müßte ich nach einem besonderen Merkmal des heutigen Briefs suchen, das ich am Abend vorher bemerkt habe und das den Brief von allen anderen unterscheidet. Dies könnte schwierig oder sogar unmöglich sein. Doch das ist ein praktisches Problem, das wir hier außer acht lassen können.

Raum und Zeit

Es gibt ein anderes begriffliches Problem, das für Erwachsene schwer zu verstehen ist, weil es in sehr jungen Jahren glänzend gelöst worden ist. Wie kann ich behaupten, daß der Brief da vor mir derselbe Brief ist, den ich gestern gesehen habe, wenn er die ganze Nacht hindurch außerhalb meines Blickfeldes war? In der Zwischenzeit ist kein Brief Teil meiner Erfahrungswelt gewesen, und meine Aufmerksamkeit hat sich auf andere Dinge gerichtet oder ich habe geschlafen. Und doch möchte ich sagen, daß es derselbe ist. Hierzu ist es nötig, daß der Brief eine Form von Kontinuität *außerhalb meiner Erfahrungswelt* besitzt. Es muß daher einen Ort jenseits meiner Erfahrung geben, an dem Briefe (und alle Dinge, die ich als dauerhaft betrachte) *sein* können, während ich damit beschäftigt bin, andere Dinge zu erfahren oder zu schlafen.

Piaget nannte das »Externalisierung«, und ihm zufolge bilden Kinder diese Vorstellung zwischen 18 Monaten und 2 Jahren. Ich habe das die Konstruktion eines Proto-Raums genannt. Er ist noch kein metrischer Raum und enthält noch keine räumlichen Beziehungen. Er ist lediglich ein Magazin, in das die Dinge gestellt werden können, um ihre individuelle Identität zu behalten, während sie nicht erfahren werden.

Diese Konstruktion des Proto-Raums führt sofort zu einer zweiten Frage: Was *tun* die Dinge in ihm, während man andere Dinge erfährt? Schließlich geschah eine Menge in meiner Erfahrungswelt während der Spanne, die die zurückgelassenen Dinge in ihrem Magazin verbrachten. Die Sprache, in der ich das beschreibe, das Wort »während« verraten den Trick bereits. Das »Sein« der Dinge im Magazin dehnt sich aus, so daß sie mit dem Fluß meines gegenwärtigen Erlebens in Berührung bleiben können und verfügbar sind, wenn meine Aufmerksamkeit sich ihnen wieder zuwendet.

Den Parallelismus zweier Ausdehnungen – der Fluß der Erfahrung des Subjekts und die individuellen Identitäten, die über bestimmte Zeitspannen in ihrem Magazin ausharren –

nenne ich »Proto-Zeit«. Sie ist der Beginn des Zeitbegriffs. Sie unterscheidet sich von der Vorstellung des Proto-Raums, weil es in ihr bereits die Vorstellungen von »vorher« und »nachher« gibt. Doch dieses »vorher« und »nachher« wird konstruiert von der Projektion der Erfahrungen des Subjekts auf die Dinge im Magazin, die sich nicht im Erfahrungsbereich befinden. Tatsächlich macht dieser Parallelismus es möglich, eine Standarderfahrung zu wählen, beispielsweise die Bewegung eines Uhrzeigers, und diesen Standard auf eine andere Erfahrungssequenz als Zeitmessung zu projizieren.

Das bedeutet nicht, daß die Zeit meiner Ansicht nach eine Illusion ist. Ich nenne sie ein Konstrukt wie die ganze Welt, von der ich Kenntnis erlange, die Welt, in der ich lebe. Obwohl meine gesamte Welt eine Konstruktion ist, kann ich immer noch eine nützliche Unterscheidung zwischen Illusion und Wirklichkeit treffen. Doch diese Unterscheidung muß auf der Grundlage von Wiederholbarkeit oder Bestätigung durch ein anderes Sinnesorgan oder einen anderen Beobachter getroffen werden, nicht auf der Grundlage von *Wahrheit*. Wir müssen uns erinnern, daß sich im Konstruktivismus der Begriff der »Unwirklichkeit« immer auf die *Erfahrungs*wirklichkeit einer Person bezieht und nicht auf die ontologische Wirklichkeit der traditionellen Philosophie. Wenn wir eine rationale Wirklichkeit für uns konstruieren wollen, sind Raum und Zeit unverzichtbare Bausteine, und »Illusion« würde ich jeden Anspruch auf rationale Erkenntnis jenseits unseres Erfahrungsbereichs nennen.

Schluß

Lassen Sie mich einige hervorstechende Aspekte der konstruktivistischen Denkweise resümieren. Zuallererst ist er eine Denkweise und keine Beschreibung irgendeiner Welt. Er ist ein Modell, ein hypothetisches Modell, das keine ontologischen Behauptungen aufstellt. Er gibt nicht vor, eine absolute

Wirklichkeit zu beschreiben, sondern nur Phänomene unserer eigenen Erfahrung.

Wenn die Konstruktivisten könnten, wie sie wollten, würden sie niemals das Wort »sein« in irgendeiner Form benutzen. Leider sind unsere Sprachen so beschaffen, daß wir ohne dieses Verb nicht auskommen können. Die Ambiguität von »sein« führt unvermeidlich zu Mißverständnissen. Einerseits ist es eine reine Kopula, die Wörter miteinander verbindet, andererseits aber ist es seit Anbeginn unserer Zeit mit der ontologischen Existenz verbunden.

Wenn ich sage: »Dieses Glas ist klein«, so ist es relativ einfach zu verstehen, daß ich von meinem Standpunkt aus und aufgrund meiner Erfahrung spreche. Wenn ich aber sage: »Dieses Glas ist«, scheine ich zu behaupten, daß das Glas als Entität unabhängig von jemandes Erfahrung »existiert«. In diesem Fall ist es weit schwieriger zu verstehen, daß ich von meinem Standpunkt aus spreche und daß ich es für zweckmäßig halte, dem Glas, das ich wahrnehme, eine dauerhafte individuelle Identität zuzuschreiben. Wie der irische Philosoph George Berkeley weiß ich nicht, was »existieren« bedeuten könnte, es sei denn, es bezieht sich einfach auf die Dinge, die wir wahrnehmen.

Es ist wichtig, hieran zu erinnern, wenn Kritiker sagen, daß der Konstruktivismus die Wirklichkeit leugnet. Er tut es nicht – er sagt lediglich, daß man eine unabhängige Wirklichkeit nicht kennen kann. Der Konstruktivismus macht keine ontologischen Aussagen. Er erzählt uns nicht, wie die Welt ist. Er schlägt lediglich einen Weg vor, wie man über sie nachdenken kann, und liefert eine Analyse der Operationen, die die Wirklichkeit aus der Erfahrung heraus erzeugen.

Der Konstruktivismus wird vermutlich am besten charakterisiert, wenn man sagt, daß er der erste ernsthafte Versuch ist, die Epistemologie von der Ontologie zu trennen. Innerhalb unserer Ideengeschichte ist die Epistemologie – das Studium dessen, was wir wissen und wie wir zu diesem Wissen kommen – stets mit der Vorstellung verbunden gewesen, daß das Wissen die Darstellung einer ontologischen Außenwelt zu sein hat. Der Konstruktivismus versucht ohne diese Bedingung auszukommen und sagt statt dessen, daß das Wissen nur *lebensfähig* sein muß, daß es unseren Zwecken dienen muß. Es muß funktionieren, das heißt, in unsere Erfahrungswelt passen, weil sie die einzige Welt ist, die uns angeht.

Lassen Sie mich mit einem Shakespeare-Zitat schließen. Shakespeare scheint sehr genau gewußt zu haben, daß die Welt, die wir kennen, unsere Konstruktion ist und mit uns endet. Das Wort *thought* anstelle des Wortes *knowledge* benutzend, schrieb er: »But thought's the slave of life, and life time's fool, and time, that takes survey of all the world, must have a stop. – Doch ist der Sinn des Lebens Sklav', das Leben der Narr der Zeit; und Zeit, des Weltlaufs Zeugin, muß enden.« (*König Heinrich der Vierte*, Erster Teil, 5. Aufzug, 4. Szene)

3. Kapitel

MARTIN WAINSTEIN

Konstruktivismus: ein bemerkenswerter Einfluß auf die interaktionistische Psychotherapie

Seit den achtziger Jahren sind eine Reihe von philosophischen Ideen unter dem Namen »Konstruktivismus« gesammelt worden und haben einen bemerkenswerten Einfluß auf die Psychotherapie ausgeübt. Sie beeinflußten nicht nur die traditionellsten Schulen der Einzeltherapie wie den Behaviorismus und die Psychoanalyse, sondern vor allem einige der interaktionistischen Modelle wie das Modell des Mental Research Institute (Weakland, Fisch, Watzlawick, Bodin, 1974), Jay Haleys strategisches Modell (1973, 1976), de Shazers lösungsorientiertes Modell (1982a, 1988a) und das strategisch-konstruktivistische Modell (Nardone, Watzlawick, 1990; Nardone, 1991, 1993).

Als konstruktivistische Konzepte auf die klinische Arbeit angewandt wurden, kam die klinische Praxis in engere Berührung mit einigen theoretischen Problemen, vor allem mit jenen philosophischen Fragen, in deren Zentrum das steht, was wir das »Dort« nennen. Mit anderen Worten, die Therapeuten wurden mit dem Begriff der »Wirklichkeit« konfrontiert. Zunächst über erkenntnistheoretische Fragen, dann durch die Reflexion über die klinischen Implikationen jener Fragen.

Wie kommt es, daß in der Wirklichkeit die Gegenstände »dort« vor meinen Augen erscheinen? In welcher Weise setzt sich meine Subjektivität zu ihnen in Beziehung? Und wie sieht der geistige Prozeß aus, der sie in Beziehung setzt?

Die konstruktivistische Antwort auf diese Fragen ist eine These, die ebenso das Wissen des gesunden Menschenverstands wie wissenschaftliches Wissen verlangt. Sie behauptet, daß die Wirklichkeit, in der wir leben und in der die Wissenschaft sich entwickelt, das Ergebnis der Konstruktion eines selbstgeregelten Organismus sei und in keinerlei Beziehung zu irgendeiner ontologischen Wirklichkeit »da draußen« stehe (Maturana, Varela, 1980).

Obwohl die Philosophen seit mehr als zweitausend Jahren intensiv über dieses Thema nachgedacht haben, bekommt es nun – zumindest für die Therapeuten – ein paar neue Merkmale. Einerseits findet die Einführung konstruktivistischer Ideen und die Verknüpfung von Konstruktivismus und Psychotherapie in einem historischen Kontext statt, in dem es bereits ein recht umfangreiches Wissen über das Funktionieren unseres Gehirns, über die Wahrnehmungspsychologie sowie über die Kommunikation und ihre Wirkungen gibt. Andererseits wurde, da wir der selbstgeregelte Organismus sind, nun der Psychologie, das heißt unserer persönlichen Psychologie, eine bedeutsame Rolle zugewiesen.

An die Stelle der *black box*, der zu Beginn das Hauptinteresse der interaktionistischen Therapeuten galt, trat jetzt die Notwendigkeit, die Bedeutung individueller kognitiver Prozesse von einem Standpunkt aus zu betonen, der die Natur unserer transaktionalen Art, die Welt zu erfahren, berücksichtigt. Diese neue Perspektive war das Ergebnis eines ersten Austauschs zwischen Heinz von Foersters Denken und der klinischen Arbeit des MRI (Watzlawick, 1981; von Foerster, 1991; von Glasersfeld, 1995). Ende der siebziger Jahre führte dieser Ansatz zu einer neuen Konzeption der Erkenntnis (oder Epistemologie), die unsere Erfahrung als eine Ursache und die Welt als eine Folge betrachtet. Das impliziert, daß wir, bevor wir ein Problem definieren oder nach einer Lösung suchen, die Prämissen erforschen müssen, die sowohl dem Problem als auch der Lösung zugrunde liegen. Außerdem bekommt das System, das die Information aufnimmt, jetzt größere Relevanz als die Information selbst.

Darüber hinaus wird der Akzent auf die biologischen, linguistischen und kulturellen Kontexte gelegt, die das System bedeutungsvoll machen. Es ist unbestreitbar, daß die systemischen Therapeuten bereits lange vor den achtziger Jahren an diesen Problemen interessiert waren, da sie schon die Anfänge der Familientherapie begleiteten, die nach Gregory Batesons Überlegungen entwickelt wurde.

Bateson kam mit der klinischen Psychologie und Psychiatrie 1948 in Berührung. In seiner ersten wichtigen Forschungsarbeit zusammen mit Jürgen Ruesch (Ruesch, Bateson, 1951) machte er unmißverständlich klar, was er zu tun beabsichtigte:

1) die erkenntnistheoretischen Prinzipien explizieren, die der klinischen Arbeit der Psychotherapeuten zugrunde liegen;
2) die deskriptiven und operativen Voraussetzungen schaffen für einen interaktionalen Ansatz innerhalb der Psychotherapie als Teil eines globaleren Verständnisses menschlicher Phänomene als Kommunikationsphänomene;
3) überprüfen, inwieweit die Theorie der logischen Typen dazu taugt, einige der Konstruktionsweisen zu verstehen, mit denen wir in interpersonellen Beziehungen Wirklichkeit herstellen.

Batesons ursprüngliche Ideen zu diesen drei Punkten waren von seiner Begegnung mit der Kybernetik beeinflußt. Tatsächlich prägte einer der herausragendsten Essays jener Zeit – »Behaviour, purpose and teleology« (Rosenbluth, Weiner, Bigelow, 1943) – in entscheidender Weise seinen sozioanthropologischen Hintergrund, da jedes interaktive Verhalten als »feedback« definiert wurde. Und ein zweiter Schritt nahm den Begriff des »feed-forward« (Watzlawick, 1981) vorweg – der Informationsgehalt einer Botschaft ist von der Gruppe abhängig, von der sie kommt oder der sie zugeschrieben wird. Diese Referenzgruppe bildet den Standpunkt des

Senders, das heißt die Art, wie das Individuum vorhersagt, was seiner Erwartung nach geschehen wird. Dies ist eine subjektive, relativistische Konzeption, deren pragmatische Implikationen bemerkenswert sind. Es bedeutet, daß jede Botschaft idiosynkratisch ist und daß sie zugleich definiert und vorwegnimmt, wie die Wirklichkeit dem Sender zufolge aussieht (Wittezaele, Garcia, 1992).

Batesons Definition der Epistemologie als Gruppe von Operationen, durch welche ein Organismus wahrnimmt, denkt, entscheidet und sich in der Welt verhält, offenbart jene begriffliche Überlappung, die uns zwingt, Psychologie und Verhalten ins Zentrum der philosophischen Probleme der Erkenntnis zu stellen.

Wir müssen jedoch einräumen, daß die weitere Entwicklung der Familientherapie, Batesons (1972) spätere Forschungsarbeit und die Arbeit des MRI in Palo Alto (Watzlawick, 1964) zu einem interaktionistischen Therapiemodell führten, das das Beschreibungsinteresse auf die interaktiven Kreisläufe verlagerte, die das problematische Verhalten aufrechterhalten. Zusätzlich richtete sich das aktive Interesse auf den Entwurf von Interventionen, die darauf abzielen, diese Kreisläufe, die als außerhalb des beobachtenden Therapeuten liegend angenommen werden, zu blockieren oder zu unterbrechen.

Erst nach den siebziger Jahren, als Bateson die empirische Forschungsarbeit im Bereich der Psychiatrie aufgab und sich der Formulierung einer – aufgrund ihrer Komplexität unerreichbaren – Theorie über den mit dem Gesamtsystem deckungsgleichen Geist zuwandte, wurde allmählich der Rolle des Beobachters Vorrang eingeräumt und diese endlich anerkannt.

Gemäß diesem neuen Wendepunkt im Bereich der Systemtheorie war der Beobachter dafür verantwortlich, Unterscheidungen zu treffen und die Grenzen der beobachteten Wirklichkeit zu definieren.

Natürlich waren die Grenzen des Systems eng an die Referenzgruppe des Beobachters gebunden, der schließlich »die Unterscheidungen traf« und der selber an der gemeinsamen Konstruktion des Systems teilnahm, in dem er auch enthalten war.

Als diese Ideen auf die klinische Arbeit angewandt wurden, erkannten die Systemtherapeuten erstens, daß die »klinische Situation« hinsichtlich der Beschreibung vom kritischen Standpunkt des Beobachters abhängt, und zweitens, daß die Interventionen darauf abzielen sollten, die Bedingungen zu schaffen, unter denen ein alternatives und unbekanntes Verhalten ausgelöst werden kann, statt ein von den Annahmen und Erwartungen des Therapeuten vorweggenommenes Verhalten hervorzurufen.

Nach diesen Ergebnissen hatten die Therapeuten eine neutralere Position einzunehmen, eine weniger didaktische Haltung, die offener ist für die verborgene, aber sicher erreichbare Entwicklung von Möglichkeiten (Hoffman, 1981).

Die Systemtherapeuten stießen aber noch auf eine andere Unterscheidung, den Unterschied nämlich zwischen dem Versuch, einen Vorschlag zu wählen und einzuführen, und der Fähigkeit, sich allmählich zu nähern über Schritte, deren Merkmale von einem Gespräch abhängen werden, in dem wir die Idiosynkrasie des anderen als eine »determinierende Struktur« betrachten, die ihn veranlaßt, in selbstgeregelter Weise bestimmte Vorschläge eher als andere zu wählen.

Abschließend können wir sagen, daß der Konstruktivismus den systemischen Familientherapeuten bewußt gemacht hat, daß das, was sie in den Familien suchten, nicht etwas war, das da draußen existierte, sondern etwas, das eng mit ihren persönlichen Annahmen oder Prämissen über die Menschen, die Familien, die Probleme und sogar über die Ergebnisse der Interaktionen mit dieser oder jener Familie verbunden war. Ein ähnlicher Prozeß lief auch auf seiten der Patienten ab, da auch sie ihre eigenen Annahmen hatten, was nicht nur als Widerstand betrachtet werden konnte, sondern auch Möglichkeiten während der Behandlung eröffnete.

Kurz, sie begannen über die Wirklichkeit unserer Beschreibungen als Therapeuten nachzudenken und sehr sorgfältig zu prüfen, wie diese Wirklichkeiten mit denen unserer Patienten zusammenpassen.

Die Einführung konstruktivistischer Ideen in unsere klinische Arbeit hatte auch Auswirkungen auf einige der Überzeugungen, auf die wir uns zu verlassen pflegten. Ganz am Anfang der Familientherapie glaubten die Therapeuten aufgrund des behavioristischen Einflusses, daß sie nur das Verhalten etwas verändern müßten, um das interaktive System und seine Regeln zu ändern. Der Konstruktivismus bewahrte uns davor, zu »behavioristisch« zu werden, als wir uns mit unseren Vorstellungen über Veränderung befaßten, was uns dazu führte, dem Umdeuten sehr viel stärker zu vertrauen, uns darauf zu konzentrieren, »eine formbare Wirklichkeit zu schaffen«, und zu verstehen, wie wichtig manche Annahmen über das Problem für die Menschen sind, die von ihm betroffen sind.

Die Frage der Bedeutung wurde zu einem wichtigen Ziel in der Therapie. Und das meiste dessen, was wir »Systeme« zu nennen begannen, bezieht sich auf das System der Annahmen und Erwartungen des Beratungssystems: Therapeut + Patient (Sluzky, 1983).

Therapeuten legten nun nicht mehr ihren ganzen Ehrgeiz in das Bemühen, unbedingt zu verstehen. Abgesehen davon, daß sie strategisch war, verwandelte sich ihre Position in eine Haltung, die glaubwürdiger und realistischer für uns war. Das Bild des Therapeuten als eines Experten war nicht auf die thematischen Inhalte der Lösungen anwendbar, die durch die Therapie erreicht wurden, was seine Anwendbarkeit auf den Prozeß, auf die Art, wie man sich vom Problem auf die Lösung zubewegt, verringerte.

Die Rolle des Therapeuten ist daher mehr als die eines Organisators des Gesprächs, das in einer Atmosphäre stattfindet, in der verschiedene Standpunkte in nicht-defensiver Weise als möglich analysiert werden können.

Im therapeutischen Kontext hat das, was wahr war, dem Platz gemacht, was plausibel, glaubwürdig, richtig und möglich ist. Außerdem wurden die Therapieziele zu etwas, das gemeinsam eher schrittweise konstruiert wird und sehr viel stärker auf die Fähigkeit angewiesen ist, die Möglichkeiten der Therapie und die Möglichkeiten des Patienten zusammenzubringen.

Das Konzept, den Fokus vom Problem selbst auf die Ausnahmen von ihm zu verlagern, sich also auf die Lösungen des Problems zu konzentrieren, wertet die Fähigkeit des Patienten auf, seine eigenen Möglichkeiten zu entwickeln, die ihm in den meisten Fällen unbekannt sind. Dies gilt insbesondere für den Fall des Armen und des Außenseiters, die sich gewöhnlich dank des Bildes, das die Gesellschaft von ihnen hat und ihnen vermittelt, für unfähig halten (de Shazer, 1985, 1988a; 1993, persönlicher Briefwechsel; White, 1988, 1989; O'Hanlon, Weiner-Davis, 1989).

Die Beziehung zwischen Konstruktivismus und Psychotherapie sollte im Kontext der großen Revolution der Erkenntnis überdacht werden, die nach dem Zweiten Weltkrieg von Theorien herbeigeführt wurde, die aus verschiedenen Bereichen kamen: Kybernetik, Systemtheorie, moderne Linguistik, Quantenphysik, kognitive Psychologie, kultureller und ethnischer Relativismus. Hirsch (1992) weist darauf hin, daß es diesem in den meisten Fällen positiven Einfluß nicht gelang, die Theoriebildung stärker mit der klinischen Praxis zu verbinden. Statt dessen wurde, gestützt auf Prämissen, die zu theoretisch, widerstreitend, komplex und von unserer klinischen Arbeit zu weit entfernt waren, die Diskussion über Ontologie oder Epistemologie fortgeführt.

Meiner Meinung nach besteht der einzige Weg, diesen Effekt abzumildern, darin, eine konstruktivistische klinische Arbeit zu entwickeln, die pragmatisch orientiert ist. Wenn die klinische Wirklichkeit konstruiert wird, dann sollte der Begriff der Konstruktion stärker operational gefaßt werden.

Wer baut die klinische Wirklichkeit auf? Welche Werkzeuge und Verfahren sind involviert, wenn wir eine klinische

Wirklichkeit aufbauen? Was genau wird in ihr aufgebaut? Wo wird sie konstruiert, in einem virtuellen oder in einem empirischen Raum? Warum wird sie aufgebaut? Was für ethische Implikationen hat diese Konstruktion?

Vom konstruktivistischen Standpunkt aus müssen wir einräumen, daß diese Fragen viele mögliche Antworten haben können, solange ihre innere Konsistenz und praktische Wirksamkeit sie akzeptabel und plausibel machen.

Das Nachdenken über eine adäquate Antwort auf diese Fragen sollte eine kollektive Aufgabe sein und würde den Rahmen dieses Beitrags sprengen. Dennoch möchte ich einige der praktischen Antworten präsentieren, die interaktionistische Therapeuten auf diese Fragen gegeben haben.

1. Wer baut klinische Wirklichkeiten auf?

Ich meine, daß interaktionistische Kurzzeittherapeuten das Problem des Patienten aus einer Perspektive heraus zu verstehen versuchen, die der menschlichen Interaktion Vorrang einräumt.

Die Therapie könnte man metaphorisch als Fahrt in einem Fahrstuhl beschreiben. Wie diese ist das Interview kurz, und zunächst gibt es wenig Vertrautheit zwischen den Teilnehmern; der »professionelle« Kontext der Intimität erinnert uns an den Beichtstuhl. Wir versuchen sofort, das Eis zu brechen in einem Gespräch, das völlig künstlich ist, dessen Teilnehmer aber ein Spiel spielen, das in nur sehr wenigen anderen sozialen Beziehungen gespielt wird, das Vertrauens- und Intimitätsspiel. Obwohl jemand die Kontrolle ausübt, scheint die Rolle nicht so schwierig, als daß sie nicht von anderen gespielt werden könnte.

Wir fürchten auch, daß die Fahrt zu einem zu langen Eingeschlossensein führen oder eine Art von Vertrautheit entwickeln kann, die ihre eigenen Fallen stellt oder die Ziele verändert.

Welches Therapiemodell auch verwendet wird, die klinische Wirklichkeit wird immer von beiden gestaltet, dem Therapeuten und dem Patienten.

2. Welche Werkzeuge und Verfahren sind involviert, wenn wir eine klinische Wirklichkeit aufbauen? Diese Frage läßt sich mit der Feststellung beantworten, daß es von einer konventionellen Beobachtung aus nicht viel mehr als das Gesprächsspiel gibt. In diesem Spiel ist der ganze Reichtum der Therapie präsent. Vor mehr als dreißig Jahren pflegte Jay Haley zu sagen, daß das einzige, was von den Beziehungen zwischen Menschen sichtbar sei, ihre Worte und Gesten seien.

Es gibt sehr wenige Bereiche in unserem sozialen Leben, wo Menschen so sehr wie in der Therapie mit diesem Raum mündlicher Kommunikation konfrontiert werden. Andererseits leben wir in einem Meer von Kommunikation. Sprache ist überall und organisiert das Leben in der Familie, auf der Straße, bei der Arbeit, in der Forschung. Sie tut dies durch die Anwesenheit verschiedener Stimmen und Akzente, durch Pausenzeichen, Rituale des Aufeinander-Zugehens und der Begrüßung, Intonationsmuster und andere paralinguistische und außersprachliche Merkmale, die notwendig sind, um Botschaften über ihre sprachliche Ebene hinaus zu verstehen. Aus diesem Grund schenken wir auch innerhalb der Therapie all diesen paralinguistischen und außersprachlichen Merkmalen des Sprechens besondere Aufmerksamkeit.

Der Identität des Sprechers, den Umständen und dem Kontext werden in der Therapie besonders viel Zeit und Raum gewährt. Das gilt auch für den Klang der Worte, die Fähigkeit, Wortspiele, semantische Ableitungen, Quidproquos zu machen, Wörter zu erfinden, Situationen mit Hilfe bestimmter Techniken zu spielen, usw.

Trotz der Tatsache, daß Kommunikation eng mit dem Scheitern von Kommunikation verbunden ist, sind sich die Menschen in anderen Kommunikationskontexten außerhalb der Therapie kaum all dieser Kommunikationsmerkmale bewußt. Überdies glauben sie immer noch fälschlicherweise, daß sie stets meinen, was sie sagen (Certeau, Giard, Mayori, 1994).

Die Therapie konzentriert sich auf den Gebrauch mündlicher Kommunikation, der eine grundlegende Rolle in der Beziehung zum anderen spielt und sie von ihrem täglichen instrumentalen Gebrauch und ihrer Funktion als Wissensvermittler in der Ausbildung unterscheidet.

3. Was wird konstruiert? Die Therapie konstruiert Bedeutung. Dies kann man für zu wenig oder für zu abstrakt halten, aber was sonst sollte in einem kleinen Raum konstruiert werden, in dem das einzig verfügbare Mittel das Gespräch ist und in dem wir nicht länger als eine Stunde bleiben können?

Traditioneller wissenschaftlicher Erkenntnis und dem gesunden Menschenverstand zufolge werden Bedeutungen durch die systematische Beobachtung der Karten erläuternder Netzwerke entdeckt. Bedeutung ist das Ergebnis eines Sprachspiels, dessen einzige Regel lautet: Denotation. Diese Regel läßt die Menschen an die Transparenz, Objektivität und Wahrheit der Sprache glauben (Harland, 1987).

Für den Therapeuten ergibt sich die Bedeutung jedoch aus der Beziehung zwischen bestimmten Wörtern oder Ausdrücken und anderen. Das Bezeichnete ist selten klar und bestimmt, es ist stets den potentiellen bedeutungsvollen Assoziationen und der verschwommenen Grenze der Weisen, wie die Ausdrücke zueinander in Beziehung treten können, unterworfen. Das ist der Grund, warum Ausdrücke oder Wörter mehrdeutig und unbestimmt sein können.

Dennoch glauben von einem traditionellen Standpunkt aus einige Therapeuten, daß die Lösung der Probleme, Schwierigkeiten oder Fragen des Patienten die Suche nach einer wahren zugrundeliegenden Bedeutung einschließt. Das hieße, daß die therapeutische Arbeit darin bestünde, »zurück« in die Vergangenheit und wieder hinauf an die »Oberfläche« zu gehen, bis man die »wahre« oder zumindest die »richtige« Bedeutung durch die Transformationsregeln fassen kann, auf die sich die therapeutische Theorie stützt.

Anders als die traditionelle Perspektive gibt der interaktionale Ansatz den Gesichtspunkt der linearen Kausalität auf und ignoriert die Frage nach der »Wahrheit«. Statt dessen konzentriert er sich auf die Bedeutung, die unser Patient einer Person, einer Situation oder einem Gegenstand zuschreibt. Gleichzeitig begreift er diese Bedeutung als eine Konstruktion, die mit einem besonderen Sprachgebrauch »hier und jetzt« verbunden ist. Die Bedeutung von Wörtern hat viel mit der Art und Weise zu tun, wie Sprecher sie in einem besonderen Kontext verwenden. Unseres Erachtens ist der relevante Kontext der gegenwärtige therapeutische Kontext.

Die Rede unseres Patienten ist Teil eines besonderen Gesprächs, und es ist im wesentlichen eine Erinnerung, die eine »Welt« beschreibt, die als jemandes eigene Biographie gestaltet, aber in einer als therapeutisch definierten sozialen Interaktion mitgeteilt wird. Um unsere frühere Metapher wiederaufzunehmen: Im Aufzug wird uns eine Geschichte erzählt. Die therapeutische Arbeit besteht darin, die Geschichte neu zu erzählen und dabei die Bedeutung ihrer Inhalte zu verändern.

Die Psychologie, die das Gedächtnis als eine Funktion studiert, durch die ein Gehirn Informationen dekodiert, speichert und abruft, ist für uns nicht von Nutzen, wenn sie nicht die Tatsache berücksichtigen kann, daß die Erinnerungen der Patienten während einer Sitzung nicht die abgerufenen Informationen sind, sondern eine Behauptung über bestimmte Dinge in einer Situation, die aktiv mit dem Therapeuten geteilt wird.

Was Barlett (1932) als etwas Konstruktives »im Geist des sozialen Individuums« beschrieb, findet nicht nur dort statt, sondern auch in der sozialen Aktivität, über die Vergangenheit zu sprechen. In diesem Sinne können wir sagen, daß »wir eine Psychologie der Fähigkeiten aufgeben und empfänglicher werden für die Pragmatik der Kommunikation, für die Verwendung der Erlebnisdarstellung hier und jetzt«.

Man könnte sagen, daß wir mehr an der Darstellung des Erlebnisses interessiert sind als am Erlebnis selbst. Wir sind stärker daran interessiert, unseren Patienten eine andere Dekodierung der Wirklichkeitswahrnehmung zu erleichtern, als die Semantik des Wahrgenommenen zu verändern.

4. Wie und wo wird konstruiert? Vom empirischen Standpunkt aus ist die Therapie ein Gespräch. Aber sie ist ein Gespräch, das von bestimmten Zielen oder von einem Plan des Therapeuten gelenkt wird. Sein Ziel ist es, Bedeutungen zu schaffen, die die Überzeugungen des Patienten beeinflussen und alternative Verhaltensweisen auslösen können, die sich von denen unterscheiden, die den Patienten entmutigen und leiden lassen. Infolgedessen muß der lenkende Therapeut die Sitzung leiten, Fragen stellen und bestimmte Aufgaben vorschlagen, so daß der Patient neue Bedeutungen und alternative Verhaltensweisen lernen kann.

Aufgabe des Therapeuten ist es, Abläufe so zu organisieren, daß sie dem Patienten helfen können, das Stadium hinter sich zu lassen, in dem die Probleme, die ihn veranlaßt haben, den Therapeuten aufzusuchen, von ihm nicht selbständig erkannt und gelöst werden konnten, und in ein Stadium einzutreten, das, zumindest potentiell, für ihn gesünder und erwünschter ist und in dem er ohne Symptome agieren kann.

Therapeutische Arbeit besteht weder darin, die Wahrheit zu suchen, noch darin, die Therapie auf das zu lenken, was »richtig« ist. Sie besteht einzig und allein darin, die Lernvoraussetzungen zu schaffen, unter denen etwas anderes, für die Idiosynkrasie des Patienten Plausibles und Adäquates an die Stelle seiner Symptome und seines Leidens treten kann.

4. Kapitel

<small>Heinz von Foerster</small>

Ethik und Kybernetik zweiter Ordnung[*]

Wie Sie alle wissen, entsteht Kybernetik, wenn Verursacher (sagen wir ein Motor, eine Maschine, unsere Muskeln usw.) mit einem Sinnesorgan verbunden sind, das seinerseits mit seinen Signalen auf die Verursacher einwirkt. Diese kreisförmige Organisation unterscheidet kybernetische Systeme von anderen, die nicht auf diese Weise organisiert sind. Norbert Wiener führte den Begriff »Kybernetik« wieder in den wissenschaftlichen Diskurs ein. Er beobachtete: »Das Verhalten solcher Systeme kann interpretiert werden als auf die Erreichung eines Ziels gerichtet.« Man könnte meinen, diese Systeme verfolgen eine Absicht!

Das klingt nun wirklich sehr seltsam! Doch lassen Sie mich Ihnen eine andere Umschreibung dessen geben, worum es in der Kybernetik geht, indem ich den Geist von Frauen und Männern beschwöre, die zu Recht als die Mütter und Väter des kybernetischen Denkens und Handelns gelten können. Hier zunächst Margaret Mead, dessen Name Ihnen allen sicher vertraut ist. In einer Rede vor der American Society of Cybernetics bemerkte sie:

---

[*] Vortrag, gehalten im Rahmen der internationalen Konferenz »Systems & Family Therapy Ethics, Epistomology, New Methods«, Paris 1990, EFS Éditeur.

Als Anthropologin bin ich an den Wirkungen interessiert gewesen, die die Theorien der Kybernetik in unserer Gesellschaft haben. Ich meine hier nicht die Computer oder die elektronische Revolution insgesamt oder das Ende der Abhängigkeit von Schrift für das Wissen oder die Art und Weise, wie Kleidung die Vervielfältigungsmaschine als Form der Kommunikation unter den andersdenkenden jungen Leuten abgelöst hat. Lassen Sie mich das wiederholen, ich meine nicht die Art und Weise, wie *Kleidung* die Vervielfältigungsmaschine als Form der Kommunikation unter den andersdenkenden jungen Leuten abgelöst hat.

Und sie fährt fort:

Ich möchte besonders die Bedeutung des Komplexes interdisziplinärer Gedanken betrachten, die wir zuerst »feedback« und dann »teleologische Mechanismen« und dann »Kybernetik« nannten, eine Art interdisziplinäres Denken, das es den Vertretern vieler Disziplinen ermöglichte, auf einfache Weise miteinander in einer Sprache zu kommunizieren, die alle verstehen konnten.

Und hier die Stimme ihres dritten Ehemanns, des Epistemologen, Anthropologen, Kybernetikers und, wie manche sagen, Vaters der Familientherapie, Gregory Bateson: »Kybernetik ist ein Zweig der Mathematik, der sich mit Problemen der Kontrolle, Rekursivität und Information befaßt.«

Und der Organisationsphilosoph und das Managementgenie Stafford Beer: »Kybernetik ist die Wissenschaft der effizienten Organisation.«

Und abschließend die poetische Reflexion von »Mister Cybernetics«, wie wir ihn liebevoll nennen, des Kybernetikers Gordon Pask: »Kybernetik ist die Wissenschaft vertretbarer Methaphern.«

Wie es scheint, verkörpert die Kybernetik viele verschiedene Dinge für viele verschiedene Menschen. Das liegt jedoch am Reichtum ihrer begrifflichen Grundlage; und ich glaube, das ist gut so, denn andernfalls würde die Kybernetik zu einem arg langweiligen Exerzitium. All diese Perspektiven ergeben sich jedoch aus einem zentralen Thema, dem der Zirkularität. Als vor vielleicht einem halben Jahrhundert die Fruchtbarkeit dieses Konzepts erkannt wurde, philosophierte, epistemologisierte und theoretisierte man ganz euphorisch über seine vereinende Kraft und seine Auswirkungen und Verästelungen in verschiedenen Bereichen. Während all dies geschah, entwickelte sich etwas Merkwürdiges unter den Philosophen, Epistemologen und Theoretikern. Sie sahen sich selbst mehr und mehr als in eine umfassendere Zirkularität eingebunden, vielleicht in die Zirkularität ihrer Familie oder ihrer Gesellschaft und Kultur oder vielleicht sogar in eine Zirkularität kosmischen Ausmaßes!

Erkenntnisse und Denkweisen, die uns heute ganz natürlich vorkommen, waren damals nicht nur schwer zu erkennen, sie durften nicht einmal gedacht werden. Warum? Weil es das Grundprinzip des wissenschaftlichen Diskurses verletzt hätte, das die Trennung von Beobachter und Beobachtetem voraussetzt. Das ist das Prinzip der Objektivität. Die Eigenschaften des Beobachters sollen nicht in die Beschreibung seiner Beobachtungen einfließen.

Ich stelle dieses Prinzip hier in seiner brutalsten Form vor, um seine Unvernünftigkeit zu zeigen. Wenn die Eigenschaften des Beobachters (daß er nämlich beobachtet und beschreibt) ausgeschaltet werden, dann bleibt nichts übrig, keine Beobachtung, keine Beschreibung. Es gab jedoch eine Rechtfertigung für dieses Prinzip, und diese Rechtfertigung war Furcht, die Furcht, daß es zu Paradoxen kommen könnte, wenn es den Beobachtern gestattet würde, in die Welt ihrer Beobachtungen einzutreten. Und Sie kennen die Gefahr, die von Paradoxen ausgeht. Wenn sie sich in eine Theorie einschleichen, so ist das, als habe der Teufel seinen Pferdefuß in die Tür der Orthodoxie gestellt.

Als die Kybernetiker über Partnerschaft in der Zirkularität des Beobachtens und Kommunizierens nachdachten, betraten sie eindeutig verbotenes Land. Im allgemeinen Fall eines zirkulären geschlossenen Systems impliziert A B, B impliziert C, und (o Schreck!) C impliziert A! Im reflexiven Fall impliziert A B, und (Schock!) B impliziert A! Und nun der Pferdefuß des Teufels in seiner reinsten Form, der Form der Autoreferenz: A impliziert A (Skandal!).

Ich möchte Sie jetzt einladen, mit mir in ein Land zu kommen, in dem es nicht verboten ist, ja, in dem man ermutigt wird, über sich zu sprechen. Was könnte man sonst auch tun? Diese Wende von der Betrachtung der Dinge »da draußen« zum Betrachten des »Betrachtens selbst« ergab sich, denke ich, aus bedeutsamen Fortschritten in der Neurophysiologie und Neuropsychiatrie. Es zeigte sich, daß man jetzt wagen konnte zu fragen, wie das Gehirn arbeitet. Man konnte wagen, eine Theorie des Gehirns zu schreiben.

Man mag einwenden, daß seit Aristoteles über die Jahrhunderte hinweg Physiker und Philosophen immer wieder Theorien über das Gehirn entwickelt haben. Was ist also das Neue bei den heutigen Kybernetikern? Das Neue ist die tiefgründige Einsicht, daß man ein Gehirn braucht, um eine Theorie über ein Gehirn zu schreiben. Daraus folgt, daß eine Theorie des Gehirns, die Anspruch auf Vollständigkeit erhebt, über das Schreiben dieser Theorie Rechenschaft abzulegen hat. Und, was noch faszinierender ist, der Autor dieser Theorie hat über sich selbst Rechenschaft abzulegen. Übertragen auf das Gebiet der Kybernetik: Der Kybernetiker hat, wenn er sein eigenes Gebiet betritt, über seine eigene Tätigkeit Rechenschaft abzulegen. Die Kybernetik wird dann eine Kybernetik der Kybernetik oder eine *Kybernetik zweiter Ordnung*.

Meine Damen und Herren, diese Einsicht bedeutet einen grundlegenden Wandel nicht nur in der Art, wie wir Wissenschaft treiben, sondern auch, wie wir das Lehren, das Lernen, den therapeutischen Prozeß, das Organisationsmanagement und so weiter wahrnehmen, und ich würde sagen, wie wir

Beziehungen in unserem täglichen Leben wahrnehmen. Man kann diesen grundlegenden epistemologischen Wandel erkennen, wenn man sich zunächst als unabhängigen Beobachter sieht, der beobachtet, wie die Welt an ihm vorbeizieht, im Gegensatz zu einer Person, die sich als Mitspieler im Drama der gegenseitigen Interaktion des Gebens und Nehmens in der Zirkularität menschlicher Beziehungen sieht.

Im ersten Fall kann ich anderen aufgrund meiner Unabhängigkeit sagen, wie sie denken und handeln sollen: »Du sollst ...«, »du darfst nicht ...«. Das ist der Ursprung von Moralkodexen. Im zweiten Fall kann ich aufgrund meiner Interdependenz nur mir selbst sagen, wie ich denken und handeln soll: »Ich soll ...«, »ich darf nicht ...«. Das ist der Ursprung der Ethik.

Dies war der einfache Teil meines Vortrags. Jetzt kommt der schwierige Teil. Ich soll über Ethik sprechen. Wie soll ich das anstellen? Wo soll ich beginnen?

Bei meiner Suche nach einem Anfang stieß ich auf das schöne Gedicht von Yveline Rey und Bernard Prieur, das die erste Seite unseres Programms ziert. Lassen Sie mich die ersten Zeilen zitieren:

»Vous avez dit Éthique?«
Déjà le murmure s'amplifie en rumeur.
Soudain les roses ne montrent plus d'épines.
Sans doute le sujet est-il brûlant.
Il est aussi d'actualité.

»Haben Sie Ethik gesagt?«
Schon schwillt das Murmeln zum Getöse.
Plötzlich zeigen die Rosen keine Dornen mehr.
Das Thema brennt gewiß auf den Nägeln.
Es ist auch aktuell.

Lassen Sie mich mit den Stacheln, mit den Dornen beginnen, und ich hoffe, daß eine Rose hervorkommen wird. Die Dornen, mit denen ich beginne, sind Ludwig Wittgensteins Reflexionen über Ethik in seinem *Tractatus logico-philoso-phicus*. Ich werde diese Wahl jedoch nicht rechtfertigen, ich möchte Ihnen vielmehr erzählen, was mich veranlaßt, mich auf Wittgensteins Reflexionen zu beziehen, um meine eigenen zu präsentieren.

Ich beziehe mich auf den Punkt Nummer 6 in seinem *Trac-tatus*, in dem er die allgemeine Form von Aussagen erörtert. Gegen Ende seiner Ausführungen wendet er sich dem Problem der Werte in der Welt, und wie sie in Aussagen ausgedrückt werden, zu. In seinem berühmten Punkt 6.421 kommt er zu folgendem Schluß: »Es ist klar, daß sich die Ethik nicht aussprechen läßt.«

Jetzt verstehen Sie, warum ich vorhin sagte: »Ich werde mit Dornen beginnen.« Dies hier ist ein Internationaler Kongreß über Ethik, und der erste Redner sagt etwas in dem Sinne, daß es unmöglich sei, über Ethik zu sprechen! Doch haben Sie bitte noch einen Augenblick Geduld. Ich habe Wittgensteins These aus ihrem Kontext gerissen zitiert. Deswegen ist noch nicht klar, was er sagen wollte.

Zum Glück liefert der nächste Punkt, 6.422, den ich gleich zitieren werde, einen größeren Kontext für 6.421. Um Sie auf das vorzubereiten, was Sie gleich hören werden, sollte ich Sie daran erinnern, daß Wittgenstein Wiener war. Ich komme auch aus Wien. Daher gibt es eine Art unterirdisches Verstehen, daß Sie als Pariser, das fühle ich, mit uns Wienern teilen. Lassen Sie mich versuchen, das zu erklären. Hier zunächst Punkt 6.422: »Der erste Gedanke bei der Aufstellung eines ethischen Gesetzes von der Form ›Du sollst ...‹ ist: Und was dann, wenn ich es nicht tue?« Als ich dies zum ersten Mal las, dachte ich, daß nicht jeder Wittgensteins Sicht teilen wird. Ich denke, daß es seinen kulturellen Hintergrund widerspiegelt.

Lassen Sie mich mit Wittgenstein fortfahren: »Es ist aber klar, daß die Ethik nichts mit Strafe und Lohn im gewöhnlichen Sinne zu tun hat [...]. Es muß zwar eine Art von ethischem Lohn und ethischer Strafe geben, aber diese müssen in der Handlung selbst liegen.«

Sie müssen in der Handlung selbst liegen! Sie erinnern sich, wir waren auf solche autoreferentiellen Aussagen schon in dem Beispiel »A impliziert A« und den rekursiven Parallelen der Kybernetik zweiter Ordnung gestoßen. Können wir diesen Bemerkungen einen Hinweis entnehmen, wie wir es anstellen sollen, über die Ethik nachzudenken und uns zugleich Wittgensteins Kriterium zu eigen zu machen? Ich denke ja. Ich persönlich versuche, der folgenden Regel zu folgen: meine Sprache so zu handhaben, daß die Ethik implizit in jedem meiner möglichen Diskurse (das heißt in der Wissenschaft, der Philosophie, der Epistemologie, der Therapie usw.) enthalten ist. Was meine ich damit? Ich meine damit, daß ich Sprache und Handeln auf einem unterirdischen Fluß von Ethik schwimmen lasse und dafür sorge, daß man nicht abgeworfen wird. Das stellt sicher, daß die Ethik nicht explizit und die Sprache nicht moralisierend wird. Wie kann man das bewerkstelligen? Wie kann man die Ethik vor aller Augen verbergen und sie doch nach wie vor Sprechen und Handeln bestimmen lassen? Zum Glück hat die Ethik zwei Schwestern, die ihr erlauben, unsichtbar zu bleiben. Sie schaffen eine sichtbare Grundstruktur, ein greifbares Gewebe, in und auf das wir die Gobelins unseres Lebens weben können. Und wer sind diese beiden Schwestern? Die eine ist die Metaphysik, die andere die Dialogik.

Ich habe jetzt die Aufgabe, Ihnen von diesen beiden Damen zu erzählen, und wie sie es der Ethik ermöglichen, deutlich zu werden, ohne explizit zu werden.

Metaphysik

Lassen Sie mich zunächst von der Metaphysik sprechen. Damit Sie sofort die wunderbare Ambiguität erkennen können, die sie umgibt, möchte ich einen großartigen Artikel des britischen Gelehrten W.H. Walsh zitieren, »The Nature of Metaphysics«. Er beginnt seinen Artikel mit dem folgenden Satz: »Fast alles in der Metaphysik ist umstritten, und es überrascht daher nicht, daß es unter denen, die sich Metaphysiker nennen, nur wenig Übereinkunft darüber gibt, was genau sie versuchen.«

Wenn ich heute die Metaphysik ins Feld führe, suche ich keine Übereinkunft mit irgend jemandem über ihr Wesen. Und zwar, weil ich genau sagen will, was das ist, wenn wir Metaphysiker werden, ob wir uns nun so nennen oder nicht. Ich sage, daß wir immer dann Metaphysiker werden, wenn wir im Prinzip unentscheidbare Fragen entscheiden. Hier ist zum Beispiel eine entscheidbare Frage: »Ist die Zahl 3 396 714 durch 2 teilbar?« Sie werden keine zwei Sekunden brauchen, um zu entscheiden, daß diese Zahl tatsächlich durch 2 teilbar ist. Das Interessante hieran ist, daß Sie für diese Entscheidung genau die gleiche kurze Zeit brauchen, wenn die Zahl nicht 7, sondern 7000 oder 7 Millionen Stellen hätte. Ich könnte natürlich Fragen erfinden, die eine Spur schwieriger wären, beispielsweise: »Ist 3 396 714 durch 3 teilbar?«, oder sogar noch schwerere. Aber es gibt auch Probleme, die außerordentlich schwierig zu entscheiden sind; manche von ihnen sind vor mehr als zweihundert Jahren gestellt worden und bis heute unbeantwortet geblieben.

Denken Sie nur an Fermats »Letztes Theorem«, an dem die brillantesten Köpfe ihren brillanten Geist gewetzt haben, ohne bis jetzt eine Antwort gefunden zu haben. Oder denken Sie an die »Goldbachsche Vermutung«, die so einfach klingt, daß man glaubt, der Beweis könne doch gar nicht so schwer zu erbringen sein: »Jede ganze gerade Zahl, die größer ist als 4, läßt sich auf mindestens eine Art als Summe zweier ungerader Primzahlen darstellen.« Zum Beispiel ist 12 die Summe der beiden Primzahlen 5 und 7; oder 20 = 17+3; oder 24 = 13+11, und so weiter und so fort. Bis jetzt ist noch kein Gegenbeispiel zur Goldbachschen Vermutung gefunden worden. Und selbst, wenn alle weiteren Tests Goldbach nicht widerlegen, würde es doch eine Vermutung bleiben, bis eine Sequenz mathematischer Schritte gefunden worden ist, die zugunsten seines guten Zahlengefühls entscheidet. Es gibt eine Rechtfertigung dafür, daß man nicht aufgibt und die Suche nach einer Sequenz von Schritten, die Goldberg bestätigen würde, fortsetzt, und zwar die folgende: Das Problem ist in einen Rahmen logisch-mathematischer Beziehungen gestellt worden, der gewährleistet, daß man von jedem Knoten dieses komplexen Kristalls von Verbindungen zu jedem anderen Knoten steigen kann.

Eines der bemerkenswertesten Beispiele für einen solchen Denkkristall ist Bertrand Russells und Alfred North Whiteheads monumentale *Principia Mathematica*, die sie über einen Zeitraum von zehn Jahren zwischen 1900 und 1910 schrieben. Dieses dreibändige, über 1500 Seiten starke *magnum opus* sollte ein für allemal einen Begriffsapparat für fehlerfreie Deduktionen schaffen. Einen Begriffsapparat, der keine Ambiguitäten, keine Widersprüche und keine Unentscheidbarkeiten enthalten sollte.

Nichtsdestoweniger veröffentlichte Kurt Gödel 1931, damals fünfundzwanzig Jahre alt, einen Artikel, dessen Bedeutung weit über den Kreis der Logiker und Mathematiker hinausreicht. Der Titel dieses Artikels lautet: »Über formal unentscheidbare Sätze der *Principia Mathematica* und verwandter Systeme«. In diesem Artikel weist Gödel nach, daß logische Systeme, selbst so sorgfältig konstruierte wie das von Russell und Whitehead, nicht dagegen immun sind, daß sich Unentscheidbarkeiten einschleichen.

Wir brauchen jedoch gar nicht zu Russell und Whitehead, Gödel oder irgendeinem anderen Geistesriesen zu gehen, um etwas über im Prinzip unentscheidbare Fragen zu lernen. Wir können sie ganz leicht um uns herum finden. Die Frage nach dem Ursprung des Universums ist beispielsweise eine solche im Prinzip unentscheidbare Frage. Niemand war dabei und hat zugeschaut. Deutlich wird das außerdem durch die zahlreichen Antworten, die auf diese Fragen gegeben wurden.

Manche sagen, es sei ein einzelner Schöpfungsakt vor 4000 oder 5000 Jahren gewesen. Andere sagen, es habe niemals einen Anfang gegeben und es werde niemals ein Ende geben, da das Universum ein System in ewigem Gleichgewicht sei. Und dann gibt es welche, die behaupten, das Universum sei vor etwa 10 oder 20 Milliarden Jahren durch einen »Urknall« entstanden, dessen Echos man über große Radioantennen hören kann. Ich bin jedoch geneigt, am meisten Chuang Tses Bericht zu vertrauen, weil er der Älteste ist und daher dem Ereignis am nächsten war. Er sagt:

Der Himmel tut nichts, dieses Nichtstun ist Würde;
Die Erde tut nichts, dieses Nichtstun ist Ruhe;
Aus der Verbindung dieser beiden Formen von Nichtstun
                              entsteht jedes Handeln
Und werden alle Dinge hervorgebracht.

Ich könnte lange fortfahren mit Beispielen, denn ich habe Ihnen noch nicht erzählt, was die Burmesen, die Australier, die Eskimos, die Buschmänner, die Ibos usw. Ihnen über ihre Ursprünge erzählen würden. Mit anderen Worten, erzähl mir, wie das Universum entstanden ist, und ich sage dir, wer du bist.

Ich hoffe, ich habe den Unterschied zwischen entscheidbaren und im Prinzip unentscheidbaren Fragen hinreichend deutlich gemacht, so daß ich den folgenden Satz präsentieren kann, den ich das »metaphysische Postulat« nenne:

Nur die Fragen, die im Prinzip *unentscheidbar* sind, können *wir entscheiden.*

Warum? Ganz einfach, weil die entscheidbaren Fragen bereits entschieden wurden durch die Wahl des Rahmens, in dem sie gestellt werden, und durch die Wahl der Regeln, die verwendet werden, um das, was wir »die Frage« nennen, mit dem zu verbinden, was wir für eine »Antwort« halten. In manchen Fällen mag das schnell gehen, in anderen kann es lange, sehr lange dauern. Letztlich aber gelangen wir nach einer langen Sequenz zwingender logischer Schritte zu einer unwiderlegbaren Antwort, zu einem eindeutigen »Ja« oder einem eindeutigen »Nein«.

Doch wir stehen unter keinem Zwang, nicht einmal unter dem der Logik, wenn wir im Prinzip unentscheidbare Fragen entscheiden. Es gibt keine äußere Notwendigkeit, die uns solche Fragen auf die eine oder andere Weise zu beantworten zwingt. Wir sind frei! Die Ergänzung der Notwendigkeit ist nicht der Zufall, sondern die Wahl! *Wir können wählen, wer wir werden möchten, wenn wir eine im Prinzip unentscheidbare Frage entschieden haben.*

Das ist die gute Nachricht, wie amerikanische Journalisten sagen würden, und nun kommt die schlechte. Mit dieser Freiheit der Wahl sind wir jetzt verantwortlich für die Wahl, die wir treffen. Für manche ist diese Freiheit der Wahl ein Geschenk des Himmels. Für andere ist eine solche Verantwortung eine unerträgliche Bürde. Wie kann man ihr entfliehen? Wie kann man ihr ausweichen? Wie kann man sie an jemand anderen abgeben?

Mit viel Einfallsreichtum und Phantasie sind Mechanismen entwickelt worden, mit deren Hilfe man diese ehrfurchtgebietende Bürde umgehen kann. Über Hierarchien sind ganze Institutionen geschaffen worden, in denen es unmöglich ist, die Verantwortung zu lokalisieren. In einem solchen System kann jeder sagen: »Mir ist befohlen worden, X zu tun.« Auf der politischen Bühne hören wir immer öfter den Satz von Pontius Pilatus: »Ich habe keine andere Wahl als X.« Mit anderen Worten: »Macht mich nicht für X verantworlich. Gebt jemand anderem die Schuld.« Dieser Satz ersetzt ganz offensichtlich jenen anderen: »Unter den zahlreichen Möglichkeiten, die ich hatte, habe ich mich für X entschieden.«

Ich habe bereits die Objektivität erwähnt, und ich erwähne sie hier erneut als einen beliebten Trick, Verantwortung abzuwälzen. Wie Sie sich erinnern, verlangt die Objektivität, daß die Eigenschaften des Beobachters aus jeder Beschreibung seiner Beobachtungen herausgehalten werden. Wenn das Wesentliche des Beobachtens (nämlich die Erkenntnisprozesse) weggenommen wird, wird der Beobachter auf einen Kopierapparat reduziert, bei dem der Begriff der Verantwortung erfolgreich fortgeschwindelt werden kann.

Objektivität, Pontius Pilatus, Hierarchien und andere Kunstgriffe sind sämtlich Ableitungen einer Wahl zwischen einem Paar von im Prinzip unentscheidbaren Fragen, die lauten: »Stehe ich *außerhalb* der Welt?« Will heißen: Wann immer ich *schaue*, blicke ich wie durch ein Guckloch auf eine Welt, die sich entfaltet. Oder: »Bin ich *Teil* der Welt?« Will heißen: Wann immer ich *handele*, verändere ich mich und ebenso die Welt.

Wann immer ich über diese beiden Alternativen nachdenke, überrascht mich die Tiefe des Abgrunds, der die beiden grundverschiedenen Welten voneinander trennt, die von solch einer Wahl geschaffen werden können. Das heißt, daß ich mich als Bürger einer unabhängigen Welt sehe, deren Vorschriften, Regeln und Gebräuche ich schließlich entdecken kann, oder daß ich mich als Teilnehmer an einer Verschwörung sehe, deren Gebräuche, Regeln und Vorschriften wir jetzt erfinden.

Wann immer ich zu denen spreche, die sich entschieden haben, Entdecker oder Erfinder zu sein, bin ich von der Tatsache beeindruckt, daß keiner von ihnen sich bewußt ist, daß er diese Entscheidung jemals getroffen hat. Darüber hinaus wird, wenn sie aufgefordert werden, ihre Position zu rechtfertigen, ein Begriffsrahmen konstruiert, der sich als Ergebnis der Entscheidung einer im Prinzip unentscheidbaren Frage herausstellt.

Es ist, als erzählte ich Ihnen eine Kriminalgeschichte, ohne zu sagen, wer der Gute und wer der Böse ist; oder wer der Normale und wer der Geisteskranke ist; oder wer recht und wer unrecht hat. Da dies im Prinzip unentscheidbare Fragen sind, liegt die Entscheidung bei jedem von uns, und jeder von uns muß die Verantwortung dafür übernehmen. Es gibt einen Mörder. Ich behaupte, daß man nicht wissen kann, ob er geisteskrank ist oder war. Alles, was wir *wissen*, ist, was ich über ihn sage, was Sie über ihn sagen oder was der Experte über ihn sagt. Und was ich über seine geistige Gesundheit oder seine Geistesgestörtheit sage, was Sie darüber sagen und was der Experte darüber sagt, dafür bin ich, sind Sie, ist der Experte verantwortlich. Wiederum ist der springende Punkt nicht die Frage: »Wer hat recht und wer hat unrecht?« Das ist eine im Prinzip unentscheidbare Frage. Der springende Punkt ist die Freiheit, die Freiheit der Wahl. Hören Sie hierzu José Ortega y Gasset:

> Der Mensch hat keine Natur, sondern eine Geschichte. Der Mensch ist nichts als ein Drama. Sein Leben ist etwas, das gewählt und aus dem Stegreif erfunden werden muß. Und ein Mensch besteht aus dieser Wahl und dieser Erfindung. Jeder Mensch ist der Romancier seiner selbst, und obwohl er die Wahl hat, ein origineller Schriftsteller zu sein oder ein Plagiator, kann er sich der Wahl nicht entziehen. Er ist verdammt, frei zu sein.

Es mag Sie mißtrauisch gemacht haben, daß ich alle Fragen als im Prinzip unentscheidbar bezeichne. Das ist durchaus nicht der Fall. Ich wurde einmal gefragt, wie die Bewohner solch unterschiedlicher Welten, wie ich sie vorhin skizziert habe (die Bewohner der Welt, die sie entdecken, und die Bewohner einer Welt, die sie erfinden), je miteinander leben können. Die Antwort hierauf ist nicht schwer. Die Entdecker werden höchstwahrscheinlich Astronomen, Physiker und Ingenieure; die Erfinder werden Familientherapeuten, Dichter und Biologen. Und das Zusammenleben wird ebenfalls kein Problem sein, solange die Entdecker Erfinder entdecken und die Erfinder Entdecker erfinden. Sollten Schwierigkeiten entstehen, dann haben wir zum Glück die Trumpfkarte der Familientherapeuten, die helfen können, der Menschheitsfamilie geistige Gesundheit zu bringen.

Ich habe einen lieben Freund, der in Marrakesch aufgewachsen ist. Das Haus seiner Familie stand an der Straße, die das jüdische vom arabischen Viertel trennt. Als Junge spielte er mit allen anderen, hörte, was sie dachten und sagten, und lernte von ihren grundverschiedenen Sichtweisen. Als ich ihn einmal fragte, wer recht habe, sagte er: »Sie haben beide recht.«

»Aber das kann nicht sein«, wandte ich vom aristotelischen Standpunkt aus ein. »Es kann doch nur einer recht haben.«

»Nicht Wahrheit ist das Problem«, antwortete er. »Das Problem ist Vertrauen.«

Ich verstand. Das Problem ist Verstehen. Das Problem ist Verstehen! Das Problem ist das Treffen von Entscheidungen über im Prinzip unentscheidbare Fragen.

An diesem Punkt tauchte die Metaphysik auf und fragte ihre jüngere Schwester, die Ethik: »Was soll ich deiner Meinung nach meinen Schützlingen, den Metaphysikern, mitbringen, mögen sie sich nun als solche verstehen oder nicht?« Die Ethik antwortete: »Sag ihnen, daß sie stets versuchen sollten, so zu handeln, daß sie die Zahl von Wahlmöglichkeiten erhöhen. Ja, erhöht die Zahl von Wahlmöglichkeiten!«

Dialogik

Jetzt möchte ich mich der Schwester der Ethik zuwenden, der Dialogik. Über was für ein Mittel verfügt sie, um sicherzustellen, daß die Ethik deutlich werden kann, ohne explizit zu werden? Sie werden es wohl schon erraten haben: Es ist natürlich die Sprache. Damit meine ich nicht die Geräusche, die hervorgebracht werden, indem man Luft an den Stimmbändern vorbeidrückt; ich meine auch nicht die Sprache im Sinne von Grammatik, Syntax, Semantik, Semiotik, und auch nicht die Maschinerie aus Satzgliedern, Verbalphrasen, Nominalphrasen, Tiefenstruktur usw.

Wenn ich hier die Sprache nenne, dann beziehe ich mich auf die Sprache als »Tanz«. Ebenso wie ich sage: »Für den Tango sind zwei nötig«, sage ich: »Für die Sprache sind zwei nötig.« Wenn es zum Tanz der Sprache kommt, sind Sie, die Familientherapeuten, natürlich die Meister, während ich nur als Amateur sprechen kann. Da »Amateur« von »amour«, »Liebe«, kommt, werden Sie sofort erkennen, daß ich es liebe, diesen Tanz zu tanzen. Tatsächlich habe ich das wenige, das ich über diesen Tanz weiß, von Ihnen gelernt. Meine erste Lektion erhielt ich, als ich eingeladen wurde, in einem Beobachtungsraum Platz zu nehmen und durch den einseitig durchsichtigen Spiegel eine laufende Therapiesitzung mit einer vierköpfigen Familie zu beobachten. Meine Kollegen mußten einen Augenblick hinausgehen, und ich blieb allein. Ich war gespannt, was ich sehen würde, wenn ich nicht hören könnte, was gesagt wurde, und so drehte ich den Ton ab.

Ich empfehle Ihnen, dieses Experiment einmal selbst auszuprobieren. Vielleicht werden Sie genauso fasziniert sein wie ich. Was ich damals sah, die stumme Pantomime, das Öffnen und Schließen der Lippen, die Körperbewegungen, der Junge, der nur einmal aufhörte, seine Nägel zu kauen ... was ich damals sah, waren die Tanzschritte der Sprache, nur die Tanzschritte, ohne daß ich durch die Musik in störender Weise abgelenkt wurde. Später erfuhr ich von dem Therapeuten, daß die Sitzung tatsächlich sehr erfolgreich gewesen war. Ich dachte, was für eine magische Musik in den Geräuschen liegen muß, die diese Menschen hervorbrachten, indem sie Luft an ihren Stimmbändern vorbeidrückten und ihre Lippen öffneten und schlossen. Therapie! Was für eine Magie, in der Tat! Und wenn man bedenkt, daß die einzige Medizin, die Sie zur Verfügung haben, die Tanzschritte der Sprache sind und ihre Begleitmusik. Sprache! Was für eine Magie, in der Tat!

Nur die Naiven glauben, daß Magie erklärt werden kann. Magie kann nicht erklärt werden. Magie kann nur praktiziert werden, wie Sie alle sehr gut wissen. Das Nachdenken über die Magie der Sprache gleicht dem Nachdenken über eine

Theorie des Gehirns. So sehr man ein Gehirn braucht, um über eine Theorie des Gehirns nachzudenken, so sehr braucht man die Magie der Sprache, um über die Magie der Sprache nachzudenken. Es ist die Magie dieser Vorstellungen, daß sie sich selbst brauchen, um existieren zu können. *Sie sind zweiter Ordnung.* Und indem die Sprache ständig von sich selbst spricht, schützt sie sich auch gegen Erklärung.

Es gibt ein Wort für Sprache, nämlich »Sprache«. Es gibt ein Wort für Wort, nämlich »Wort«. Wenn Sie nicht wissen, was Wort bedeutet, können Sie in einem Wörterbuch nachschauen. Ich habe es getan. Ich fand, daß es eine »Äußerung« sei. Ich fragte mich: »Was ist eine Äußerung?« Ich schlug im Wörterbuch nach. Das Wörterbuch gab an, das bedeute »mit Worten ausdrücken«. Damit sind wir also wieder am Ausgangspunkt. Zirkularität. A impliziert A.

Aber dies ist nicht der einzige Weg, wie die Sprache sich gegen Erklärung schützt. Um denjenigen, der sie erforscht, zu verwirren, läuft die Sprache auf zwei verschiedenen Spuren. Wenn Sie die Sprache von der einen Spur vertreiben, springt sie auf die andere. Wenn Sie ihr dahin folgen, ist sie schon wieder auf der ersten. Was sind das für Spuren? Die eine Spur ist die Spur der äußeren Erscheinung. Sie führt durch ein Land, das sich vor uns ausbreitet; das Land, auf das wir wie durch ein Gucklock blicken. Die andere Spur ist die Spur der Funktion. Sie führt durch ein Land, das ebensosehr ein Teil von uns ist, wie wir ein Teil von ihm sind; das Land, das wie eine Verlängerung unseres Körpers fungiert.

Wenn die Sprache auf der Spur der äußeren Erscheinung ist, ist sie Monolog. Da sind Geräusche, die hervorgebracht werden, indem Luft an den Stimmbändern vorbeigedrückt wird. Da sind die Wörter, die Grammatik, die Syntax, die wohlgeformten Sätze. Begleitet werden diese Geräusche vom denotativen Zeigen. Auf einen Tisch zeigen, das Geräusch »Tisch« machen; auf einen Stuhl zeigen, das Geräusch »Stuhl« machen.

Manchmal funktioniert das nicht. Margaret Mead lernte rasch die Umgangssprache vieler Stämme, indem sie auf Dinge zeigte und auf die entsprechenden Geräusche wartete. Sie erzählte mir, daß sie einmal zu einem bestimmten Stamm gekommen sei, auf verschiedene Dinge gedeutet habe, aber immer die gleichen Geräusche bekommen habe: »chumulu«. Eine primitive Sprache, dachte sie, nur ein einziges Wort! Später lernte sie, daß »chumulu« »mit dem Finger zeigen« bedeutet.

Wenn die Sprache auf die Spur der Funktion hinüberwechselt, ist sie dialogisch. Da sind natürlich auch jene Geräusche; manche von ihnen mögen wie »Tisch«, andere wie »Stuhl« klingen. Aber es brauchen keine Tische und Stühle da zu sein, da niemand auf Tische oder Stühle zeigt. Diese Geräusche sind Einladungen an den anderen, zusammen ein paar Tanzschritte zu machen. Die Geräusche »Tisch« und »Stuhl« bringen jene Saiten im Geist des anderen zum Klingen, die, wenn sie in Schwingungen versetzt würden, Geräusche wie »Tisch« und »Stuhl« hervorbringen würden. Sprache in Funktion ist konnotativ.

In ihrer äußeren Erscheinung ist Sprache deskriptiv. Wenn Sie Ihre Geschichte erzählen, erzählen Sie sie, wie sie war: das prächtige Schiff, das Meer, der weite Himmel, und der Flirt, den Sie hatten und der die ganze Reise zum reinsten Vergnügen machte. Doch für wen erzählen Sie sie? Das ist die falsche Frage. Die richtige Frage lautet: Mit wem wollen Sie Ihre Geschichte tanzen, so daß Ihr Partner mit Ihnen über die Decks Ihres Schiffes schwebt, das Salz des Meeres riecht und die Seele so weit wie der Himmel werden läßt? Und Eifersucht wird aufblitzen, wenn Sie zu Ihrem Flirt kommen.

In ihrer Funktion ist Sprache konstruktiv, da niemand die Quelle Ihrer Geschichte kennt. Niemand weiß oder wird jemals wissen, wie es war, weil »wie es war« für immer vorbei ist.

Sie erinnern sich an René Descartes, der in seinem Arbeitszimmer saß und nicht nur daran zweifelte, daß er in seinem

Arbeitszimmer saß, sondern auch an seiner Existenz. Er fragte sich: »Bin ich oder bin ich nicht?« Er beantwortete diese rhetorische Frage mit dem solipsistischen Monolog: »Je pense, donc je suis«, oder in der berühmten lateinischen Fassung: »Cogito ergo sum.« Wie Descartes sehr wohl wußte, ist dies die Sprache in ihrer äußeren Erscheinung, denn andernfalls hätte er seine Erkenntnis nicht so rasch zum Nutzen der anderen in seinem *Discours de la méthode* veröffentlicht. Da er die Funktion der Sprache ebenso verstand, hätte er fairerweise ausrufen sollen: »Je pense, donc nous sommes«, »Cogito ergo sumus«, oder: »Ich denke, also sind wir.«

In ihrer äußeren Erscheinung ist die Sprache, die ich spreche, *meine* Sprache. Sie macht mich meiner selbst bewußt. Das ist die Wurzel des *Bewußtseins*. In ihrer Funktion greift meine Sprache nach den anderen. Das ist die Wurzel des Gewissens. Und hier manifestiert sich die Ethik unsichtbar über den Dialog. Erlauben Sie mir zu zitieren, was Martin Buber in den letzten Zeilen seines Buchs *Das Problem des Menschen* (1961) schreibt:

> Betrachte den Menschen mit dem Menschen, und du siehst jeweils die dynamische Zweiheit, die das Menschenwesen ist, zusammen: hier das Gebende und hier das Empfangende, hier die angreifende und hier die abwehrende Kraft, hier die Beschaffenheit des Nachforschens und hier die des Erwiderns, und immer beides in einem einander ergänzend im wechselseitigen Einsatz, miteinander den Menschen darzeigend. Jetzt kannst du dich zum Einzelnen wenden und du erkennst ihn als den Menschen nach seiner Beziehungsmöglichkeit; du kannst dich zur Gesamtheit wenden und du erkennst sie als den Menschen nach seiner Beziehungsfülle. Wir mögen der Antwort auf die Frage, was der Mensch sei, näher kommen, wenn wir ihn als das Wesen verstehen lernen, in dessen Dialogik, in dessen gegenseitig präsentem Zu-zwei-Sein sich die Begegnung des Einen mit dem Anderen jeweils verwirklicht und erkennt.

Da ich Bubers Worten nichts mehr hinzufügen kann, ist dies alles, was ich über die Ethik und die Kybernetik zweiter Ordnung sagen kann.

5. Kapitel

Giorgio Nardone

Mathematische Logik und nicht gewöhnliche Logiken als Wegweiser für das strategische *problem solving*

> »Im Stumpfsinn ist eine Ernsthaftigkeit,
> die, wäre sie besser gelenkt, die Zahl der
> Meisterwerke vermehren könnte.«
> E.M. Cioran,
> *Syllogismen der Bitterkeit*

Von der Epistemologie zur Logik: für bessere Leitlinien in der Kurzzeittherapie

Das Anwendungsfeld der Psychotherapie zeigt häufig merkwürdige Erscheinungen, zu denen gewiß das Übermaß komplizierter Theorien und die Seltenheit tatsächlicher operativer Beitrage gehören. Meiner Ansicht nach liegt das daran, daß Psychologen, Psychiater und Psychotherapeuten die logisch-epistemologischen Kriterien, auf denen die wissenschaftlichen Erkenntnisse gründen, nicht kennen und daher gewöhnlich zu theoretisch oder zu reduktionistisch sind, ihre Disziplin in hochtheoretische Systeme einerseits und klinische Praxis andererseits auseinanderdividieren und dabei allzu häufig das Instrument vergessen, das seit der Antike die Denker bei der Verbindung von Theorie und Praxis geleitet hat: die Logik. Wir können daher ein sehr großes Gefälle beobachten, das die immer komplexeren und häufig komplizierten Formulierungen der gegenwärtigen epistemologischen Diskussion über den menschlichen Geist, über das menschliche Verhalten und die Änderung des Menschen von den meist naiven praktischen Hinweisen für die Therapeuten trennt.

Die Logik hat die Menschen stets bei der Planung von Strategien und Verhaltensweisen geleitet, und von der Antike bis heute hat sie sich als ganz besonderer Forschungsbereich entwickelt, der üblicherweise den Mathematikern und Philosophen vorbehalten ist, aber auch als Werkzeug für jeden, der systematische Entwürfe für die Lösung spezifischer Probleme konstruieren will. Es muß zudem darauf hingewiesen werden, daß die Menschen die Logik bewußt oder unbewußt sowohl in einfachen Handlungen als auch in komplizierten Interaktionen anwenden, da sie die Grundlage für unser Planen zielgerichteter Handlungssequenzen bildet.

Es ist schon merkwürdig, daß die Psychotherapeuten, die doch als ausgesprochen pragmatische Techniker gelten, dieses spezifische Gebiet theoretischer und angewandter Wissenschaft vergessen oder, schlimmer noch, ignoriert haben. Die Folge ist, daß es im Bereich der Theorien der Psychotherapie zwar mehr als 500 verschiedene Modelle gibt, aber nur zwei grundlegende Typologien der Logik: den »Reduktionismus-Determinismus« und den »Komplikationismus«.

Die erste Typologie bezieht sich auf die anwendungstheoretischen Modelle, die auf streng deterministischen Theorien wie Psychoanalyse und Behaviorismus beruhen, zwei gegensätzlichen Denkrichtungen, die aber den gleichen epistemologischen Hintergrund haben und ein mechanistisch-positivistisches Logikmodell verwenden. Diese Ansätze und all ihre Ableitungen benutzen eine traditionelle Logik rationalistisch-aristotelischer Prägung, die auf den Begriffen der »wissenschaftlichen Objektivität« und der »Kohärenz« sowie auf dem Prinzip der »Widerspruchsfreiheit« beruht, und reduzieren dadurch das Wissen über den menschlichen Geist und das menschliche Verhalten durch die starre

Anwendung einer »hypothetisch-deduktiven« Logik, die ihre Hypothesen und ihre Deduktionsverfahren auf die a priori übernommene deterministische Theorie gründet.

Auf diese Weise wird ein autoreferentielles System konstruiert, in dem die klinische Praxis von einer Logik geleitet wird, die streng von dem theoretischen System determiniert wird, das sie eigentlich selbst bestätigen müßte. Das Ganze wirkt wie ein Circulus vitiosus, in dem die Hypothesen von einer nicht bestätigten Theorie bestätigt werden und die Theorie durch logische Deduktionen bestätigt wird, die diese selbst konstruiert hat. Kurz, eine Form kausaler Zirkularität, in der sich »nicht bewiesene Wahrheiten« gegenseitig verifizieren.

Diejenigen, die ich als »Komplikationisten« definiere, eine Kategorie von Theoretikern, die gegenwärtig sehr in Mode sind, komplizieren mit ihren Interpretationen der jüngsten Theorie der Komplexität (Morin, 1985, 1993) und des Konstruktivismus das Studium des menschlichen Geistes und Verhaltens durch die Konstruktion anscheinend immer strengerer und artikulierterer Theorien, die jedoch alle zu beweisen sind. Das Ergebnis ist, daß sie sich schließlich in dieser Komplexität verirren und so die Fähigkeit verlieren, wirkliche und pragmatische Interventionsstrategien zu entwerfen. In diesem Fall ist ein Übergewicht der reinen Epistemologie zum Nachteil der Logik der Intervention festzustellen, das sich in der Unfähigkeit äußert, von der rein theoretischen Ebene zur Ebene der Strukturierung der klinischen Operativität zu wechseln. Dies ist meiner Ansicht nach die unmittelbare Folge der übermäßigen Betonung der epistemologischen Aspekte der Psychotherapie von seiten zahlreicher Autoren in den letzten Jahrzehnten, die ganz vergessen haben, der Entwicklung jener Disziplinen die nötige Aufmerksamkeit zu schenken, die sich mit der Wechselwirkung zwischen Theorie und Praxis in der Konstruktion und Verifizierung von Interventionsmodellen beschäftigen.

Im Bereich der modernen Logik gibt es in der Tat hoch-interessante Formulierungen, die es den Psychotherapeuten ermöglichen, sowohl die Komplexität des menschlichen Geistes und Verhaltens als auch das Bedürfnis, wirksame und leistungsfähige zielgerichtete Strategien zu konstruieren, zu bewahren. Es ist kein Zufall, daß es innerhalb dieser Diszi-plin, die sich stets eingehend mit dem *problem solving* befaßt hat, eine besondere Logik, »strategische Logik« genannt, gibt, die folgende Möglichkeiten eröffnet:

a) strenge Modelle auf der Grundlage der zu erreichenden Ziele anstatt nach den Indikationen der apriorischen Theo-rie, die die Kriterien für Normalität und Geistesgestörtheit angibt, zu konstruieren;

b) die Logik hypothetisch-deduktiven Typs zu überwinden, indem man sich für eine konstitutiv-deduktive Logik im Prozeß der Bildung der Strategien entscheidet, die auf diese Weise eher die Anpassung der Lösung an das Pro-blem garantiert als die Anpassung des Problems an die Lösungen, die gewöhnlich mit den Hypothesen zusam-menhängen, die sich aus einer normativen und präskripti-ven Theorie herleiten;

c) eine ständige Selbstkorrektur des Interventionsmodells während des Prozesses der Wechselwirkung zwischen Lösung und Problem aufgrund der festgestellten Wirkun-gen anstelle des Beharrens auf Lösungen, die keine posi-tiven Ergebnisse zeitigen und das Problem, das sie lösen sollen, häufig noch verschlimmern, nur weil sie mit dem benutzten anwendungstheoretischen Modell konform sind.

Darüber hinaus sind in den letzten Jahrzehnten neue Model-le »parakonsistenter« (da Costa, 1989a, 1989b; Grana, 1990) und »nicht-aletischer« Logik ausgearbeitet worden, die über die traditionelle aristotelische Logik des »wahr oder falsch« und des Prinzips der »Widerspruchsfreiheit« hinausgehen und den Einsatz von Interventionen präzisieren, die auf dem

Widerspruch, dem Paradox und der Selbsttäuschung beruhen.

Leider liegt die traditionelle Logik, wie oben beschrieben, noch immer dem größten Teil der psychotherapeutischen Modelle zugrunde, selbst denen, die, wie im Fall der »Komplikationisten«, eine moderne Epistemologie verwenden. Mit anderen Worten, ich glaube, daß die Theoretiker solcher Formulierungen außer acht lassen, daß der Einsatz der Logik unvermeidlich ist, wenn man von der Theorie zur Praxis übergeht, und daß sie daher ihre eigenen Logikmodelle nicht auf den neuesten Stand bringen. Infolgedessen lassen sie unbewußt die traditionelle Logik in ihre moderne Epistemologie einfließen.

Dies gilt aus meiner Sicht beispielsweise für die kognitive Psychotherapie, die eine der innovativsten Modelle in unserem Bereich ist. Die kognitive Theorie und kognitive Epistemologie sind in der Tat wirklich modern und folgen den jüngsten Entwicklungen auf dem Gebiet der kognitiven Forschung, wenn man jedoch die Anwendungsmodelle analysiert, stellt man fest, daß die Prinzipien der aristotelischen Logik der »Kohärenz« und der »Widerspruchsfreiheit« immer noch weit verbreitet sind.

So richtet sich beispielsweise die Logik, die die therapeutische Intervention in der kognitiven Psychotherapie leitet, auf die Auflösung der Widersprüche innerhalb der kognitiv-emotionalen Konstrukte des Patienten, um ihn zu einer inneren Kohärenz zu führen, als wäre die Abwesenheit von inneren Widersprüchen in der kognitiven Struktur des Individuums gleichbedeutend mit der Abwesenheit wirklicher psychologischer Probleme. Dies ist ein typisch rationalistisches logisches Verfahren, gegründet auf einen hypothetisch-deduktiven Prozeß, der die Prinzipien der Kohärenz und der Widerspruchsfreiheit als unzweideutige Grundlage der therapeutischen Ziele benutzt. Dabei wird nicht bedacht, daß die Disziplinen, die die menschlichen Interaktionen und die mit ihnen verbundenen logischen

Prozesse erforschen, diese Prinzipien seit mindestens drei-ßig Jahren überwunden haben. Es mutet seltsam an, daß ein Modell, das auf der konstruktivistischen Theorie be-ruht, auf der Ebene der Logik der Praxis so reduktionistisch werden kann.

Im übrigen verwechseln die Theoretiker der Psychothera-pie sehr häufig die logischen Ebenen (Whitehead, Russell, 1910–1913) der Analyse eines Phänomens mit denen der Konstitution eines Interventionsmodells ebenso, wie sie die Epistemologie mit der Logik der Konstruktion klinischer Modelle verwechseln. Dies gilt für die Ansätze, die sich die konstruktivistische Theorie nicht nur auf epistemologischer Ebene zu eigen machen, sondern auch als Logik der Interven-tion, indem sie die logischen Ebenen verwechseln, mit dem Ergebnis, daß sie an ihrer eigenen begrifflichen Relativität scheitern.

Von Glasersfeld, der Haupttheoretiker des Konstruktivis-mus, sagt es ganz deutlich:

»Es darf nicht überraschen, daß ein Problemlöser (*pro-blem solver*) die problematische Erlebenssituation, mit der er konfrontiert wird, für *wirklich* nimmt. Seine Aufgabe ist eine technische und stützt sich auf bestimmte umgrenzte Erlebensbereiche, und seine Fähigkeit, das Pro-blem zu lösen, wird von den epistemologischen Überle-gungen nicht gesteigert. Erst wenn er das Problem gelöst hat, kann er eine philosophische Haltung einnehmen und seine Lösungsstrategie als Werkzeug für die Organisation und das Verstehen des Erlebens und nicht als eine Darstel-lung von Wirklichkeit definieren.« (von Glasersfeld, 1995, S. 21)

All dies bedeutet, daß der Übergang von der logischen Ebene der Epistemologie zur Ebene der Praxis eine Zwischenebene vorsieht, die von der Logik gebildet wird, nämlich die Metho-de für die Ausarbeitung spezifischer Interventionsmodelle, wie es im übrigen in jeder angewandten Wissenschaft der Fall ist. In der Physik beispielsweise machen die »Relativitäts-theorie« oder die »Unschärferelation« es den Physikern unmöglich, Versuchsprotokolle für bestimmte Projekte zu entwerfen, da sie, wie von Glasersfeld gezeigt hat, diesen besonderen Teil der Realität als Gegenstand ihrer Intervention begreifen, »als wäre« er wirklich. Erst nachdem sie über die Ergebnisse ihres Experiments verfügen, können sie dies als Erkenntnisinstrument akzeptieren. Mit anderen Worten, man erkennt ein Problem durch seine Lösung (Nardone, 1993), und diese operative Erkenntnis kann dann sowohl auf der logischen Ebene der Epistemologie als auch auf der logischen Ebene der Strukturierung von Interventionsstrategien eingesetzt werden.

Um nicht die oben erwähnten logisch-methodologischen Fehler zu begehen, muß derjenige, der sich mit dem Entwerfen klinischer Interventionsmodelle befaßt, die folgenden logischen Ebenen unterscheiden:

a) Theorie und Epistemologie,
b) Strategie und Modell,
c) Einzelmaßnahme und therapeutische Technik.

Zu beachten ist, daß sich je nach logischer Ebene auch die Optik ändert:

Ebene a): eine erkenntnistheoretische Optik,
Ebene b): eine erkenntnisoperative Optik,
Ebene c): eine operativ-erkenntnistheoretische Optik.

All dies erlaubt, auf zugleich kreative und systematische Weise zu operieren, indem man gewinnbringend die Beiträge der empirischen Erfahrung als Grundlage einer vorhersagen-den Interventionsstruktur nutzt, deren Konstitution von modernen logisch-epistemologischen Kriterien geleitet wird, in einer ständigen Zirkularität von Rückwirkungen zwischen operativer und erkenntnistheoretischer Optik (Salvini, 1995), die vor den »autoimmunisierenden« Erstarrungen (Popper, 1972) schützt und das Modell in fortwährender selbstkorrigierender Entwicklung hält.

Nicht gewöhnliche Logik und Kurzzeittherapie

Durch die Anwendung der strategischen und parakonsistenten Logik kann, wie bereits angedeutet, im therapeutischen Kontext die Benutzung nicht gewöhnlicher logischer Verfahren präzisiert werden. Diese erlauben die Konstruktion wirklicher Stratageme, mit denen jene pathogenen perzeptiv-reaktiven Gleichgewichtszustände durchbrochen werden können, die sich der durch eine gewöhnliche Logik herbeigeführten Veränderung in der Regel widersetzen. Mit anderen Worten, immer dann, wenn ein gewöhnliches logisches Verfahren scheitert, das auf der Aufdeckung und Kenntnis der Merkmale der Entstehung und Aufrechterhaltung des Problems beruht sowie auf den sich daraus ergebenden Indikationen, wie vorzugehen ist, um eine Veränderung herbeizuführen, werden alternative logische Verfahren wichtig, die zu jenen Phänomenen passen, die ihre Beständigkeit auf nicht gewöhnliche Logiken gründen. Unserer Ansicht nach gilt dies für die meisten nichtlinearen Phänomene, die mit der Wechselwirkung zwischen Subjekt und Wirklichkeit zusammenhängen, insbesondere in den Fällen, in denen diese Wechselwirkung sich auf die Psyche auswirkt und zu krankhaften Verhaltensweisen führt.

Um dies zu verdeutlichen, scheint es mir angezeigt, ein paar konkrete Beispiele zu geben:

a) Wenn man versucht, einen zwangskranken Patienten mit Vernunftgründen davon zu überzeugen, seine krankhaften Rituale zu unterbrechen, wird man keinen Erfolg haben. Wenn man dagegen ein Stratagem benutzt, das auf der Logik des »Paradoxes« und des »Glaubens« beruht – und wie folgt ausgedrückt wird: »Jedesmal, wenn Sie eines Ihrer Rituale ausführen, müssen Sie es fünfmal wiederholen, keinmal mehr und keinmal weniger; Sie können es auch nicht machen ... Aber wenn Sie es machen, müssen Sie es fünfmal machen, keinmal weniger und keinmal mehr«[1] –, erreicht man in der Regel, daß der Patient die Rituale schnell unterbricht.

Diese Vorschrift benutzt die gleiche Logik, die das krankhafte Verhalten benutzt, gibt ihm aber insofern eine neue Richtung, als die Kraft des Symptoms jetzt gegen die Störung gerichtet wird, mit dem Ergebnis, daß ihr perverses Gleichgewicht durchbrochen wird. Der Befehl zu einer »ritualisierten« Wiederholung der Rituale veranlaßt die Person tatsächlich zur Konstruktion einer Wirklichkeit, die sich von derjenigen, die mit den ununterdrückbaren Zwängen konnotiert wird, unterscheidet und in der sich die neue Möglichkeit eröffnet, kein Ritual durchzuführen, da es in dieser neuen Wirklichkeit nicht ununterdrückbar spontan ist, sondern vorgeschrieben und freiwillig. Man bemächtigt sich des Symptoms, indem man ein anderes, strukturell isomorphes Symptom konstruiert, das das erste aufhebt; da es jedoch eine bewußte Konstruktion ist, kann es freiwillig verweigert werden. Wie in dem alten chinesischen Stratagem: »Laß den Feind auf den Dachboden steigen und nimm dann die Leiter weg.«

b) Im Fall des Patienten, der an Agoraphobie leidet, kann man jahrelang vernünftig argumentieren, ohne daß man ihn je dazu bewegen wird, allein das Haus zu verlassen. Wenn man jedoch eine Logik der Selbsttäuschung und des Glaubens benutzt, kann man befehlen: »Jetzt müssen Sie etwas sehr Wichtiges machen. Gehen Sie zur Tür und drehen Sie eine Pirouette; öffnen Sie die Tür, gehen Sie hinaus und

---

[1] Diese Verhaltensverschreibung ist wie die folgenden eine formalisierte Technik innerhalb der Protokolle für die Behandlung phobisch-obsessiver Störungen (Nardone, Watzlawick, 1991; Nardone, 1993); gewöhnlich erreicht man, daß der Patient die Rituale schon bald unterbricht.

drehen Sie wieder eine Pirouette; gehen Sie dann die Stufen vor der Eingangstür hinunter und drehen Sie eine Pirouette, bevor Sie hinausgehen, und eine, nachdem Sie hinausgegangen sind; gehen Sie nach links und drehen Sie alle fünfzig Schritte eine Pirouette, bis Sie ein Obstgeschäft finden; gehen Sie hinein, drehen Sie zuvor eine Pirouette, kaufen Sie dann den größten und reifsten Apfel, den Sie finden; gehen Sie dann mit dem Apfel in der Hand zurück, drehen Sie weiterhin alle fünfzig Schritte eine Pirouette und eine, bevor Sie ins Haus gehen, und eine, nachdem Sie hineingegangen sind. Ich werde hier auf Sie warten« (Nardone, 1993). In der Regel bekommt man den Apfel, und der Patient hat seine erste wichtige »korrigierende emotionale Erfahrung« gemacht.

In diesem Fall besteht die Logik der Intervention darin, eine suggestive, ritualisierte Sequenz von scheinbar unlogischen Handlungen zu konstruieren, die die Aufmerksamkeit des Patienten von seiner Angst auf die Erfüllung der Aufgabe verlagern, die vorgeschrieben wird, als wäre sie eine Art Zauber. Man erzielt so die Wirkung der Selbsttäuschung – »das Meer ohne Wissen des Himmels durchpflügen« – und des suggestiven Glaubens, als könnte das Drehen von Pirouetten tatsächlich die Angst vertreiben. All dies erscheint wie eine erfundene Wirklichkeit, die konkrete Ergebnisse zeitigt.

Eine Technik, die in ihrer logischen und sprachlichen Artikulation weniger komplex und daher für diejenigen, die nicht über ausgeprägte rhetorische Fähigkeiten verfügen – eine Kompetenz, die für den Einsatz der eben beschriebenen Maßnahmen dagegen unerläßlich ist –, leichter handhabbar ist, ist die Vorschrift des »als ob« (Watzlawick, 1990), die darüber hinaus durch ihre problemlose Anpassungsfähigkeit auf eine breite Kasuistik von Problemen anwendbar ist. So kann man beispielsweise einer Person, die unter Verfolgungszwang leidet und glaubt, daß alle es auf sie abgesehen haben oder sie zumindest ablehnen, den Befehl geben: »Ich möchte, daß Sie denken: Wie könnte ich mich anders verhalten, als ich mich verhalte, als wären Sie überzeugt, daß Sie sympathisch sind und daß alle Sie für begehrenswert und begehrt halten. Wählen Sie von den Dingen, die Ihnen einfallen, das kleinste aus und setzten Sie es in die Tat um; machen Sie jeden Tag etwas Kleines, aber Konkretes, als fühlten Sie sich entsprechend. Das ist ein Experiment. Probieren Sie es aus.« Wie man sich vorstellen kann, kehren solche kleinen, aber konkreten Handlungen die normale Wechselwirkung zwischen der Person und ihrer Wirklichkeit um, so daß, wenn sie sich in diesen Augenblicken anders verhält, auch die anderen sich ihr gegenüber anders verhalten können, und sie tatsächlich die Erfahrung machen kann, sich sympathisch und begehrt zu fühlen. Wie neben den Logikern auch die Sozialwissenschaftler wissen, erfüllen sich die geglaubten Prophezeiungen selbst. Zur Verdeutlichung dieser Technik können wir uns vorstellen, daß wir ein Lokal betreten in der Überzeugung, unsympatisch und unerwünscht zu sein; natürlich betreten wir es mit mißtrauischen und vorsichtigen Blicken. Versuchen wir, die Perspektive zu wechseln und uns in die Personen hineinzuversetzen, die im Lokal sitzen und einen Mann hereinkommen sehen, der mißtrauisch um sich blickt. Was würden Sie tun? Sie würden natürlich mit ebenso mißtrauischen Blicken antworten. Das Ergebnis ist, daß wir die Bestätigung unserer Annahme erhalten, daß wir unsympathisch und unerwünscht sind. Ohne daß es uns bewußt wird, ist dies unsere Konstruktion der Wirklichkeit.

Wenn es gelingt, die Haltung, die zu dieser dysfunktionalen Wirklichkeitskonstruktion führt, einmal am Tag in einer scheinbar unbedeutenden Situation zu ändern, wird eine konkrete korrigierende emotionale Erfahrung ausgelöst, die leicht verstärkt werden kann, wenn man die »Als-ob«-Handlungen und -Verhaltensweisen des Patienten vermehrt, bis eine neue funktionale Wirklichkeit konstruiert worden ist, die an die Stelle der vorherigen tritt. All dies geschieht auf der Grundlage einer herbeigeführten Selbsttäuschung, die den Sinn der geglaubten Prophezeiung ändert und in der Erfahrung der betreffenden Person ein vollständiges Umschlagen ihrer Wirkung auslöst, das schrittweise auch zur Veränderung ihrer Überzeugungen und ihrer Wirklichkeitswahrnehmung führt.

Kreative, aber logisch stringente Beispiele wie diese könnten wir viele anführen, da die Ausarbeitung spezifischer Interventionen für besondere Problemfälle, wie wir im folgenden Teil im Detail sehen werden, Gegenstand der Forschung gewesen ist, die in den letzten zehn Jahren in unserem Zentrum in Arezzo durchgeführt wurde. Der gemeinsame Nenner dieser Maßnahmen ist der Rückgriff auf nicht gewöhnliche logische Mechanismen wie eben die Logik der Selbsttäuschung, des Paradoxes, des Glaubens und des Widerspruchs, aus denen aufgrund der Merkmale des Problems und des Ziels, das erreicht werden soll, die jeweils geeignete Typologie ausgewählt wird. Auch die Konstruktion einer einzelnen Vorschrift oder Umdeutung wird also auf der Grundlage einer strategischen Logik geplant, mit anderen Worten, die Ausarbeitung der Intervention wird von dem Ziel geleitet, das wir erreichen wollen, und nicht von einer Theorie, die wir bestätigen müssen.

Darüber hinaus muß betont werden, daß gewisse Übungen, damit sie vom Patienten ausgeführt werden und die gewünschten Wirkungen zeigen, vom Therapeuten den Einsatz einer ausgeprägt suggestiven und überredenden Kommunikation verlangen; da dies jedoch ein Thema von grundlegender Bedeutung ist, verweisen wir auf das erste Kapitel des zweiten Teils, das ihm zur Gänze gewidmet ist.

Der Rückgriff auf die moderne strategisch-parakonsistente Logik erlaubt – auch dies muß hervorgehoben werden – nicht nur den Einsatz logischer Taktiken und Stratageme als individuelle Maßnahmen zur Lösung bestimmter pathologischer Starrheiten auf operativ-erkenntnistheoretischer, logischer Ebene, sondern auch die Ausarbeitung spezifischer Sequenzen, die den Prozeß der Problemlösung von Anfang bis Ende der Intervention auf erkenntnisoperativer logischer Ebene organisieren. Dieser Übergang bietet die Möglichkeit, Interventionsmodelle zu konstruieren, die zu bestimmten Problemtypologien passen und daher nicht nur wirksamer sind, sondern auch Vorhersagen erlauben, die also imstande sind, die möglichen Entwicklungen der therapeutischen Interaktion vorwegzunehmen. Dadurch wird die Therapie zu einem Prozeß des strategischen *problem solving*, in dem der erfahrene Spieler wie im Schachspiel angesichts bestimmter Eröffnungen des Gegners jeden einzelnen Zug mit der Strategie im Kopf macht, die ihn zum Schachmatt führen wird. Mit anderen Worten, man versucht die möglichen Reaktionen auf jeden einzelnen Schachzug vorauszusehen und plant mögliche taktische oder technische Varianten zur Ausgangsstrategie auf der Grundlage der erzielten Wirkungen mit dem Ziel, so rasch wie möglich das Schachmatt zu erreichen, das im Fall der Therapie der gemeinsame Sieg des Therapeuten und des Patienten über das Problem sein wird, das zu lösen ist.

Der Sprung von der einen zur anderen logischen Ebene darf jedoch niemals für endgültig gehalten werden, da wie im Schachspiel die Kombinationsmöglichkeiten unendlich sind, und außerdem ergeben sich aus der Wechselwirkung zwischen der operativ-erkenntnistheoretischen und der erkenntnisoperativen logischen Ebene bedeutende klinische Innovationen, die die zugleich konsequente und kreative Entwicklung eines Modells für die Lösung der menschlichen Probleme erlauben.

Zum Abschluß dieses kurzen und gewiß nicht erschöpfenden Essays möchte ich noch betonen, daß die strategische Kurzzeittherapie, die von ihren Gegnern häufig als zu simpel abqualifiziert wird, durchaus nicht simpel ist, da hinter Techniken, die durch ihre scheinbare Einfachheit überraschen mögen, eine komplexe und artikulierte Interventionsepistemologie und -logik steht, während sich scheinbar komplexe Ansätze als wirklich reduktionistische logisch-epistemologi-

sche Modellbildungen erweisen. Im übrigen muß man aufpassen, daß man das, was nur kompliziert ist, nicht mit dem
verwechselt, was komplex ist, und sollte nicht vergessen, daß
es relativ leicht ist, komplexe Aufgaben auf komplizierte
Weise durchzuführen. Wirklich schwer ist es dagegen, komplizierte Dinge einfach zu machen oder, mehr noch, einfache
Lösungen für komplexe Probleme zu finden, denn hierfür ist
häufig Genie vonnöten.

Zweiter Teil **Die Praxis
der Kurzzeittherapie**

Einleitende Bemerkungen

Nach der Vorstellung der theoretisch-epistemologischen Voraussetzungen und der Logikmodelle, die die Grundlage für die Konstruktion der strategischen Intervention in der Psychotherapie bilden, können wir jetzt zur Darstellung der operativen Konstrukte und der für diesen Ansatz charakteristischen Techniken übergehen. Wie im vorangegangenen Teil werden hier Beiträge verschiedener Autoren präsentiert, die ihre eigene Methode der Kurzzeittherapie in Praxis und Lehre vorstellen, so daß der Leser einen Einblick in unterschiedliche, aber miteinander zusammenhängende Vorgehensweisen in der Kunst der Bewältigung komplizierter Probleme mit Hilfe einfacher Lösungen erhält.

Der erste Essay beschreibt die distinktiven Merkmale der in der Kurzzeittherapie benutzten Kommunikation und arbeitet heraus, daß diese im Einklang mit der Logik der strategischen Intervention »injunktiv« ist, das heißt, »Befehlscharakter« hat, eine sprachliche Form also, die es erlaubt, den unvermeidlichen Widerstand gegen die Veränderung zu unterlaufen, der jedes Gleichgewicht auszeichnet, das sich innerhalb eines Systems hergestellt hat, einschließlich der psychischen Störungen und der Verhaltensstörungen der Menschen.

Der folgende Beitrag behandelt eine der wichtigsten Techniken der Kurzzeittherapie, die auf der rhetorischen und hypnotischen Verwendung der Kommunikation beruht: die »Umdeutung«. Damit ist die Fähigkeit gemeint, mit Hilfe kommunikativer Kunstgriffe eine Wirklichkeit zu konstruieren, die dem Patienten zu einer anderen Sicht seines Problems verhilft und auf diese Weise die Veränderung seiner Emotionen und Reaktionen als Ergebnis einer subtilen Form von Überzeugung herbeiführt.

Der dritte Essay, verfaßt von John Weakland, einem der großen Meister der systemischen Kurzzeittherapie, der vor

kurzem verstorben ist, geht von der Konzeption eines Therapiemodells aus, das auf den systemischen Konstrukten
beruht, aber auf Einzelpersonen angewandt wird, und skizziert die wesentlichen Grundgedanken des Kurzzeittherapieansatzes des Mental Research Institute. Nach der Vorstellung
des Modells macht er klar, daß das Interaktionskonzept, das
dem systemischen Ansatz zugrunde liegt, nicht auf die Interaktionen zwischen den Familienmitgliedern reduziert werden
kann, wie dies in den Ansätzen der streng familienbezogenen
Therapie der Fall ist, und gibt Beispiele für Situationen, in
denen sich die Intervention, obwohl immer noch systemisch,
vorzugsweise auf die Einzelperson richtet.

Steve de Shazer und seine Mitarbeiter schildern im folgenden Essay die Entwicklung ihres »lösungsorientierten«
Modells der Kurzzeittherapie und arbeiten seine anwen-
dungstheroretischen Besonderheiten, die von Erickson übernommenen Elemente und den Einfluß des Kurzzeittherapie-
modells des MRI heraus.

Anschließend skizziert Jeffrey Zeig, der bedeutendste
Schüler von Milton Erickson, ausgehend von Ericksons hyp-
notischem Konstrukt der »Verwendung«, die Grundgedanken
des strategischen Kurzzeittherapieansatzes und resümiert in
der pluralistischen und geschmeidigen Art Ericksons, verbunden mit einer persönlichen Systematik, die Beiträge der mehr
als dreißigjährigen Entwicklung der strategischen Kurzzeittherapie.

Geyerhofer und Komori versuchen in ihrem Beitrag eine
Synthese zwischen den Traditionen von Palo Alto und Milwaukee, das heißt zwischen den als »problemorientiert« und
als »lösungsorientiert« definierten Modellen, und zeigen, daß
eine Integration nicht nur möglich ist, sondern vor allem die
Wirksamkeit und Anpassungsfähigkeit der Therapie steigert.

Cloé Madanes stellt in ihrem Essay die jüngste Entwicklung des strategischen Ansatzes vor, die das Ergebnis ihrer
Zusammenarbeit mit Jay Haley ist. Mit der ihr eigenen Kreativität und Originalität präsentiert sie eine Reihe innovativer

Therapietechniken zur Behandlung bestimmter klinischer Zustände. Dieser und der abschließende Beitrag von Giorgio Nardone stellen die Entwicklung der strategischen Kurzzeittherapie vom allgemeinen Modell bis hin zu spezifischen Interventionsformen für bestimmte psychische Störungen vor. Diese Entwicklung innerhalb der Konstruktion der therapeutischen Strategien führt, wie die Untersuchungen deutlich machen, zu einer erheblichen Steigerung der Wirksamkeit und Leistungsfähigkeit der Therapie. Außerdem verstärkt diese Methodologie die Systematik und methodologische Strenge des strategischen Therapiemodells, ohne seine Erfindungskraft und Geschmeidigkeit zu schmälern. Diese Ausarbeitungen spezifischer Behandlungstechniken und -protokolle auf der Grundlage der Tradition der strategischen Familientherapie durch Madanes und einer strategisch-konstruktivistischen Weiterentwicklung des MRI-Modells durch Nardone bedeuten tatsächlich einen Fortschritt hinsichtlich einer modernen Synthese zwischen Kreativität und methodologischer Strenge.

6. Kapitel

GIORGIO NARDONE

Die Sprache, die heilt: Kommunikation als Mittel zu therapeutischer Veränderung*

> ... eine Rede, die einen Geist überzeugt
> hat, zwingt den Geist, der überzeugt hat,
> an die Worte zu glauben und den Taten
> zuzustimmen.
>
> GORGIAS,
> *Loblied auf Helena*, 12

1930 berichteten die österreichischen Zeitungen über einen Vorfall, der sich in einer kleinen Stadt an der Donau ereignet hatte: »Ein junger Selbstmordkandidat stürzte sich von einer Brücke in den Fluß. Ein Gendarm, der, angelockt vom Geschrei der anwesenden Personen, an den Ort des dramatischen Geschehens gekommen war, nahm, anstatt sich auszuziehen und sich in den Fluß zu stürzen, um dem jungen Mann zu Hilfe zu kommen, sein Gewehr zur Hand, richtete es auf den Selbstmörder und schrie: ›Komm heraus oder ich erschieße dich.‹ Der junge Mann kam aus dem Wasser und nahm Abstand vom Selbstmord.« (Nardone, Watzlawick, 1990, S. 65)

---

* Dieses Kapitel ist eine Neufassung des Artikels von G. Nardone, R.G. Domenella, »Processi di persuasione in psicoterapia«, in *Scienze dell'Interazione* 1, 1995.

Diese merkwürdige Anekdote scheint mir ein guter Einstieg in das Thema der Beziehungen, die zwischen den Überzeugungs- und Veränderungsprozessen der Psychotherapie bestehen. In Übereinstimmung mit Jerome Frank (1973) bin ich der Ansicht, daß die Psychotherapie in all ihren Formen im wesentlichen auf Prozessen impliziter oder expliziter Überredung beruht, die sich spezifischer Formen rhetorischer Mittel bedient, die dem anwendungstheoretischen Ansatz, der als Bezugsrahmen dient, angemessen sind.

Der Gendarm der Anekdote hat, ohne Gorgias, Pascal, Erickson oder andere große historische Meister der Überzeugung zu kennen, spontan etwas gemacht – in diesem Fall eine paradoxe Anordnung –, das den Selbstmordkandidaten überzeugt hat, seine Absichten und Handlungen zu ändern. In klinischer Sprache: Er hat eine echte therapeutische Intervention durchgeführt, die sich gar nicht so sehr von denen unterscheidet, die in einigen Formen der Psychotherapie durchgeführt werden, in denen die Berufstherapeuten mit Hilfe ihrer spezifischen Techniken die emotionalen und kognitiven Dispositionen und die Verhaltensmuster, die die psychischen Störungen ihrer Patienten unterstützen, zu ändern versuchen.

Im übrigen wurden seit der Antike die Rhetorik und die Überredungskunst als Mittel angegeben, bei den Individuen und den Massen Veränderungen herbeizuführen. Die Entwicklung der modernen Psychiatrie und Psychotherapie hat dagegen fast ein Jahrhundert lang alles ausgeschlossen, was im Bereich der Interventionen als Überredung oder »Manipulation« der Psyche und des menschlichen Verhaltens verstanden werden konnte. Diese Zensur war meiner Ansicht nach unvermeidlich, damit diese besondere psychodynamische Theorie sich durchsetzen konnte, in der die Beziehung Therapeut-Patient zwangsläufig mit einer platonisch-aristotelischen Rhetorik konnotiert werden mußte, die auf den Postulaten der »emotionalen Wahrheit, Aufrichtigkeit, Rechtschaffenheit, Ehrlichkeit und des Mitleids« gründet (Grünbaum, 1984; Gellner, 1985). Als wäre es möglich, jemandem zu helfen, ohne ihn zu beeinflussen, oder als wäre der bewußte persönliche Einfluß eine Erbsünde, von der die Therapeuten sich freimachen müssen.

Die Untersuchungen der letzten zwanzig Jahre über die Therapieverfahren und ihre Wirksamkeit und Leistungsfähigkeit zeigen dagegen Realitäten (de Shazer et al. in diesem Band; Nardone, 1991; Paguni, 1993; Sirigatti, 1994; Bloom, 1995), die sich grundlegend von den traditionellen psychodynamischen Positionen unterscheiden. Denn das Studium der kommunikativen Prozesse, die zur »Heilung« führen, zeigt, daß unabhängig vom rhetorischen Stil und von der Begrifflichkeit des Therapeuten dieser unvermeidlich, ob bewußt oder unbewußt, ein »Überzeuger« ist (Frank, 1973; Haley, 1973; Nardone, Watzlawick, 1990; Canestrari-Cipolli, 1991).

In den letzten Jahren sind sich die meisten Autoren einig gewesen, daß das Ziel einer Psychotherapie darin besteht, den »Patienten« dazu zu bringen, daß er die Art und Weise, wie er die Wirklichkeit wahrnimmt, verarbeitet, interpretiert und mitteilt, so ändert (Simon, Stierlin, 1984), daß sich sein dysfunktionales Verhältnis zur Wirklichkeit in ein funktionales verwandelt. Es liegt daher auf der Hand, daß die Disziplinen, die sich seit Jahrhunderten ganz besonders für die Modalitäten interessieren, unter denen derartige Veränderungen herbeigeführt werden können, eine entscheidende Rolle im spezifischen Bereich der Psychotherapie spielen. Denn in den letzten Jahrzehnten gewannen eine immer größere Bedeutung die anwendungsbezogenen Studien und die klinische Forschung, die die Ausarbeitung therapeutischer Interventionsmodelle zum Ziel haben, die in der Lage sind, die überredenden Aspekte der Kommunikation als Grundelement der Therapie einzusetzen (Watzlawick, Beavin, Jackson, 1967; Watzlawick, Weakland Fisch, 1974; Haley, 1973, 1976, 1985;

Watzlawick, 1977; Erickson, 1980; Madanes, 1981, 1984; de Shazer, 1985, 1991, 1994; Nardone, Watzlawick, 1990; Nardone, 1991, 1993, 1994b).

Auch unter ethischem Gesichtspunkt ändert sich die Position des Therapeuten im Vergleich zur traditionellen Position der dogmatischen Ablehnung »manipulativer« therapeutischer Interventionen. Das bedeutet, daß der Anspruch immer spürbarer wird, auf wirksamere Weise den Bedürfnissen der Patienten gerecht zu werden. Der Einsatz von Techniken überredender Kommunikation und persönlicher Einflußnahme wird daher nicht mehr als ein »nicht ethisches« Verhalten angesehen, sondern eher als nützliche therapeutische und professionelle Kompetenz.

Rhetorik und Überzeugungsprozesse in der Psychotherapie

Elster (1979) zufolge gibt es zwei große moderne Schulen der Rhetorik und Überzeugung: die *aristotelisch-rationalistische*, die sich auf Descartes beruft, und die *sophistisch-suggestive*, die sich auf Pascal beruft. Diese beiden Schulen einer Überzeugungsrhetorik finden wir, wie wir sehen werden, auch in den Modellen therapeutischer Kommunikation wieder, da jede Sprachtypologie, die Veränderungen bewirken will, eine eigene spezifische Rhetorik benutzt, die sich gewöhnlich aus ihren theoretischen Annahmen über die Modalitäten der Erzeugung der gewünschten Wirkungen ergibt. Daher erscheint es als selbstverständlich, daß die rhetorische Typologie, die im Therapieprozeß benutzt wird, gemeinsam mit der Theorie und der Logik der Intervention, die wir im vorigen Beitrag behandelt haben, ein unterscheidendes Merkmal des Ansatzes ist, das als Mittel zur direkten oder indirekten interpersonellen Beeinflussung eingesetzt wird und zur Veränderung des Patienten führt. Um dies zu verdeutlichen, müssen wir kurz auf die beiden Grundmodelle der Rhetorik eingehen.

Descartes vertritt eine rationalistische Position der Rhetorik, die den Überzeugungsprozeß auf die vernünftige intellektuelle Beweisführung gründet. Mit anderen Worten, die rationale Argumentation und Beweisführung auf der Grundlage der aristotelischen Logik des »wahr oder falsch«, des »ausgeschlossenen Dritten« und des Prinzips der »Widerspruchsfreiheit« wird zum Angelpunkt der Überzeugung. Er vertritt die Meinung, sobald die betreffende Person dazu gebracht worden sei, das »Wahre« zu erkennen, Widersprüche zu vermeiden und diesen Voraussetzungen zu entsprechen, sei der Überzeugungsprozeß abgeschlossen. Er fügt jedoch hinzu, daß auf die Veränderung des Geistes die Änderung des Verhaltens und der Gewohnheiten folgen müsse. Er weist aber auch darauf hin, daß die Gewohnheiten manchmal so tief verwurzelt seien, daß sie wie ein Automat in uns seien; um den »Automaten in uns« zu korrigieren und neu zu erziehen, müsse man, kontrolliert durch den Verstand, besonderen Nachdruck auf das Verhalten legen, bis durch das Einüben neuer Gewohnheiten die alten aufgegeben werden. Was zuerst spontan war, wird ersetzt durch das, was durch die vom Verstand gesteuerte Wiederholung neuer Verhaltensweisen spontan gemacht wurde. Mit anderen Worten, Descartes behauptet, daß die Korrektur geistiger Gewohnheiten und tief eingewurzelter Verhaltensweisen wirksam über eine durch Wiederholung eingeübte Verhaltensänderung unter strenger Kontrolle durch die Vernunft bewirkt werden könne. Auch in diesem Fall liegt also die scheinbare Vorherrschaft des Verhaltens über die Vernunft der führenden Rolle des Verstandes im Veränderungsprozeß zugrunde.

Pascal schreibt dagegen aus einer suggestiven, nicht rationalistischen und im Vergleich zu Descartes entschieden pragmatischeren Position heraus:

Wenn man mit Erfolg entgegnen und einem anderen aufzeigen will, daß er irrt, muß man darauf achten, von welcher Seite er die Sache ansieht. Denn von hier aus gesehen, ist sie meist wahr; und diese Wahrheit muß man ihm zugeben, ihm dann aber die Seite aufzeigen, von wo aus sie falsch ist. Damit wird er zufrieden sein, denn er sieht, daß er sich nicht täuschte und daß er nur versäumte, sie von allen Seiten zu sehen. Nun, man ärgert sich nicht darüber, nicht alles gesehen zu haben; aber man will sich nicht getäuscht haben. Und das kommt vielleicht daher, weil der Mensch natürlich nicht alle Seiten sehen und weil er sich natürlich nicht in der irren kann, die er gerade betrachtete, wie z.B. die Sinneseindrücke immer wahr sind. (Pascal, *Pensées* 9)

Zur Verdeutlichung seiner Rhetorik, die auf den subtilen kommunikativen Stratagemen beruht, die die Wahrnehmungen des Gesprächspartners in die vom »Überzeuger« gewünschte Richtung lenken, ein weiteres Zitat:

Um etwas zu beweisen, nimmt man Beispiele; würde man die Beispiele beweisen wollen, würde man anderes wählen, um als Beispiel zu dienen; denn da man immer glaubt, die Schwierigkeit läge in dem, was man beweisen will, hält man die Beispiele für klarer und zum Beweis beitragend.
Will man also ein Allgemeines beweisen, muß man die Regel eines besonderen Falles geben, will man aber einen besonderen Fall beweisen, muß man mit der allgemeinen Regel beginnen. Denn immer findet man das, was man beweisen will, dunkel, und das, was zum Beweise dient, klar. Denn zuerst, wenn man vorhat, etwas zu beweisen, ist man von der Vorstellung erfüllt, daß es dunkel wäre und daß im Gegensatz hierzu das, was es beweisen soll, klar ist und so, daß man es leicht versteht. (*Pensées* 40)

Um zum Bereich der Psychotherapie zurückzukehren: Wenn wir Überzeugungsmodelle benutzen, die vorwiegend auf kartesianischen Rhetorikpositionen beruhen, haben wir *rationalistische* und *beweisende* Psychotherapien. Wenn das benutzte Rhetorikmodell dagegen vorwiegend sophistisch und von Pascal beeinflußt ist, haben wir *suggestive* Psychotherapien mit *Befehlscharakter.*

Der Unterschied zwischen diesen beiden Modellen besteht darin, daß im ersten Fall die Veränderung für ein Ergebnis eines schrittweisen Überzeugungsprozesses gehalten wird, der auf der direkten und indirekten Stärkung des Selbstbewußtseins, definiert als *Einsicht,* während der Behandlung beruht: »Wo das Es ist, wird das Ich sein« (Freud). Dies gilt, wie wir sehen werden, für die überwältigende Mehrheit der aktuellen Formen der Psychotherapie.

Im zweiten Fall ist das Bewußtsein dagegen das Ergebnis der Veränderung, für die die suggestive Wirkung der rhetorischen Stratageme darin besteht, das Subjekt dazu zu bringen, danach zu handeln oder sie sich zu eigen zu machen, wenn es gezwungen ist, sie in die Tat umzusetzen. So wird es letztlich mittels konkreter Emotionen oder Erfahrungen dazu gebracht, sich und die Welt mit anderen Augen zu betrachten, beziehungsweise werden neue Bewußtseinszustände erzeugt. Dies zeichnet die strategischen Therapien aus.

Mit anderen Worten, die Rhetorik der Psychotherapien kartesianischer Prägung hält es für unerläßlich, daß das Bewußtsein verändert und erweitert wird, um die Veränderung herbeizuführen, während in den Psychotherapien Pascalscher Prägung die Veränderung der Überzeugungen und des Verhaltens das Ergebnis von Strategien ist, die die Vorstellungssysteme des Patienten unterlaufen und ihn dadurch dazu bringen, daß er, ohne den Widerspruch zu bemerken, Handlungen, Wahrnehmungen und Erkenntnisse konstruiert, die die Veränderung in Gang setzen. Kommunikative Kunstgriffe und Stratageme sind die wesentlichen rhetorischen Mittel dieses zweiten Therapietyps.

Wie wir im einzelnen noch sehen werden, ist diese Art von Unterscheidung die Demarkationslinie zwischen der Rhetorik der traditionellen Langzeitpsychotherapien und jener der modernen Psychotherapien, die sich auf die Lösung der Probleme innerhalb kurzer Zeit konzentrieren. Wie bereits gesagt, besitzt jedes Modell die Rhetorik, die mit seiner logisch-epistemologischen Position in Einklang steht; wenn der Leser daher erneut mit Ausführungen über logische Modelle der Psychotherapie konfrontiert wird, die bereits im vorangegangenen Teil dieses Buches diskutiert worden sind, kann er besser verstehen, wie eng die Wahl der Rhetorik mit dem theoretischen Bezugssystem verbunden ist.

Man darf jedoch – und dies ist ein Grundelement der Analyse der Überzeugungsprozesse in der Psychotherapie – nicht vergessen, daß der Therapeut zunächst in der Ausübung seiner berufsmäßigen Rolle zumindest aus der Sicht des Patienten derjenige ist, der als der Experte, der »Doktor« in die Therapie kommt, als derjenige, der die Fähigkeit hat zu heilen. Das verleiht ihm vom ersten Kontakt mit dem Patienten an eine suggestive Macht, die er bewußt in Hinblick auf einen Erfolg der Therapie einsetzen oder nicht einsetzen kann, die aber in jedem Fall aktiv ist. Denn er ist, gleichgültig, ob er es nun betont oder nicht, immer derjenige, der die Therapie lenkt, und dies gilt auch für diejenigen Ansätze, etwa den psychoanalytischen oder denjenigen von Rogers, die sich als *nicht gelenkt* definieren. Die Lenkung der Behandlung bleibt immer eine ethische Verantwortung des Therapeuten, doch über die Ethik hinaus schafft allein schon die Tatsache, daß er als »Heiler« bezeichnet wird, einen Rahmen suggestiver Überzeugung. Wie seine Kommunikation auch immer aussieht, in den Augen desjenigen, der sich mit der Bitte um Hilfe an ihn wendet, wird sie immer etwas sein, das wichtiger ist als das, was von anderen »gewöhnlichen« Personen kommen kann.

Darüber hinaus bedient sich der Therapeut, auch wenn sein Ansatz auf rational konstruierten, eindeutig intellektualistischen Annahmen beruht, wie dies in der Psychoanalyse und im Kognitivismus der Fall ist, bewußt oder unbewußt, um das *Einverständnis* des Patienten zu erhalten, der Formen überredender Kommunikation, für die seine Rolle ein wichtiger Rahmen bleibt, der die Wirkung seiner Äußerungen verstärkt.

Überzeugungsprozesse und psychotherapeutische Modelle

Damit wir besser verstehen können, wie unverzichtbar die Überzeugungsprozesse in den psychotherapeutischen Prozessen sind, scheint mir hier ein kurzer Exkurs über die spezifischen Modelle der Psychotherapie und ihre besonderen Merkmale hinsichtlich einer Rhetorik der Überzeugung angebracht.

Die *psychoanalytische Therapie*, deren Grundidee lautet, daß die Psyche und das Verhalten des Menschen von seinen inneren Trieben determiniert werden, konzentriert sich auf die intrapsychischen Prozesse und insbesondere auf das, was sich *hinter* dem sichtbaren *Symptom* verbirgt, gemäß einem Modell linearer Kausalitäten, für das die Gegenwart nur aus der Vergangenheit heraus verstanden werden kann, aus der sie sich folgerichtig ergibt. Das Ziel der Therapie ist die historische Rekonstruktion, das Erreichen der *Einsicht*, die, indem sie dem Patienten den Ursprung der Neurose deutlich macht, deren Überwindung[1] erlaubt und den Weg zur Reife ebnet, die als eine Anpassung an die Situationen des Lebens verstanden wird.

Um eine solche Einsicht zu erreichen, benutzt die dynamische Psychologie verschiedene Techniken, deren Ergebnisse

---

[1] Daß die *Einsicht* zur Überwindung der Neurose führt, hat schon Wittgenstein in Frage gestellt in einem Aphorismus, den wir nur voll unterschreiben können: »Sich psychoanalysieren lassen ist irgendwie ähnlich wie vom Baum der Erkenntnis essen. Die Erkenntnis, die man dabei erhält, stellt uns (neue) ethische Probleme; trägt aber nichts zu ihrer Lösung bei.« (L. Wittgenstein, *Vermischte Bemerkungen*, 1939)

in der Interpretationsarbeit des Analytikers zusammen-
fließen, an der der Patient ebenso wie an der Sprache der
Analyse schrittweise beteiligt wird. Das ist verbunden mit
einer schrittweisen *kartesianischen Indoktrinierung* des Patienten, dessen »Heilung« parallel zum Erlernen des psychoanalytischen Wortschatzes und der Methode erfolgt, mit der
die Prinzpien der psychoanalytischen Hermeneutik auf das
Material, das er in die Analyse einbringt, angewandt werden.
Die *Einwände* gegen den Erfolg der Arbeit des Therapeuten
werden als *Widerstände* definiert und auf der Grundlage des
übrigen unbewußten Materials interpretiert. Die gesamte
Arbeit der Analyse vollzieht sich in einer angemessenen
Atmosphäre, die die Durchführung des *Transfers* erlaubt.
Doch was ist der Transfer anderes als eine intensive suggestive Beziehung? Denn die starke emotional-affektive Beziehung, die sich zwischen Analytiker und Patient herstellt, verleiht den vom »Doktor« vorgeschlagenen Interpretationen
den Anschein absoluter und kristallklarer Wahrheit. Es ist
kein Zufall, daß Gellner (1985) die Psychoanalyse als »die
wirksamste unter den modernen Formen der Neuverzaube-
rung« definiert, womit er sich auf den Anspruch dieser Disziplin bezieht, das psychische Leben der Individuen vollständig zu verstehen und zu kontrollieren. Zusammenfassend
präsentiert sie sich als ein kartesianischer Ansatz, in dem
alles im Licht eines intellektuellen Modells rationalisiert
wird, das nicht das Tun des Menschen lenkt, sondern auch die
unbewußten Vorgänge in ihm. Andererseits läuft die Therapie in der Praxis auf eine Art und Weise ab, die stark einem
religiösen Initiationsprozeß ähnelt, in dem die Überzeugungsprozesse der Angelpunkt für die Annahme des »Glaubens« sind.

Dem streng *behavioristischen* Ansatz zufolge ist der
Mensch ein Lebewesen, das lernt, indem es auf die Reize der
Umwelt reagiert. Da seine gegenwärtige Situation das Ergebnis einer komplexen Reihe von Lernprozessen ist, kann sie
nur verändert werden, indem die *inputs* der Umwelt verän-

dert werden und auf diese Weise eine geeignete und prädisponierte Sequenz von Gegenlernprozessen realisiert wird. Diese werden vom Mechanismus der verstärkenden Zufälle geregelt, durch den die benutzten Verfahren auf der praktischen Ebene als verschiedene Formen von *Training* dargestellt werden können, als Dressuren, bei denen eine unerwünschte assoziative Verbindung im Laufe der Zeit nach und nach durch eine andere, funktionalere ersetzt wird, die verstärkt worden ist. Diese andere Verbindung ist nur die zweite Variante des von Descartes angegebenen Überzeugungsprozesses: die Veränderung des »Automaten in uns« durch die Anerziehung neuer Verhaltensweisen. Denn in den behavioristischen Prozessen verläuft der Überzeugungsprozeß im Vergleich zum psychoanalytischen Prozeß in umgekehrter Richtung, nämlich vom Verhalten zum Intellekt und nicht umgekehrt. Die Veränderungen im Verhalten, die vom Intellekt des Therapeuten gesteuert werden, führen zu Veränderungen im Bewußtsein des Patienten. Im Fall des Behaviorismus wie im Fall der Psychoanalyse entwickelt sich der Überzeugungsprozeß, wie wir es auch im Fall des Kognitivismus sehen werden, über den schrittweisen Erwerb von Bewußtheit auf seiten des Patienten, der im Begriff ist, sich zu ändern (»Einsicht«).

Auf der gleichen rationalistisch-kartesianischen Linie bewegt sich der *kognitivistische* Ansatz, der das Untersuchungsfeld vom sichtbaren Verhalten auf die strukturellen Eigenschaften der kognitiven Organisationsformen erweitert. Obwohl es sich nicht um eine eindeutige Orientierung handelt, ist der gemeinsame Nenner seiner Varianten das Bild eines Menschen, der nicht passiv den Umweltreizen ausgeliefert ist, sondern wie ein Wissenschaftler nach von ihm selbst vorherbestimmten Plänen handelt. Ziel der Therapie ist es daher, über einen Prozeß schrittweiser Neuformulierung eine Art »wissenschaftliche Revolution« herbeizuführen, die den Patienten über die Arbeit der Analyse und der vom Therapeuten geleiteten »Experimente« sowie über

»Annahmen und Widerlegungen«[2] von der alten zu einer neuen Theorie führt. Die benutzten Verfahren sind teils tatsächlich dem behavioristischen Repertoire entnommen, teils beziehen sie sich auf spezifisch kognitive Techniken (*stress inoculation training, Anhalten der Gedanken, semantische Techniken, Kritik der Offensichtlichkeiten*) und auf Techniken, die auf der logischen Diskussion beruhen (*Deeskalation von Katastrophenstimmung, kausale Reattribuierung*). Der Überzeugungsprozeß beruht wesentlich auf logisch-rationalen Kategorien, und die Veränderung der kognitiven Strukturen und der Verhaltensstrukturen des Patienten wird als das Ergebnis eines Widerlegungsprozesses gesehen, der sich auf die Lösung der eigenen inneren Widersprüche richtet. Erneut: *Cartesius docet.* Manche kognitivistische Autoren (Reda, 1986; Guidano, 1988; Mahoney, 1991) halten die *Qualität der therapeutischen Beziehung* für entscheidend bei der Einleitung des Prozesses, der dem Patienten erlaubt, eine Veränderung der Selbstbeschreibung (und auf jeden Fall in bezug auf die benutzten Techniken) zu erarbeiten. Das veranlaßt diese Autoren, Elemente suggestiver Kommunikation ernsthaft als Instrumente für die Steigerung der Wirksamkeit der Therapie in Betracht zu ziehen, die einem sophistischen und Pascalschen Rhetorikmodell entschieden näher stehen.

---

[2] Der Gebrauch einer der zeitgenössischen Epistemologie entnommenen Terminologie findet sich in Guidano, Liotti, 1983. Die Autoren benutzen die Ergebnisse der epistemologischen Diskussion um die Wissenschaftsgeschichte als Metapher für den Veränderungsprozeß in der Therapie. Wir erinnern nur an den Unterschied der Positionen von Popper und Kuhn, um zu unterstreichen, daß für ersteren der Wechsel über einen falsifizierenden logischen Prozeß – Annahmen und Widerlegungen – zwischen Theorien stattfindet, während für letzteren der revolutionäre »Sprung« im *entscheidenden* Augenblick eher das Werk einer »Konversion«, eines »Meinungswechsels« der Wissenschaftler ist.

Laut Rogers (*die auf den Patienten zentrierte Therapie*) hat das Individuum die Fähigkeit, sich in ausreichender Weise imstande zu fühlen, die eigenen Probleme zu lösen; der Therapeut hat die hierfür notwendigen Voraussetzungen zu schaffen. Das Verfahren besteht also darin, mittels einer grundlegenden Technik, der des *mirroring* (Spiegelns), *die Therapie auf den Patienten zu zentrieren.* Der Therapeut dient dem Patienten als Spiegel, der ohne die geringste Andeutung von Interpretation oder Bewertung widerspiegelt, was der Patient kinetisch oder verbal ausdrückt. Die Forschung der letzten Jahre über die nonverbale Kommunikation (Patterson, 1982) zeigt, daß das *mirroring* eine der wirksamsten Überzeugungsstrategien ist. Auch wenn der Ansatz von Rogers sich nicht explizit als eine solche versteht, ist die grundlegende Technik einer solchen nicht gelenkten Therapie daher doch ein *konkreter* Überzeugungsprozeß, der auf einem Rhetorikmodell à la Pascal beruht. Der »*counselor*«, der »Berater«, muß auch subtile Hinweise wie Gesichtsausdruck, Klang der Stimme, Körperhaltung und Gestik beachten, die die verbalen Bedeutungen erweitern oder ihnen vielleicht widersprechen oder auf unterschwellig vorhandene Gefühle oder Bedeutungen verweisen (Hammond, 1990, S. 4). In der Praxis drückt sich das für den Patienten in der starken emotionalen Erfahrung aus, daß er nicht nur in seinen nach außen sichtbaren Gefühlen, sondern auch in deren »dynamischer« Bedeutung bedingunglos akzeptiert wird (Rogers, 1975), und dieses *empathische* Band erleichtert die Aktivierung der positiven Möglichkeiten, die in der Person des Patienten vorhanden sind. Die Empathie als kommunikatives Konstrukt ist in der Tat als die grundlegendste Überzeugungsstrategie anerkannt. Daher ist auch das gewiß am wenigsten gelenkte Therapiemodell für eine aufmerksame Analyse auf Überzeugungstechniken gegründet.

Als Rogers sein nicht gelenktes Therapiemodell formulierte, führte eine eigenartige Persönlichkeit unorthodoxe Psy-

chotherapien auf der Grundlage suggestiver Strategien und
einer »sanften« Lenkung durch. Ich spreche von Milton H.
Erickson, der später für Generationen von Hypnotherapeuten
und systemischen und strategischen Therapeuten zu einem
echten »Guru« wurde. Von Milton H. Ericksons empirischen
Methoden sind zahlreiche Therapietechniken abgeleitet worden, die sich für die Behandlung von Einzelpersonen und
Familien eignen (Haley, 1967, 1973, 1985). Erickson, ein
berühmter Hypnotiseur, ist sicher der erste Therapeut gewesen, der die Suggestion und die *injunktive* Kommunikation
bewußt als systematische Therapiewerkzeuge eingesetzt hat.
Mit anderen Worten, er hat bewußte Überzeugungsverfahren
in das Instrumentarium der Psychotherapie eingeführt und
ihre klinische Wirksamkeit und Leistungsfähigkeit bewiesen.
Indem er die Hypnose als ein kommunikatives und psycho-
soziales Phänomen definierte, erprobte er eine ganze Reihe
von hypnotischen Kommunikationstechniken, die in der Psychotherapie verwendet werden können, um den Patienten
dazu zu bringen, neue emotionale Erfahrungen und Verhal-
tenserfahrungen auszudrücken[3], die die krankhaften Zustände zu durchbrechen imstande sind. Aus Ericksons Sicht müssen die therapeutischen Veränderungen, um den Widerstand
zu unterlaufen, anfangs herbeigeführt werden, ohne daß der
Patient es bemerkt, und dürfen erst dann explizit thematisiert
werden, nachdem sie eingetreten und dadurch zum Mittel für
weitere Veränderungen geworden sind. Darüber hinaus
behauptete er, daß der *Widerstand* des Patienten nicht *interpretiert* werden dürfe, sondern strategisch *benutzt* werden
müsse. Das bedeutet, daß Erickson ausgehend vom Studium
der hypnotischen Phänomene zu einer Position gelangte, die
voll und ganz auf der Linie der suggestiven Rhetorik Pascals
liegt.

---

[3] Die korrigierenden emotionalen Erfahrungen von F. Alexander,
1956.

Erickson hat kein eigenes Psychotherapiemodell formuliert; vermutlich war er sehr viel mehr an der klinischen Praxis als an der Theorie der Praxis interessiert. Zum Glück jedoch haben zahlreiche Forscher sein Werk teils unter psychodynamischem, teils unter systemischem Gesichtspunkt aufmerksam studiert. Dennoch erscheint in unserem Argumentationszusammenhang gerade der Teil des Ericksonschen Werks relevant, der die Erforschung und Ausarbeitung »injunktiver« therapeutischer Techniken betrifft. Derartige Techniken beruhen auf der Benutzung einer hypnotischen Sprache, die strategische Überzeugungsprozesse erzeugt, die imstande sind, die Patienten zur Änderung ihrer emotionalen Dispositionen und ihrer Verhaltensmuster zu veranlassen. In dieser Richtung arbeiten Jay Haley und John Weakland, Mitglieder der von Gregory Bateson geleiteten Gruppe für Kommunikationsforschung, die 18 Jahre die Arbeit Ericksons studierten und auf dieser Grundlage das *strategische Modell* der *Kurzzeit*therapie formulierten.

Doch bevor wir dieses Modell erläutern, müssen wir aus chronologischen Gründen und aus Gründen theoretischer Relevanz für die Therapieansätze, die die Pascalsche Rhetorik und die Überzeugung als bewußte Instrumente übernommen haben, bei dem Beitrag verweilen, den in dieser Richtung Batesons Forschungsgruppe und die Gruppe des MRI in Palo Alto geleistet haben. Denn Bateson war derjenige, der auf der Ebene der Theorie und der Anwendung die Eigenschaften der Kommunikation systematisiert hat, die die *Botschaft* und die *Beziehung* betreffen, das heißt die *digitalen* und *analogen* Merkmale der Sprache in all ihren Formen. Ihm und seiner Forschungsgruppe ist also der so fruchtbare Anstoß zur Kybernetik (Ashby, 1954, 1956; Wiener, 1967, 1975) und die Theorie der »Doppelbindung« (Bateson, Jackson, Haley, Weakland, 1956; Bateson, Jackson, 1964; Bateson, 1967) zu verdanken, die zur Formulierung der *systemischen Kommunikations-* und *Familientherapie* geführt haben. Die meisterhafte Synthese dieses Ansatzes verdanken wir Paul Watzlawick, der in seinem Buch *Pragmatics of Human Communication* (Watzlawick, Beavin, Jackson, 1967) im Detail die anwendungstheoretischen Aspekte der Forschungen der Gruppe von Palo Alto über die Kommunikation und ihre rein pragmatischen Aspekte vorstellt und später in anderer Terminologie auf die Befehls- und Überzeugungsmacht der Kommunikation und ihren möglichen Einsatz in der Therapie hinweist.

Die Entwicklung dieses Therapieansatzes (*die systemische Therapie*), der auf den pragmatischen Aspekten der Kommunikation beruht, hat sich später auf die Ausarbeitung eines Therapiemodells gerichtet, das die stärker *systemischen* Beiträge mit den mehr *strategischen* zusammenbringt (Haley, 1973, 1976; Weakland, Fisch, Watzlawick, Bodin, 1974; Watzlawick, Weakland, Fisch, 1974; Rabkin, 1977; Madanes, 1981, 1984). In dieser innovativen Formulierung der Kurzzeittherapie wird das Konstrukt des Unterlaufens des Widerstands gegen die Veränderung mit Hilfe von strategischen und kommunikativen Stratagemen formuliert, die imstande sind, den Circulus vitiosus der vom Patienten unternommenen dysfunktionalen *versuchten Lösungen* zu durchbrechen. Denn das Grundkonstrukt bezieht sich auf die Tatsache, daß die klinischen Probleme von dem aufrechterhalten und genährt werden, was die Patienten unternehmen, um sie zu lösen. Daher wird es zum Ziel der Therapie, diese dsyfunktionalen »versuchten Lösungen« in funktionale Lösungen zu verwandeln. Hierfür muß man den Patienten jedoch, wie die alten Chinesen in der »Kunst der Stratageme«[4] sagen würden, dazu bringen, »das Meer ohne Wissen des Himmels zu durchpflügen«, das heißt, sich zu ändern, ohne die Veränderung zu bemerken. Der Therapeut übernimmt mit dem Ziel, rasche und tatsächliche Veränderungen herbeizuführen, die Verantwortung dafür, daß er konkret das Verhalten und die Dispositionen des Patienten beeinflußt.

---

[4] Anonymus, *I 36 stratagemmi: l'arte cinese di vincere.*

Pascal beschrieb dies bereits in großen Teilen seiner *Pensées,* und die Sophisten setzten es vor ihm in ihren »rhetorischen Leistungen« in die Praxis um. Die Synthese dieses Modells und dieser Techniken verdanken wir erneut Watzlawick (Watzlawick, Weakland, Fisch, 1974; Watzlawick, 1977), der in zwei verschiedenen Büchern sowohl das Modell als auch die spezifischen Techniken *injunktiver* (überzeugender) Kommunikation darstellt, die die *strategische Kurzzeittherapie* auszeichnen. Gegen Ende der achtziger Jahre hat sich dieser Therapieansatz, der auf dem bewußten Einsatz des Befehls und der Überzeugung beruht, hin zu fortschrittlichen Kurzzeittherapiemodellen, die auf systematischen Verfahren beruhen, und zur Ausarbeitung spezifischer Formen der Kommunikation für spezifische Typologien von Persönlichkeitsstörungen weiterentwickelt (de Shazer, 1985, 1991, 1994; Nardone, Watzlawick, 1990; Nardone, 1991, 1993; Cade, O'Hanlon, 1994; Omer, 1994).

Die Überzeugungsprozesse und die Techniken für ihre Realisierung haben also nach Jahrzehnten der Zensur endlich ihren Platz in der Psychotherapie erobert, und ihr systematischer Einsatz in strengen Therapiemodellen hat ihre Wirksamkeit und Leistungsfähigkeit sehr gesteigert (Garfield, Prager, Bergin, 1971; Garfield, 1981; Sirigatti, 1988, 1994; Nardone, Watzlawick, 1990; Talmon, 1990; de Shazer, 1991; Nardone 1991, 1993).

Für eine Logik der Überzeugung in der Therapie

Worte sind Taten.
L. WITTGENSTEIN,
Vermischte Bemerkungen, circa 1945

Die Erforschung der Interaktion zwischen Therapeut und Patient unter dem Gesichtspunkt einer Weiterentwicklung der Psychotherapie hin zu immer strengeren, wirksameren und leistungsfähigeren Modellen führt zu dem Hinweis auf die grundlegende Bedeutung der Überzeugungstechniken und -taktiken. Daraus ergibt sich die Forderung nach empirischen wie anwendungstheoretischen Studien, die ihren Einsatz systematisieren. Wie wir bereits gesehen haben, gibt es ein paar herausragende Modelle der strategischen Kurzzeittherapie, in denen, anknüpfend an die Studien über die Kommunikation und das *problem solving*, Interventionsformen systematisiert worden sind, die ausdrücklich auf Kommunikationstechniken der Überredung oder auf Formen direkter oder indirekter »Manipulation« zurückgreifen. Es ist kein Zufall, daß diese Modelle die bedeutendsten Forschungsbeiträge über die Überzeugungsprozesse und die Prozesse interpersoneller Beeinflussung nicht aus der klinischen und psychotherapeutischen Tradition, sondern aus der Sozialpsychologie und ihren verschiedenen Anwendungsgebieten (Moscovici, 1967, 1972, 1976; Cialdini, 1984; Zimbardo, 1993) bezogen haben, sowie aus den Modellen der modernen mathematischen Logik, die wir weiter oben behandelt haben.

Zum gegenwärtigen Zeitpunkt kann man feststellen, daß die anwendungsbezogene Forschung über die Beeinflussungs- und Überzeugungsprozesse in der Psychotherapie beginnt, den Psychotherapeuten Grundlagen und präzise Hinweise zu liefern. Die folgende schematische Zusammenfassung soll das verdeutlichen. Beginnen wir mit den Typologien von Überzeugungsprozessen, die aus dem Studium der verschiedenen Therapieansätze hervortreten. Diese können schematisch in mehrere Kategorien therapeutischer Handlungen eingeteilt werden, die sich auf die beiden traditionellen Rhetorikmodelle beziehen, die in der klinischen Praxis ausgeprägt antithetische Ausdrucksformen gefunden haben.

1. Die überzeugungsrhetorische Ausrichtung der rationalistischen und psychodynamischen Therapien, beruhend auf:
   – der dem übernommenen Modell eigenen diagnostischen Einordnung;

– der theoretisch-verhaltensbezogenen Indoktrinierung;
– der Struktur des therapeutischen Prozesses, der streng nach Phasen und Riten des Übergangs und der Initiation gegliedert ist.

2. Die überzeugungsrhetorische Ausrichtung der strategischen Kurzzeittherapie, beruhend auf:
   – der Übernahme der Sprache, der »Position« des Patienten oder seiner »Weltsicht«;
   – dem Einsatz vielfältiger Kommunikationstechniken der Überredung in der Sitzung (direkte oder indirekte Suggestionen, Verwendung metaphorischer Sprachen, nonverbaler Haltungen und Verhaltensweisen, kognitiver Vergleiche, »double binds« und kommunikativer Paradoxe, Einsatz der Metapher, suggestive Techniken nonverbaler Kommunikation);
   – Anweisungen für Verhaltensweisen, die außerhalb der Sitzungen in die Tat umgesetzt werden müssen (direkte, indirekte und paradoxe Verhaltensverschreibungen).

Es ist klar, daß die erste Richtung davon ausgeht, daß die Veränderung nur langsam und schrittweise erreicht wird, im Einklang mit einer Form von Überreden, die auf dem rationalen Überzeugen beruht; daher handelt es sich hier um eine Rhetorik, die sich für die Langzeittherapien eignet. Die zweite, ausgeprägt pragmatische Richtung, die durch Überredung und interpersonelle Beeinflussung rasche Ergebnisse erzielen will, ist für Kurzzeittherapien und zielgerichtete Therapien geeignet.

Nachdem wir diese grundlegenden Unterschiede zwischen der Überzeugungsrhetorik der strategischen Kurzzeittherapie und derjenigen der anderen traditionellen oder modernen rationalistischen Therapieformen herausgearbeitet haben, wollen wir zum Abschluß eine Art Klassifizierung der Beeinflussungsprozesse und Überzeugungstechniken vornehmen, die je nach Art des Widerstands, den der Patient der Veränderung entgegensetzt, einzusetzen sind.

1. Im Fall von Patienten, die *kooperativ sind,* die sich also nicht widersetzen, nicht abwerten und eine deutliche Motivation zur Veränderung in Verbindung mit echten kognitiven Fähigkeiten zeigen, hat sich die rational-beweisende Form als die Rhetorik- und Überzeugungstypologie erwiesen, die geeignet ist, sie zur Veränderung und zur Lösung ihrer Probleme zu führen. Mit anderen Worten, das Verfahren, das darin besteht, auf logisch-rationale Weise die emotionalen und kognitiven Dispositionen und die Verhaltensmuster des Patienten *neu zu definieren* und ihn so zu ihrer *bewußten* Veränderung zu führen (Reda, 1986; Guidano, 1988; Domenella, 1991). Leider ist die Kategorie von Patienten, auf die man die rationalistische Rhetorik wirkungsvoll anwenden kann, ausgesprochen klein.

2. Im Fall von Patienten, die *kooperieren wollen,* es aber *nicht können,* die sehr motiviert sind und ein großes Bedürfnis haben, sich zu ändern, dazu aber nicht einmal in geringem Maße imstande sind (dies gilt für Patienten mit Phobien und akuten Obsessionen, die sich ändern wollen, aber nicht dazu in der Lage sind, weil ihre Symptome sie übermannen oder blockieren), hat sich als am geeignetsten diejenige Strategie herausgestellt, die mit verschleierten und indirekten Maßnahmen von starker Suggestionskraft arbeitet, die den Patienten dazu bringen, sich zu ändern, ohne daß er es bemerkt (Nardone, Watzlawick, 1990; Nardone 1991, 1993). Man kann von jemandem, der Angst hat, nicht verlangen, daß er die Angst rational besiegt; mit Hilfe therapeutischer Stratageme (indirekte suggestive Verhaltensverschreibungen, die sich als hinterlistige Fallen erweisen) kann man ihn jedoch dazu bringen, Situationen konkreter Angstfreiheit unter Bedingungen, die bis dahin Angst und Schrecken auslösten, zu erleben. Mit anderen Worten, es wird das Stratagem des »Das Meer ohne Wissen des Himmels durchpflügen« benutzt, um die erste *korrigierende emotionale Erfahrung* auszulösen (Alexander, French,

1946; Erickson, Rossi, Rossi, 1979; Watzlawick, 1990). Nach einer solchen Pascalschen Maßnahme kann der Therapieprozeß zu stärker kartesianischen und rationalen Kriterien zurückkehren, um den Patienten zur bewußten Wiedergewinnung seiner emotional-kognitiven Fähigkeiten und seiner Verhaltenskompetenzen zu führen.

3. Im Fall von Patienten, die *nicht kooperieren* oder sich mit aller Kraft *widersetzen*, die den Therapeuten abwerten und seine Anweisungen bewußt nicht befolgen, hat sich diejenige rhetorische Überzeugungsmodalität als wirksam erwiesen, die auf der *Verwendung des Widerstandes* gründet und zu *paradoxen Maßnahmen und Vorschriften* greift. Dadurch, daß der Widerstand und die Änderung *verschrieben* werden, wird der Patient in die paradoxe Lage versetzt, den Anweisungen des Therapeuten doch nachzukommen. Denn wenn er sich der Therapie weiterhin widersetzt, befolgt er die Anweisungen, und wenn er sich den Anweisungen widersetzt, fügt er sich in die Therapie. Der verschriebene Widerstand wird zum Vollzug (Watzlawick, Beavin, Jackson, 1967; Watzlawick, Weakland, Fisch 1974; Watzlawick, 1977). Auch in diesem Fall geht man, nachdem man mit Hilfe eines Beeinflussungs- und Überzeugungsprozesses auf der Grundlage des Paradoxes (sophistische Rhetorik) erste grundlegende Therapieerfolge erzielt hat, zu einer kartesianisch geprägten kognitiven *Neudefinition* des therapeutischen Prozesses über.

4. Im Fall von Patienten, die *weder in der Lage sind, zu kooperieren noch sich bewußt zu widersetzen* und die eine »Erzählung« über sich selbst und ihre Probleme liefern, die mit der vernünftigen Wirklichkeit nichts zu tun hat (Wahnvorstellungen, Verfolgungswahn usw.), muß sich der Therapeut in Übereinstimmung mit Pascal und Erickson in die *Logik der delirierenden Darstellung* hineinversetzen, ihre sprachlichen und ihre Zuweisungscodes übernehmen und jede Verneinung und Abwertung einer solchen dysfunktionalen Wirklichkeitskonstruktion ver-

meiden. Im Gegenteil, er *muß den Fährten dieser Erzählung folgen* und dem, was der Patient erzählt, andere Elemente hinzufügen, Elemente, die die Darstellung des Patienten zwar nicht verneinen, ihr aber eine andere Richtung
geben. Diese neue Richtung, die der Therapeut in die mentale Dynamik des Patienten einführt, wird, wenn sie gut
abgestimmt ist, diese Dynamik umstürzen. So wie die
Entropie ein physikalisches System dazu bringt, sich selbst
zu zerstören, um sich weiterzuentwickeln, führt auch die
Einführung von Elementen in die dysfunktionale Logik
des Patienten, die seinen Vorstellungen weder widersprechen noch sie abwerten, sondern sie in neue Richtungen zu
lenken vermögen, ihn schließlich zu einer vollständigen
Umdeutung (Weakland, Fisch, Watzlawick, Bodin, 1974;
Nardone, Watzlawick, 1990; Weakland in diesem Buch).
Anstatt eine *Erzählung* von Grund auf neu zu schreiben,
was einer Auslöschung der ersten gleichkäme, entscheidet
man sich dafür, ihr neue Entwicklungsmöglichkeiten hinzufügen, die, indem sie in andere Richtungen als vorher
führen, *auslöschen, ohne auszulöschen.* Die erste Erzählung wird bewahrt, aber in eine *Vergangenheit* verbannt,
die immer noch wichtig ist, weil sie die *Gegenwart* hervorgebracht hat, die aber keine Macht mehr hat, da die Gegenwart jetzt die Domäne der vom Therapeuten eingeführten
neuen Erzählung ist.

Zum Abschluß dieses Essays über die Bedeutung der Kommunikation als Mittel zur therapeutischen Veränderung
möchte ich unterstreichen, daß, wenn die Wirklichkeit unsere
»Konstruktion« ist, die Kommunikation ebenfalls eine ist, ja,
daß wir mit ihrer Hilfe mehr als mittels anderer Werkzeuge
bewußt oder unbewußt unser Verhältnis zu uns selbst, zu
den anderen und zur Welt konstruieren, erleben und beherr-
schen. In der Psychotherapie, verstanden als strategisches
problem solving, ist die Kommunikation das grundlegende
operative Mittel zur Anwendung jener Logiken, die Alterna-

tiven zur Logik der Aufrechterhaltung der zu beseitigenden Störungen darstellen. Mit anderen Worten, ohne eine geeignete Überzeugungsrhetorik ist es sehr unwahrscheinlich, daß eine Veränderung der Erfahrungen und Perspektiven des Patienten in Gang gebracht werden kann. Denn das, was die Anwendung von therapeutischen Problemlösungsverfahren ermöglicht, ist unserer Meinung nach nur die *Konstruktion*, mit Hilfe der Kommunikation, *von erfundenen Wirklichkeiten, die konkrete Ergebnisse zeitigen.*

7. Kapitel

Paul Watzlawick

Die psychotherapeutische Technik des »Umdeutens«[*]

Einem alten Bonmot zufolge ist ein Optimist jemand, der sagt, eine Flasche sei halb voll, während ein Pessimist beklagt, daß sie halb leer sei – und doch meinen beide dieselbe Flasche und dieselbe Menge Wein. Der Unterschied, um den es hier geht, beruht auf ihrer unterschiedlichen Sicht derselben Wirklichkeit, doch es sollte zugleich klar sein, daß die eine Sicht nicht »richtiger«, »normaler« oder »wirklichkeitsangepaßter« ist als die andere. Ebenso handelte Alexander der Große, als er den Knoten, mit dem Gordios, der König der Phrygier, das Joch an die Deichsel seines Streitwagens gebunden hatte, durchschlug, ganz offensichtlich aufgrund einer anderen Sicht des Problems: Wie kann man den Wagen vom Joch trennen, und nicht: Wie kann man den Gordischen Knoten lösen (was vor ihm viele vergeblich versucht hatten). Und fünf Jahrhunderte später machte der griechische Stoiker Epiktet seine berühmte Aussage: »Nicht die Dinge an sich beunruhigen uns, sondern die Meinungen, die wir über die Dinge haben.«

Während die meisten, die in unserem Bereich arbeiten, zustimmen werden, daß die »Wirklichkeitsanpassung« einer Person das wichtigste Kriterium für ihre geistige Normalität

---

[*] Zuerst veröffentlicht in Jamin L. Claghorn (Hg.), *Successful Psychotherapy*, Brunner/Maazel, New York, 1976, S. 119–127.

oder ihre Geistesgestörtheit ist, sind sich nur wenige der Tatsache bewußt, daß wir, wenn wir über die Wirklichkeit sprechen, vermutlich zwei ganz verschiedene Arten von Wirklichkeit miteinander vermengen: eine, die die physischen Eigenschaften der Gegenstände unserer Wahrnehmung betrifft, und eine zweite, die darauf beruht, daß wir diesen Gegenständen *Bedeutung* und *Wert* zuschreiben (Watzlawick, 1976). Genau dies meinte Epiktet offensichtlich.

Obwohl es unzweifelhaft wahr ist, daß im Fall einer besonders schweren Funktionsstörung diese Störung in die erste Wirklichkeit der Person, seine Wirklichkeit erster Ordnung, in Form von Wahnvorstellungen, Halluzinationen usw. eindringen kann, stellen wir fest, daß die überwältigende Mehrheit der menschlichen Probleme nur die zweite Wirklichkeit, die Wirklichkeit zweiter Ordnung, betrifft. Innerhalb dieses Bereichs gibt es jedoch kein objektives Kriterium dafür, was wirklich wirklich ist – denn die Bedeutung und/oder der Wert, die einem Gegenstand, einer Situation oder insbesondere der Art einer menschlichen Beziehung zugeschrieben werden, hat nichts mit angeblich objektiven platonischen Wahrheiten zu tun, derer geistig gesunde Menschen sich bewußter sind als verrückte. Wenn ein Ehemann beispielsweise seine Sicht der ehelichen Beziehung definiert, indem er erklärt: »Ich weiß, daß du mich verachtest«, und seine Frau unter Tränen erwidert: »Wie soll ich dich nur davon überzeugen, daß ich dich liebe«, dann gibt es keine Möglichkeit, objektiv festzustellen, wer recht hat und wer unrecht und welcher Art ihre Beziehung wirklich ist. Ebenso ist ein Lächeln ein objektiv verifizierbares Ereignis innerhalb unserer Wirklichkeit erster Ordnung. Seine Wirklichkeit zweiter Ordnung, das heißt, die Frage, ob es Sympathie oder Geringschätzung ausdrückt, liegt jenseits aller objektiven Nachprüfbarkeit. Um zu unserem Ausgangspunkt zurückzukehren: Ob die Flasche als halb voll oder halb leer gesehen wird, hat nichts mit der Flasche als solcher zu tun, sondern mit dem jeweiligen Bezugssystem der Person.

Ich behaupte, daß jede wirkungsvolle Psychotherapie in einer erfolgreichen Veränderung dieses Bezugssystems oder, anders ausgedrückt, der Bedeutung und des Werts besteht, die eine Person einem besonderen Wirklichkeitsaspekt zuschreibt und die je nach Art dieser Zuschreibung der Grund für ihren Schmerz und ihr Leiden sind. Dies mag als eine sehr willkürliche Definition von Therapie erscheinen, und gewiß als eine, die oberflächlich und »unpsychologisch« klingt. Man sollte jedoch nicht vergessen, daß diese Definition selbst eine Umdeutung ist, die eine andere »Wirklichkeit« schafft und therapeutische Interventionen ermöglicht, die im Rahmen anderer Therapietheorien »unmöglich« sind. »Die Theorie bestimmt, was wir beobachten können«, sagte Einstein schon 1926 zu Heisenberg, und auf dem Gebiet der Psychotherapie könnten wir seine Behauptung wie folgt paraphrasieren: »Die Theorie bestimmt, was wir *tun* können.« Um ein Beispiel zu geben:

Einem jungen, intelligenten Studenten fällt es immer schwerer, sich auf sein Studium zu konzentrieren. Dies macht ihn sehr besorgt, weil er Gefahr läuft zu versagen, aber auch, weil ihn das Gebiet, das er gewählt hat, sehr interessiert und er glaubt, daß irgend etwas mit ihm nicht stimmen kann, da das Studieren ihm so gar keine Freude macht. Außerdem fühlt er sich schuldig, weil er eine finanzielle Last für seine Eltern ist, ohne als Dank für ihre Unterstützung irgendwelche Erfolge vorweisen zu können. Ein Therapeut, der mit diesem Problem konfrontiert wird, kann nun zwei ganz unterschiedliche Wege beschreiten. Er kann einerseits den Widerstand des jungen Mannes gegen das Studieren analysieren und versuchen, die Gründe hierfür in der Vergangenheit aufzudecken und dem Studenten dadurch seine Situation verständlich zu machen. Die andere Möglichkeit, sich dem Problem zu nähern, würde darin bestehen, sich mit seiner Grundprämisse zu befassen, nämlich, daß Studieren etwas

Erfreuliches sein und er seinen Eltern wirklich dankbar sein sollte. Dies kann dadurch erreicht werden, daß der Therapeut ihm vor Augen führt, daß Studieren selbst unter den besten Voraussetzungen eine unangenehme Pflicht ist und daß seine Vorstellung, er müsse es trotzdem irgendwie mögen, einfach unrealistisch ist. Das gleiche gilt für sein Gefühl, seinen Eltern verpflichtet zu sein: Dankbar sein ist eine Sache, gern dankbar sein zu müssen, eine ganz andere. Der Therapeut kann es ihm überlassen, seine unrealistische, unreife Einstellung zum Studium beizubehalten oder die Reife und den Mut zu zeigen, eine herzliche Abneigung dagegen zu haben. Er kann ihn sogar anweisen, jeden Tag eine kurze, begrenzte Zeit dafür zu reservieren, all die unangenehmen Aspekte des Studierens zu überdenken, den Wettbewerb mit anderen Studenten, die Angst vor Prüfungen, die Irrelevanz vieler Aspekte seines Studiums und die Beeinträchtigung der angenehmeren Seiten des Studentenlebens durch sie. All dies wird immer wieder als eine reife, realistische Einstellung dem Leben gegenüber beschrieben, das als eine Mischung von angenehmen und unangenehmen Dingen definiert wird. Gewöhnlich führt diese Art von Intervention dazu, daß sich die Leistung des Studenten verbessert, da seine Schwierigkeiten nicht in erster Linie daraus resultierten, daß er mit dem Studieren Probleme hatte, sondern daß seine Prämisse hinsichtlich des Studierens falsch war; diese Prämisse ist nun erfolgreich umgedeutet worden.

Ein anderes Beispiel aus dem gleichen Kontext wäre das eines Studenten, der behauptet, er könne nicht studieren, weil er sich zu sehr seinen außeruniversitären Aktivitäten widmet. Ihm ist klar, daß er seinen Büchern mehr Zeit widmen sollte, und er versucht, sich zu zwingen, jeden Tag ein Minimum an Leistung zu erbringen, doch so eifrig und so lange er auch zu studieren versucht, es gelingt ihm einfach nicht, seinen schweifenden Geist auf seine Bücher zu konzentrieren. In diesem Fall kann eine Verbesserung ziemlich rasch durch eine Verhaltensverschreibung erreicht werden, die auf der Übereinkunft gründet, daß er lediglich eine vernünftige, aber begrenzte Zeit seinem Studium widmet und daß er danach, ganz gleich, wie viel oder wie wenig er erreicht hat, frei sein würde zu tun, was immer ihm beliebt, *außer* zu studieren. Diese Intervention läuft auf eine Umdeutung seiner Wirklichkeit zweiter Ordnung hinaus: Freizeit ist nicht länger eine überaus verlockende Alternative zum Studieren, sie ist jetzt vielmehr fast zu einer Strafe geworden (dem Dilemma vieler Menschen vergleichbar, die an Werktagen gern im Bett bleiben würden, am Samstag- und Sonntagmorgen aber, wenn sie so lange schlafen könnten, wie sie wollen, hellwach sind). Spiegelbildlich dazu verhält sich die bekannte Szene, in der Tom Sawyer, der verurteilt wurde, einen langen, hohen Zaun weiß zu streichen, diese Strafe für seine Freunde in ein Privileg umdeutet, an dem sie gegen eine Gebühr teilhaben dürfen.

Für den Kliniker, der mit den krassen Erscheinungsformen der Psychopathologie konfrontiert wird, wirken diese Beispiele trivial. Wir erwähnen sie hier jedoch, weil sie in ihrer Einfachheit das Wesen dieser Art therapeutischer Intervention zeigen. Umdeuten bedeutet einer an anderer Stelle gegebenen Definition zufolge, »den begrifflichen und gefühlsmäßigen Rahmen, in dem eine Sachlage erlebt und beurteilt wird, durch einen andern zu ersetzen, der den ›Tatsachen‹ der Situation ebensogut oder sogar besser gerecht wird und dadurch ihre Gesamtbedeutung ändert« (Watzlawick, Weakland, Fisch, 1974).

Dies ist natürlich keine Psychologie mehr, sondern Ontologie, eine Disziplin, die der Logiker Quine einmal definierte als die Theorie des »Was da ist«. Doch was da ist, »wirklich ist«, wird von der Theorie bestimmt, und daher gibt es ebenso viele Wirklichkeiten (zweiter Ordnung), wie es Theorien gibt. Wir haben bereits gesehen, daß die Bedeutung und der Wert, die wir einem Gegenstand zuschreiben, für denjenigen, der diese Zuschreibung vornimmt, die Wirklichkeit zweiter Ordnung dieses Gegenstands schaffen, die dann für sein Leiden oder seine Freude verantwortlich ist. Die Umdeutung ist daher eng mit diesem unbeendbaren ontologischen Prozeß der Erzeugung von Wirklichkeiten zweiter Ordnung verbunden. Wenn sie erfolgreich ist, erzeugt sie für den Patienten tatsächlich eine neue Wirklichkeit (zweiter Ordnung), während die Wirklichkeit erster Ordnung seiner Welt, die »reinen Fakten«, unverändert (und gewöhnlich unveränderlich) bleibt.

Dieses Verfahren ruft Verwunderung hervor und provoziert ernsthafte theoretische Einwände, zuallererst: Wie kann eine so oberflächliche, manipulative Intervention, die das zugrundeliegende Problem unberührt läßt und sich um tiefere Einsicht nicht kümmert, eine dauerhafte Wirkung haben? Dieser Einwand beruht jedoch auf der unbezweifelten Annahme, daß es »natürlich« ein zugrundeliegendes Problem gibt, dessen Symptom (oder entsprechende pathologische Äußerungsform) lediglich seine Oberflächenerscheinung ist, und er übersieht, daß er selbst nur eine Bedeutungszuweisung (eine »Meinung« im Sinne Epiktets) ist und keineswegs eine korrekte Spiegelung einer objektiven Wirklichkeit. Die »Existenz« eines zugrundeliegenden Problems ist also nicht ein Aspekt der (objektiven) Natur des menschlichen *Geistes*, sondern eine notwendige Schlußfolgerung aus der Natur einer psychiatrischen *Theorie* (in diesem Fall aus der Psychodynamik), und die Theorie bestimmt, was getan werden kann und was nicht getan werden sollte. Es erübrigt sich zu sagen, daß die Umdeutung selbst ebenfalls nur eine solche Schlußfolgerung ist, die aus einer besonderen Theorie gezogen und von ihr möglich gemacht wurde, nämlich der Pragmatik der menschlichen Kommunikation (Watzlawick, Beavin, Jackson, 1967). Da wir jedoch mit einer Vielzahl häufig unvereinbarer und bisweilen widersprüchlicher Theorien konfrontiert sind, lautet die einzig sinnvolle Frage nicht, welche Theorie »richtiger« ist oder die Wirklichkeit besser widerspiegelt, sondern einfach nur, welche Theorie wirkungsvollere und raschere Resultate ermöglicht.

An diesem Punkt taucht der zweite und häufigste Einwand auf: Wie, wird gefragt, kann eine Person dazu gebracht werden, eine Interpretation von »Wirklichkeit« zu akzeptieren, die sich von ihrer eigenen so sehr unterscheidet? Auf diese Frage gibt es zwei Antworten. Die erste lautet, daß erfolgreiche Umdeutung in einer »Sprache« stattfinden muß, die kongenial ist und daher zu der Art und Weise, wie der Patient seine Welt konzeptualisiert, das heißt zu seiner Wirklichkeit zweiter Ordnung paßt. In diesem Zusammenhang muß die bahnbrechende Arbeit von Milton H. Erickson (Haley, 1973) erwähnt werden und sein Konzept: »Nimm, was der Patient dir bringt.« Das bedeutet für den Therapeuten, daß er lernen muß, mit seinem Patienten in dessen eigener »Sprache« zu kommunizieren, anstatt ihm – wie es in den konventionelleren Therapietechniken der Fall ist – zunächst die neue Art des Denkens und der Begriffsbildung beizubringen und erst, nachdem dieser Lernprozeß stattgefunden hat, zu versuchen, eine Änderung herbeizuführen. Die Fähigkeit, die Wirklichkeitssicht des Patienten zu übernehmen, ist besonders bei der Hypnose wichtig, sie ist aber auch in der allgemeinen Psychotherapie von Nutzen. Bei diesem Ansatz ist der Widerstand nicht nur kein Hindernis mehr, sondern er wird geradezu zum Königsweg therapeutischer Veränderung. Das führt zum zweiten Gesichtspunkt, nämlich der Verwendung der Paradoxien (therapeutische Doppelbindungen), mit dem Ziel, die Umdeutung für den Patienten akzeptabel oder sogar zwingend zu machen. Auch dies sei an einem Beispiel erläutert:

Ein Mann in den Dreißigern leidet in Zeiten vermehrter Aktivität der Sonnenflecke unter großer Anspannung. Er zieht sorgfältig alle verfügbaren Informationen über Sonnenflecke zu Rate und findet klare Beweise für ihre Wirkung nicht nur auf die weltweiten Funkverbindungen, sondern auch auf sein Nervensystem. Er kann diese Perioden mehr oder weniger vorhersagen aufgrund rasch zunehmender Nervosität, die es ihm schließlich unmöglich macht, zur Arbeit zu gehen, und ihn zwingt, im Bett zu bleiben. Freunde und Verwandte haben ihn auf die Absurdität dieser Vorstellung hingewiesen, und rein verstandesmäßig ist er geneigt, ihnen recht zu geben, andererseits kann er aber auch nicht ignorieren, wie er sich fühlt. Er erwähnt auch, daß er bereits ein paar fehlgeschlagene Therapieversuche hinter sich hat, nach denen er sich nur noch schlechter gefühlt hatte. Unter diesen Umständen kann ein Therapeut wiederum sehr unterschiedliche Wege beschreiten. Auf der einen Seite gibt es eine große Zahl möglicher Interventionen, deren gemeinsamer Nenner ist, daß sie alle auf die eine oder andere Weise voraussetzen, daß das Problem gelöst werden sollte und gelöst werden kann. Hierfür ist der Patient bestens vorbereitet; er hat gelernt, wie er sich dagegen wehren kann. Das bedeutet nicht, daß er sich »bewußt« oder »absichtlich« oder aus Böswilligkeit wehrt, sondern lediglich, daß die typische Art der Reaktion auf Hilfe darin besteht, daß man darauf hinweist, dies sei noch nicht die richtige Art von Hilfe, das Problem liege sehr viel tiefer und erfordere intensivere und bessere Hilfe. Dadurch wird ein Teufelskreis in Gang gesetzt und in Gang gehalten.

Die andere Herangehensweise besteht darin, sein Problem dahingehend umzudeuten, daß es überaus wünschenswerte Nebenwirkungen hat: Er habe doch sicherlich bemerkt, wieviel Sympathie und Bereitschaft, ihm in seiner Zwangslage zu helfen, in anderen Menschen geweckt werde, wie bereit sie dadurch würden, ihm entgegenzukommen und ihn zu entlasten, wie viele unangenehme Verpflichtungen und Verantwortungen er dadurch umgehen könne, usw. Die Haupttriebkraft der Umdeutung ist daher: Ihr Problem ist eine gute Sache, warum sollten Sie also etwas daran ändern wollen? Auf diese Definition der Wirklichkeit seiner Situation ist der Patient nicht vorbereitet. Er ist es gewohnt, daß ihm Hilfe angeboten wird (die er dann als untauglich oder unzureichend ablehnt) und ihm nicht gesagt wird, er solle weiterhin das tun, was er doch ändern möchte. Vor allem aber wird er die Umdeutung vermutlich deswegen ablehnen, weil sie eine abscheuliche, berechnende Absicht hinter der Fassade der Verzweiflung unterstellt, allerdings kann er auch nicht ganz von der Hand weisen, daß diese Erklärung letzten Endes ebensogut zu den Fakten paßt wie die Theorie der Sonnenflecke. Wenn der Therapeut ihn dann anweist, sich noch stärker so zu verhalten, wie er es bisher getan hat, das heißt diese Vorteile (die der Patient nicht als Vorteile gelten lassen kann) voll auszunutzen, entsteht eine paradoxe Situation, in der der Patient in jedem Fall verändert wird, ob er der Anweisung nun folgt oder nicht. Denn wenn er sein symptomatisches Verhalten beibehält, kann der Therapeut ihn dafür loben, daß er die Umdeutung angenommen hat, und ihn ermutigen, so weiterzumachen, was bedeutet, daß der Patient letztlich insofern die Kontrolle über sein Symptom hat, daß er es verstärken (und daher auch reduzieren) kann; wenn er aber die entgegengesetzte Haltung einnimmt und dem Therapeuten beweisen will, daß seine Umdeutung falsch sei, dann braucht er den Einfluß auf seine Umgebung nur ein wenig durch seine Hilflosigkeit zurückzunehmen, und auch dies führt zu einer Abschwächung seines symptomatischen Verhaltens.

Die Zurückweisung einer Umdeutung ist also nicht nur ein Hindernis für therapeutische Veränderung, sondern häufig eine wünschenswerte Vorbedingung dafür. Don D. Jackson, der Gründer und erste Direktor unseres Instituts, behandelte einmal ein Paar, dessen Hauptproblem heftige symmetrische Eskalationen waren, die nur von kurzen Perioden physischer und emotionaler Erschöpfung unterbrochen wurden. Er deutete die Situation für sie als das Ergebnis ihrer ungewöhnlich tiefen Beziehung um, denn nur zwei Menschen, die sich sehr lieben, könnten so heftig miteinander streiten wie sie. Die absichtliche Dummheit dieser Neudefinition ihres Problems veranlaßte die Eheleute, ihm zu beweisen, wie lächerlich seine Sichtweise sei. Dies konnten sie jedoch nur dadurch tun, daß sie weniger stritten, eben um ihm zu beweisen, daß sie sich nicht so liebten, wie er behauptete. Als sie jedoch weniger stritten, begannen sie sich sofort besser zu fühlen.

Eine Mutter, die sich selbst als überbesorgt beschreibt, übertreibt stark die Bedeutung der Probleme, die ihr einziger Sohn schon während der ersten Wochen seines Hochschulstudiums hat. Er war nie von zu Hause fort gewesen, und es fällt ihm schwer, sich an das Leben in einem Schlafsaal, an gewisse Aspekte der Disziplin, an den Lärm um ihn herum usw. zu gewöhnen, aber er ist durchaus willens, sich durchzukämpfen. Die Mutter glaubt dagegen, daß er sich nicht all diesen Unannehmlichkeiten aussetzen und nicht zögern sollte, nach Hause zurückzukommen, sobald die Situation für ihn unerträglich werde. Es ist nicht schwer zu erkennen, daß sie den Jungen tatsächlich dazu bringen wird, die Flinte ins Korn zu werfen und das Studium abzubrechen, sobald ihm ein etwas rauherer Wind um die Nase weht, und es ist ebenfalls offensichtlich, daß man sie allein dadurch, daß man sie auf ihr Verhalten aufmerksam macht, höchstwahrscheinlich nicht davon abbringen wird. Wenn man ihr jedoch in Anwesenheit des Sohnes vor Augen führt, daß das Verlassen des Elternhauses eine bedeutende Leistung im Leben eines jungen Mannes sei und daß diese Leistung um so größer sei, je schwieriger sie sei, und daß sie ihm die Rückkehr nach Hause daher so verlockend wie möglich machen sollte, dann ist die Situation für beide umgedeutet. Ihr Versuch, ihm das Leben einfach zu machen, ist nun umgedeutet als Versuch, es ihm schwer zu machen, und es ihm schwer machen ist nun definiert als wichtige Aufgabe der Mutter, die notwendig ist, damit der Sohn lebenstüchtig wird. Da sie dem mit Sicherheit nicht zustimmen wird, hat sie keine andere Alternative als ihm weniger zu »helfen«.

In diesem Band befassen wir uns mit wirksamer Psychotherapie. Der Begriff ist irreführend einfach, denn was im Rahmen der einen Theorie als wirksame Veränderung angesehen wird, kann in einer anderen als oberflächliche Manipulation (oder noch Schlimmeres) definiert werden. Nicht nur die Durchführung, sondern auch das Ziel einer Therapie wird bestimmt von des Therapeuten eigener Wirklichkeit zweiter Ordnung. Alan Watts sagte einmal, daß das Leben ein Spiel sei, dessen Regel Nummer eins laute: Dies ist kein Spiel; dies ist tödlicher Ernst. Und Wittgenstein bemerkte vor vielen Jahren im Zusammenhang mit Spielregeln, daß, wenn jemand unsere Aufmerksamkeit auf einen besonderen Aspekt eines Spiels lenke, dieses aufhöre, jenes Spiel zu sein. »[...] er hat uns statt unseres ein andres Spiel gelehrt [...]. – Aber wie konnte durch das neue das alte obsolet werden? – Wir sehen nun etwas anderes und können nicht mehr naiv weiterspielen« (Wittgenstein, 1956). Umdeuten ist eine Therapietechnik, die die Tatsache verwendet, daß alle »Regeln«, alle Wirklichkeiten zweiter Ordnung relativ sind, daß das Leben so ist, wie du sagst, daß es ist. Für viele Menschen ist dies eine bittere Pille. Sie ziehen es im Sinne Laings vor, das Spiel zu spielen, nicht zu erkennen, daß sie ein Spiel spielen (Laing, 1970), und sie halten ihre Blindheit für ehrlich. Für sie wurden diese Bemerkungen nicht gemacht, und sie werden nachdrücklich gebeten, sie so schnell wie möglich wieder zu vergessen.

8. Kapitel

JOHN H. WEAKLAND

»Systemische Therapie« mit einzelnen Individuen*

Der Titel meines Artikels »Systemische Theapie mit einzelnen Individuen« mag für manche dunkel und widersprüchlich klingen, während er vielen anderen scheinbar klare, aber in sich uneinheitliche Bedeutungen suggeriert. Ich werde daher versuchen, das, worüber ich hier sprechen möchte, und, nicht weniger wichtig, die grundlegenden Prämissen, auf die sich diese Ausführungen stützen, so klar und deutlich wie möglich zu definieren.

In erster Linie möchte ich über die Behandlung von Fällen sprechen, in denen ganz offensichtlich Familienprobleme zum Ausdruck kommen – Eheprobleme etwa und Schwierigkeiten zwischen Eltern und Kindern, um nur zwei triviale und häufige Beispiele zu nennen –, eine Behandlung, die eher ein getrenntes Treffen mit einem oder mehren Mitgliedern der Familie während einer Phase der Behandlung oder über die gesamte Behandlungsdauer verlangt als eine Zusammenkunft mit der gesamten Familie, was bisweilen als unerschütterliches Prinzip der Behandlung gilt – oder als eine nicht weiter hinterfragte Routine.

---

* Dieser Beitrag ist die vom Autor und Giorgio Nardone überarbeitete und auf den neuesten Stand gebrachte Fassung des Artikels, der im *Journal of Strategic and Systemic Therapies* 2, 4, 1983, S. 1-9, veröffentlicht wurde.

Zweitens möchte ich über die Behandlung von Problemen sprechen, die ganz offensichtlich das Individuum betreffen, wie Einsamkeitsgefühle oder Isolation, Beklemmung, Angst und Leistungsdruck, Schlaflosigkeit usw., und dies auf der Grundlage einer interaktionellen Auffassung der Probleme, die ich, wie ich kurz erklären werde, für das grundlegende Merkmal der systemischen Therapie halte. Dieses zweite Thema ist sozusagen die Ergänzung oder das Gegenstück des ersten.

Der interaktionelle Ansatz beruht auf zwei scheinbar disparaten Grundprämissen für die Behandlung von Situationen, auf die ich kurz eingehen will. Vorher möchte ich jedoch betonen, daß ich keine Wahrheit bezüglich der Probleme und ihrer Behandlung verkünden will, sondern lediglich einige Gesichtspunkte darstellen werde, die meine Kollegen und ich aufgrund unserer Erfahrung für nützlich halten, wenn es darum geht, für die Art der Probleme und ihre Lösung Konzepte zu entwickeln (Weakland, Fisch, Watzlawick, Bodin, 1974; Watzlawick, Weakland, Fisch, 1974; Herr, Weakland, 1979; Fisch, Weakland, Segal, 1982). Diese Prämissen können im wesentlichen als Bestandteile einer Karte angesehen werden, die konstruiert wurde, um die Therapeuten während der Therapie zu leiten; infolgedessen müssen sie danach beurteilt werden, inwieweit sie dem Therapeuten und seinen Patienten dabei helfen können, das Ziel der Problemlösung zu erreichen.

Die erste Prämisse unterscheidet aus meiner Sicht die systemische Therapie von den meisten anderen psychotherapeutischen Ansätzen (und gewiß von einem großen Teil der biochemischen Behandlung). Die erste Prämisse lautet, daß man die Probleme so akzeptiert, wie sie präsentiert werden – das heißt als aus Verhaltensweisen (die vom Patienten bei der Präsentation der Störung beschrieben werden) bestehend, die so gestört und störend sind, daß sie, obwohl scheinbar unbehandelbar, die Person veranlassen, professionelle Hilfe zu suchen, damit sie sie ändern kann –, anstatt diese Verhaltensweisen einfach als die Manifestation einer tieferliegenden Störung der Person oder der Familie anzusehen. Da nun die tägliche Interaktion zwischen dem »Indexpatienten« und den anderen beteiligten Subjekten der Hauptfaktor für die Herausbildung und das Fortbestehen des Problems ist, ist sie es auch für seine Veränderung und seine Lösung. Von entscheidender Bedeutung sind nicht die Grundlagen oder die Gründe, die uns zu dieser Auffassung geführt haben, da sie, wie bereits gesagt, zunächst auf dem pragmatischen Kriterium der Nützlichkeit beruht; dennoch scheint es mir sinnvoll, einige Überlegungen anzustellen, die die Tragfähigkeit und die Bedeutung dieser Sichtweise klarmachen. Zunächst einmal ist alles, womit wir arbeiten können, die Gegenwart. Obwohl die Bedeutung der vergangenen Erfahrung und der Lebensgeschichte in den meisten psychotherapeutischen Ansätzen betont worden ist, ist die Vergangenheit in erster Linie eine Gegebenheit. Sie ist nicht veränderbar, sie kann höchstens neu interpretiert werden, was eine Handlung in der Gegenwart ist. Ebenso ist auch die genetisch-physiologische Konfiguration eine Gegebenheit, deren Einfluß höchstens durch den kontrollierten Einsatz von Pharmaka modifiziert werden kann – ein allgemein übliches Verfahren, das in manchen Fällen eine Veränderung darstellt, die dem passiven Patienten von außen aufgezwungen wird. In deutlichem Kontrast hierzu nimmt die interaktionelle Auffassung an, daß die gegenwärtigen Situationen, wie schwierig und streßgeladen sie auch sein mögen, von den gegenwärtigen Verhaltensweisen zwischen den individuellen Mitgliedern jedes Systems ununterbrochen aufrechterhalten werden. Aus dieser Sicht ist das Fortbestehen eines Problems und nicht sein Ursprung der entscheidende Punkt für die Therapie. Es trägt daher stets das Potential für eine Veränderung in der Gegenwart – und dadurch für die Zukunft – in sich, die darin besteht, das Verhalten der unmittelbar in das Problem involvierten Parteien zu verändern, was natürlich auch die Veränderung ihrer Interpretation der vergangenen und gegenwärtigen Ereignisse einschließt. Die interaktionelle Sichtweise konzentriert sich daher auf die Elemente, die potentiell eine Veränderung herbeiführen können, anstatt dieser eine Grenze zu setzen, und betrachtet diejenigen, die in die Probleme involviert sind, als verantwortliche Akteure und nicht als passive Opfer der Umstände – eine wesentlich optimistischere und humanistischere Auffassung der Probleme.

Die zweite Prämisse ist entschieden ein Korollar der ersten. Ganz einfach ausgedrückt: Wenn die Interaktion zwischen den Mitgliedern eines sozialen Systems als entscheidend für die Herausbildung eines gegenwärtigen Verhaltens angesehen wird, so folgt daraus, daß die Veränderung des Verhaltens eines beliebigen Mitglieds dieses Systems – und hier denken wir insbesondere an die Familie als dem verbreitetsten, betroffensten und dauerhaftesten Typ von System – zu einer korrelativen Veränderung der anderen Mitglieder dieses Systems führt. Infolgedessen müßte es in Kenntnis der Interaktion der Systeme möglich sein, indirekt das Verhalten eines beliebigen Mitglieds eines gegebenen Systems zu verändern, indem man in geeigneter Weise das Verhalten eines anderen Mitglieds verändert.

Auch der interaktionelle und systemische Standpunkt impliziert, daß das Verhalten eines beliebigen Mitglieds des Systems beeinflußt werden kann, indem man das Verhalten eines anderen verändert, auch wenn es sich eingebürgert hat, im Fall eines der folgenden Umstände ein Treffen mit allen Mitgliedern gemeinsam zu favorisieren. Wenn jedes Mitglied gleich wichtig für die Existenz und das Fortbestehen des Problems ist, ist es in gleicher Weise involviert, und in diesem Fall kann ein vorher festgelegter Behandlungsplan mit gemeinsamen Zusammenkünften sinnvoll sein – zumindest gäbe es keinen erkennbaren Grund, anders zu verfahren. Aber auch wenn unter den Familientherapeuten allgemein – wenn auch weitgehend implizit – die Überzeugung herrscht, daß dies immer so sei, gibt es doch gute Gründe, skeptisch zu sein. Der Glaube an die Existenz der Interaktion zwischen allen Mitgliedern eines Familiensystems (oder eines anderen Systems) und die Bedeutung des Verhaltens in ihr impliziert nicht notwendigerweise, daß jede einzelne Interaktion innerhalb dieses Systems von gleicher Wichtigkeit für die Determination jedes spezifischen Verhaltens eines jeden Mitglieds ist – einschließlich jeden Verhaltens, das als Problem eingestuft wird. Wenn dem so wäre, wäre ein Therapeut, der sich dem besonderen Problem der Familie widmet, von Anfang an überfordert, da er jedes beobachtete und berichtete Verhalten als gleichgewichtig ansehen müßte (was für eine Arbeit!) und infolgedessen mit dem Problem konfrontiert wäre, sie alle zu verändern. Dagegen ist es im Einklang mit den allgemeinen Beobachtungen und Erkenntnissen sehr viel sinnvoller anzunehmen, daß einige Interaktionen (und gleichermaßen einige Beziehungen, da eine Beziehung vor allem die Summe oder ein Modell spezieller Interaktionen ist) in bezug auf bestimmte Verhaltensweisen bestimmter Personen überaus bedeutsam sein können, für andere Verhaltensweisen oder Personen aber kaum relevant sind. Genauer gesagt, einige Verhaltensweisen oder auch alle Verhaltensweisen einiger Mitglieder einer Familie können von ganz marginaler Bedeutung für ein spezifisches problematisches Verhalten eines Mitglieds sein. Tatsächlich wird dies gewöhnlich, wenn auch nur implizit, eingeräumt, wenn beispielsweise eine bestimmte Schule systemischer Therapie einem bestimmten aus dem Funktionieren der Familie selektierten Aspekt, wie der »Struktur« oder der »Kommunikation«, eine wesentliche Bedeutung zuschreibt, und auch in der allgemeinen Praxis der Behandlung von Eheproblemen kommt dies darin zum Ausdruck, daß die Kinder nicht in die Therapiesitzung mit einbezogen werden.

Daraus folgt, daß, auch wenn ein problematisches Verhalten grundsätzlich als Antwort auf ein anderes Verhalten im Kontext der Familie angesehen wird – eine Auffassung, die wir nicht nur teilen, sondern ausdrücklich vertreten –, dies nicht notwendig impliziert, daß die gesamte Familie in die

Therapie einbezogen und der gesamte Kontext der Interaktion der Familie erforscht und beeinflußt werden muß. Es bleiben vielmehr offene Fragen: Welches Verhalten ist für das Fortbestehen des Problems am bedeutsamsten? Wen muß man sehen und beeinflussen, um dieses Fortbestehen zu verändern und damit das Problem zu lösen?

Auch wenn man dies einräumt, könnte es immer noch vernünftige Gründe geben, alle Mitglieder der Familie zu versammeln. Kurz, wenn wir desinformiert oder unsicher sind, welches spezifische Verhalten der Familie in bezug auf das betreffende Problem bedeutsam ist, kann es sinnvoll sein, die ganze Familie zu versammeln. Der Therapeut kann die Mitglieder beobachten und befragen, in der Hoffnung, einen Hinweis zu bekommen, welche Aspekte der wechselseitigen Interaktion für die Existenz des Problems relevant sein können, welcher Punkt also weiterer vertiefter Nachforschungen bedarf und, wenn möglich, verändert werden muß.

Ich bin der Ansicht, daß diese Unwissenheit und Unsicherheit vermutlich nicht unwesentlich dafür verantwortlich gewesen sind, daß die systemtheoretische Familientherapie am Anfang so großen Wert darauf gelegt hat, prinzipiell die ganze Familie einzubeziehen – ein Prinzip, das auch ich einst bevorzugt habe (Jackson, Weakland, 1961). Es war ganz natürlich und wahrscheinlich unvermeidlich, diesen Weg zu beschreiten zu einer Zeit, als unser Wissen und unsere Position wie folgt zusammengefaßt werden konnte: »Wir sind überzeugt, daß irgend etwas im Kontext der Familie stets von Bedeutung ist für die Existenz eines Problems, aber wir sind nicht sicher, was es tatsächlich ist, also erlaubt uns, die Familie zu beobachten und zu sehen, ob wir herausfinden können, was im vorliegenden Fall von Bedeutung ist.«

Dennoch bin ich der Meinung, daß wir seit jenen gewiß sehr wichtigen, aber unsicheren Anfängen einen weiten Weg zurückgelegt haben. Seit einigen Jahren haben meine Kollegen und ich die Behandlung eben gerade unter dem Gesichtspunkt der Frage strukturiert, welcher Aspekt der Interaktion der Familie am relevantesten für die Existenz und das Fortbestehen der Probleme ist. Kurz, wir sind der Auffassung, daß die Probleme fortbestehen, weil die Versuche des Patienten und anderer involvierter Personen, sich des Problems anzunehmen – ihre versuchten Lösungen –, unfreiwillig dazu beitragen, das problematische Verhalten aufrechtzuerhalten oder noch zu verstärken. Aus dieser Sicht hängt die Lösung des Problems davon ab, daß man sich von den versuchten Lösungen verabschiedet, und die erste Aufgabe des Therapeuten ist es, diese besondere Veränderung zu fördern. Denn es ist schwierig, wenn nicht unmöglich, einfach jedes Verhalten abzubrechen, was im allgemeinen bedeutet, daß der Therapeut die Substitution des ursprünglichen ineffizienten Verhaltens, durch das das Problem »gelöst« werden soll, durch ein anderes, mit dem vorhergehenden unvereinbares Verhalten fördert. Da die ursprüngliche »Lösung« denjenigen, die sie versuchen, stets vernünftig und angemessen erscheint – häufig handelt es sich um den Versuch, sich dem Problem durch Gewohnheit oder mit dem gesunden Menschenverstand anzunähern –, verlangt die Herbeiführung einer solchen Veränderung darüber hinaus gewöhnlich sowohl eine aktive Intervention als auch eine strategische Planung, damit der Einfluß des Therapeuten maximiert werden kann. Im folgenden werde ich erörtern, wie diese Auffassung der Probleme und der Behandlung dazu führt, die Mitglieder der Familie getrennt zu sehen, und wie dies die Auseinandersetzung mit scheinbar »individuellen« Problemen beeinflußt.

Im Rahmen der eben vorgestellten Auffassung wird das Problem, wo und wie man zu intervenieren hat (das gilt für alle Entscheidungen im Verlauf einer Therapie), zu einer Frage von strategischer Bedeutung: Wen sollte man sehen und beeinflussen, um die versuchte Lösung so wirksam und wirkungsvoll wie möglich zu verbieten? Welche Kriterien sind bei dieser Wahl hilfreich? Wie kann die gewählte Person, können die gewählten Personen am besten dazu gebracht werden, diese Veränderung auch zu realisieren?

Zunächst muß der Therapeut sich auf die Person konzentrieren, die am stärksten in das Problem involviert und daher am stärksten motiviert ist, Schritte in Richtung auf einen Wandel zu unternehmen. Diese Person, die als Hauptratsuchende definiert werden kann, muß nicht unbedingt der identifizierte Patient sein. Daneben kann es auch sinnvoll sein, denjenigen zu identifizieren, der am ehesten imstande ist, eine Veränderung einzuleiten. Die Auffassung der Familie als System von Beziehungen, die alle Mitglieder involvieren, impliziert nicht notwendig, daß alle Mitglieder gleichermaßen in ein spezifisches Problem oder eine spezifische Situation involviert sind. Und es impliziert auch nicht, daß sie gleichermaßen in der Lage sind, die Dinge so zu lassen, wie sie sind, oder sie zu ändern.

Diese Überlegungen können dazu führen, Aufmerksamkeit und Bemühen auf ein bestimmtes Individuum unter denen zu richten, die in eine problematische Situation involviert sind, da diese nicht immer von Bedeutung sind. Manchmal mögen die verschiedenen Mitglieder alle versammelt werden, und jeder mag beeinflußt werden, sich zu ändern, zumindest bis der Therapeut durch Versuche entdeckt, daß eine bestimmte Person mehr als die anderen für die Veränderung empfänglich ist. In vielen typischen Situationen kann man jedoch schon gleich zu Beginn erkennen, daß eine bestimmte in das Problem involvierte Person wahrscheinlich nicht für die auf die Veränderung ausgerichtete Intervention empfänglich ist, während eine andere es vermutlich eher sein wird.

Manche Patienten kommen nicht auf eigene Initiative und aus freien Stücken in die Therapie, sondern auf Druck von anderen. In all diesen Fällen sind die Aussichten des Therapeuten, eine sinnvolle Veränderung zu erreichen, viel größer, wenn er es einrichten kann, daß er in erster Linie mit dem Ratsuchenden arbeitet, der um eine Therapie ersucht, statt mit dem »Indexpatienten«, der passiv ist und Widerstand leistet. In solche Situationen gerät man gewöhnlich, wenn der Indexpatient ein Kind ist. Sehr häufig nimmt das Kind die

Existenz eines Problems nicht wahr, mit Ausnahme vielleicht der Tatsache, daß seine Eltern es auf ungerechte Weise unterdrücken. Die Eltern sind die Ratsuchenden und daher bereit, Veränderungen zu realisieren, wenn sie in die Therapie einbezogen werden. Darüber hinaus sind sie besser imstande, Veränderungen in der Familie durchzuführen – obwohl sie es am Anfang häufig nicht verstehen können. In solchen Fällen arbeiten wir hauptsächlich mit einem Elternteil oder mit beiden Eltern. Die Grundsituation ist die gleiche wie in anderen Fällen, in denen auf die Patienten Zwang ausgeübt wird, etwa wenn ein Ehepartner vom anderen zur Therapie gedrängt wird, oder wenn Individuen von Vertretern der Gesellschaft (Lehrern, Arbeitgebern, Aufsichtspersonen, Richtern) zur Therapie gezwungen werden, obwohl es in dieser Kategorie schwierig sein kann, einen wirksamen Kontakt mit demjenigen herzustellen, der eigentlich um die Therapie ersucht hat.

Eine andere Kategorie, die sich bisweilen mit der vorherigen überschneidet, umfaßt die Fälle, in denen eine Person (häufig, aber nicht immer der Indexpatient) als grundlegend blockiert erscheint, zwar bereit, jede beliebige vom Therapeuten vorgeschlagene nützliche Handlung auszuführen, aber nicht dazu in der Lage. In diesen Fällen ist es – obwohl notfalls Mittel eingesetzt werden können, die die in ihrem Unvermögen blockierte Person zum Reagieren bewegen – häufig sinnvoller, mit der Gegenpartei zu arbeiten, die zur Mitarbeit bereit und im allgemeinen in der Situation anwesend ist. So kann ein Ehepartner beispielsweise besorgt sein über die scheinbare Unzulänglichkeit des anderen Partners und dieses Verhalten dennoch unterstützen, indem er zuviel Verantwortung übernimmt. Wenn der interessierte und übertrieben verantwortungsvolle Teil des Paars dazu gebracht werden kann, seine Haltung als kompetenter Retter aufzugeben – indem man ihn beispielsweise zu scheinbar verantwortungslosen Behauptungen oder Handlungen verpflichtet –, dann liefert das wahrscheinlich die einfachste und wirksamste Lösung des Problems.

Wenn die in ein Problem involvierten Personen in offenem Konflikt zueinander stehen, arbeitet man anfangs mit einem Individuum oder getrennt mit mehreren Individuen. Auch wenn dies typischerweise bei Problemen zwischen Eltern und Kindern der Fall ist, ist das beste Beispiel für diese Situation der Ehekonflikt. Eine gemeinsame Sitzung ist häufig mehr als ausreichend, um dem Therapeuten den typischen Konflikt vor Augen zu führen. Weitere gemeinsame Sitzungen würden den Therapeuten vermutlich nur in die Rolle des Richters im Konflikt drängen. Auch wenn beide Parteien aufrichtig den Wandel wünschen mögen, kann jeder wünschen, daß der andere sich ändert oder sich zumindest als erster ändert, und jeder bedrängt den Therapeuten, daß er für ihn Partei ergreift. In dieser Situation ist es einfacher und produktiver, nur einen Partner oder beide getrennt zu sehen, denn so kann der Therapeut sofort eine Haltung des Mitleids annehmen, indem er zustimmt, daß der Ehepartner der Person, die er vor sich hat, wirklich jemand ist, mit dem man nur schwer zusammenleben kann – und zwar beiden Parteien gegenüber. Ein solch komplizenhaftes Verhalten lockert die abwehrende Haltung und schafft die Voraussetzungen dafür, daß die Anweisungen für Veränderungen im Verhalten dem Ehepartner gegenüber – die als notwendig definiert werden, gerade weil eine so schwierige Person eine solche Spezialbehandlung verlangt – angenommen werden.

Darüber hinaus können die getrennten Gespräche mit den Klienten den Therapeuten an sich schon auf für die Therapie nützliche Aspekte aufmerksam machen, etwa darauf, daß nicht alle Mitglieder einer Familie den gleichen Status haben oder daß die mangelnde Kooperationsbereitschaft eines Mitglieds die anderen nicht lähmt.

Schließlich gibt es Fälle, in denen das Subjekt nicht direkt erreichbar ist: Ein Indexpatient etwa, der sich weigert, den Therapeuten aufzusuchen, oder ein wichtiger Verwandter, der weit entfernt lebt. In solchen Fällen ist es nicht notwendig, aufzugeben oder vergebliche Versuche zu unternehmen, die fehlende Person in die Therapie zu holen; statt dessen kann man wirkungsvoll mit jeder beliebigen Person arbeiten, die Interesse zeigt und verfügbar ist.

Diese allgemeinen Überlegungen und Beispiele für typische Situationen liefern ein paar hilfreiche Kriterien für die Entscheidung, wann man die Klienten eher einzeln als gemeinsam sehen sollte. Doch wenn man beschlossen hat, jemanden allein zu sehen, was macht man dann? Mit anderen Worten, auf welche Weise muß der Therapeut innerhalb der Struktur unseres Konzepts intervenieren, um zu erreichen, daß der Klient seine versuchten Lösungen durch ein ganz anderes Verhalten ersetzt? Oder sogar, wenn möglich, durch ein entgegengesetztes Verhalten? Aus Platzgründen können wir dies hier natürlich nicht angemessen illustrieren. Unsere Theorie ist einfach, ihre Anwendung jedoch nicht: Die tatsächliche Praxis beruht auf der Berücksichtigung der Details, die in jedem Fall anders aussehen. Wir können hier nur ein paar Grundprinzipien einer solchen Intervention darlegen und kurz ein oder zwei Beispiele skizzieren.

Erstens, um wirksam und rasch intervenieren zu können, muß der Therapeut auf die Sprache und die Haltung des Patienten achten: Wie sieht der Patient das Problem und die Therapie? Wie sehen die Überzeugungen und Wertvorstellungen des Patienten aus? Da wir in kurzen Zeiträumen arbeiten, bleibt nicht die Zeit, einem Patienten die Sprache und das System der Überzeugungen des Therapeuten beizubringen; wir sind auch nicht der Meinung, daß dies notwendig ist. Es ist vielmehr unser Ziel, die Standpunkte und die Wertvorstellungen zu verwenden, die der Patient in die Therapie mitbringt, um eine Veränderung herbeizuführen, die gering scheinen mag, die jedoch von Bedeutung ist für die Art und Weise, wie der Patient sich mit dem Problem auseinandersetzt. Ziel ist es, den Circulus vitiosus der Wechselwirkung zwischen »Problem« und »Lösung« zu durchbrechen. Hierfür sind in der Regel vier Phasen notwendig:

1. das Wesentliche des Standpunkts und der Haltung des Patienten erfassen;
2. in der Regel ausdrücklich die Berechtigung dieser Sichtweise anerkennen und akzeptieren;
3. diese Sichtweise »umdeuten«, in der Regel, indem man darauf hinweist, daß die Situation Elemente enthält, die vorher nicht berücksichtigt worden sind, wodurch der Sichtweise des Patienten eine neue Richtung oder Implikation gegeben wird:
4. diese neue Richtung dazu verwenden, dem Patienten neue und andere Handlungsweisen in der Auseinandersetzung mit dem Problem vorzuschlagen und diese zu fördern.

Ein Elternteil ist beispielsweise besorgt über das Verhalten eines Sohnes – sagen wir, er versagt bei der angemessenen Erledigung seiner Hausaufgaben – und schreibt dieses Versagen einem tieferliegenden psychologischen Problem zu, mangelndem Vertrauen des Jungen. Aufgrund dieser Überzeugung ermutigt der Elternteil einerseits den Jungen verbal (»Du schaffst das«), andererseits ist er stets bereit, dem Sohn zu helfen, wenn er sich beklagt, daß er mit den Hausaufgaben nicht zurechtkommt, auch wenn der Sohn diese Hilfe nicht annimmt. Es ist unwahrscheinlich, daß man einem solchen Elternteil direkt sagen kann, daß er mit seiner Nachsicht und übertriebenen Hilfsbereitschaft nur die Faulheit des Sohnes unterstützt. Sehr viel sinnvoller könnte es sein, daß der Therapeut der »Diagnose« des Elternteils zustimmt, ihm dann aber zeigt, daß er unbewußt das mangelnde Vertrauen des Sohnes noch verstärkt, wenn er seine Kompetenz – die den Sohn einschüchtert – zu sehr betont, sei es mit Worten (»So schwer ist es doch gar nicht«), sei es mit Taten (indem er ihm bei den Aufgaben hilft). Um dem Sohn wirklich zu helfen (und dies ist für den Elternteil die wichtigste Motivation), sollte er zugeben, daß die Aufgabe tatsächlich schwer ist, und, während er weiterhin seine Bereitschaft bekundet, ihm zu helfen, bei dieser Hilfe so banale Fehler machen, daß der

Sohn sie bemerken und auf diese Weise den Elternteil sogar korrigieren kann. In bezug auf das Verhalten besteht das Ziel darin zu erreichen, daß der Elternteil aufhört, dem Sohn zu sehr zu helfen und sich zu sehr für ihn verantwortlich zu fühlen. In der Regel funktioniert diese Umdeutung sehr gut.

In einem anderen Fall beklagt sich eine Frau, daß ihr Mann sich nicht genug um sie kümmere, was darin zum Ausdruck komme, daß er ihr nicht die Dinge schenke und die Aufmerksamkeit zuteil werden lasse, die sie sich wünsche. Mit Hilfe einer behutsamen Befragung der Frau und gegebenenfalls einer getrennten Sitzung mit dem Ehemann findet der Therapeut heraus, daß die Frau ihrem Mann nicht oder nur sehr vage und unbestimmt sagt, was sie will, und daß der Mann ihre Wünsche gern erfüllen würde, wenn er sie nur kennen würde. In dieser Situation vermeidet der Therapeut es, ihr dies direkt mitzuteilen. Sie fühlt sich in der Beziehung zu ihrem Mann bereits minderwertig, und ein solcher Versuch würde vermutlich als ein weiterer Schlag empfunden und würde eher Widerstand als Kooperation bewirken. Statt dessen kann der Therapeut zustimmen, daß ihr Mann sie tatsächlich nicht so behandele, wie er sollte, dann aber eine Umdeutung vornehmen, indem er eine andere Erklärung seines Verhaltens anbietet, einen Grund, der sie ihm gegenüber in eine Position der Überlegenheit bringt: Es sei keineswegs so, daß er desinteressiert sei oder sich nicht Mühe gebe, ihr eine Freude zu machen. Er leide vielmehr an einem besonderen Defizit, es mangele ihm an der notwendigen Sensibilität in Gefühlsdingen. Er sei daher in diesem einen Bereich leicht zurückgeblieben, und wenn sie sich etwas wünsche, müsse sie es ihm deutlich und offen sagen. Diese Umdeutung weckt bei der Frau die Bereitschaft, ihr Verhalten in diese Richtung zu ändern, und das Problem wird verschwinden.

Unserer Ansicht nach ist jede Beschränkung auf diesen Ansatz in der Arbeit mit Familien oder Paaren, durchgeführt mit einer Person (oder mehreren, dann aber getrennt), weniger eine Frage des Prinzips als der Technik. Das heißt, dieser

Ansatz muß nicht immer gewählt werden, aber es gibt viele Situationen, in denen er wünschenswert oder notwendig ist, und wir sehen keine allgemeinen Kontraindikationen für seinen Einsatz bei jeder Art von Problem.

Ein paar warnende Worte sind dennoch angebracht. Diese Arbeitsweise scheint im Prinzip zwar einfach, in der Praxis ist sie jedoch komplex. Wie bei jeder Therapie ist jeder Fall einzigartig in seinen je spezifischen Details, die aufmerksam zur Kenntnis genommen werden müssen. Das bedeutet vor allem, daß am Anfang jeder Intervention stets ein sorgfältiges und zuverlässiges Sammeln von Informationen über den jeweiligen Fall stehen muß. Dies ist für jede Art von Therapie von wesentlicher Bedeutung, ganz besonders wichtig wird es aber, wenn man in kurzen Zeiträumen arbeitet, denn die Gefahr besteht, daß man nicht richtig oder unzureichend informiert wird, wenn nicht alle in ein Problem involvierten Personen gemeinsam gesehen werden (können). Dies ist eine reale, keine eingebildete Gefahr, unsere Erfahrung zeigt aber, daß man den Mangel an direkter Beobachtung durch die Erfahrung aus ähnlichen Fällen, in denen die Personen gemeinsam gesehen werden konnten, ausgleichen kann. Es ist daher hilfreich, mehr als eine Person getrennt zu sehen und die verschiedenen Protokolle miteinander zu vergleichen und vor allem die Untersuchung auf das zu konzentrieren, was insbesondere die Personen in Hinblick auf das Problem sagen und tun, anstatt Entscheidungen aufgrund ungenauer Daten zu treffen. Dennoch ist es nicht gefahrlos, wenn der Therapeut, anstatt aufmerksam Informationen zu sammeln, freien Gebrauch von seiner Fähigkeit zur Schlußfolgerung und seiner »Wahrnehmungssensibilität« macht.

Was sollen wir jetzt über die »individuellen Probleme« sagen? Es ist nicht meine Absicht, das Problem, ob »sich in der Theorie oder in der Praxis die systemische und die psychodynamische Auffassung des Individuums miteinander verbinden lassen«, wieder zu beleben. Ich will lediglich zeigen, wie meine Kollegen und ich die verschiedenen Probleme angehen, die gewöhnlich als individuelle Probleme angesehen werden können – zumindest nach ihrer Darstellung oder von Therapeuten, die prinzipiell nicht der Ansicht sind, daß jedes Problem notwendigerweise ein Problem der Familie ist.

Um die Frage kurz zu definieren: Wir sehen und behandeln grundsätzlich auch diese Fälle alle wie oben beschrieben. Auch wenn wir in diesen Fällen dazu neigen, nur ein Individuum zu sehen (obwohl es, wie wir gleich sehen werden, Ausnahmen zu dieser Regel gibt), ist unsere Grundauffassung auch hier immer noch eine interaktionelle, und unsere Aufmerksamkeit richtet sich auch hier vornehmlich auf die Beziehung zwischen dem problematischen Verhalten und der versuchten Lösung.

Es gibt eine Art transaktionaler Klasse von Fällen, bei denen die mögliche Anwendung dieses Ansatzes relativ einsichtig ist. Diese Klasse besteht aus jenen Fällen, in denen ein Patient in seinem individuellen Problem eine anhaltende Schwierigkeit sieht, bei denen aber – für jeden, der glaubt, die Interaktion sei von Bedeutung für die Ausprägung eines Verhaltens – die Information über den Fall sofort nahelegt, daß auch das Verhalten eines anderen für die Aufrechterhaltung des Problems vermutlich relevant ist. Es ist wahrscheinlich, daß dieser Gedanke beispielsweise in Verbindung mit den meisten sexuellen Problemen auftaucht; die Interaktion ist ganz offensichtlich Teil des sexuellen Verhaltens. Ganz ähnlich verhält es sich bei den zahlreichen Problemen, bei denen ein »Retter« in die Versuche, sich mit den Problemen des Patienten auseinanderzusetzen, involviert ist, wie es beispielsweise häufig bei Alkoholproblemen der Fall ist. Weniger offensichtlich mag die Rolle der Interaktion in Fällen von Angst oder Phobie sein, doch auch hier wird eine kurze Befragung häufig die Existenz und Bedeutung einer Person enthüllen, die zur Aufrechterhaltung des Problems beiträgt (Nardone, 1993), indem sie den Patienten ermutigt (»Du schaffst es, wenn du es versuchst«) oder indem sie an Stelle des Patienten die Dinge tut, die dieser selber tun muß, oder auch, was häufig der Fall ist, durch beides.

Je genauer man sich diese Klasse von Fällen ansieht, um so stärker ähneln sie tatsächlich den anderen Fällen, die mit systemtheoretischer Therapie behandelt werden, abgesehen von der Tatsache, daß der Patient nachdrücklicher darauf hinweist, daß es sich um ein Problem handelt, das nur ihn ganz allein betrifft (dies bestätigen auch zahlreiche Probleme, die die systemischen Therapeuten eindeutig für Probleme der Familie halten würden, die von den Mitgliedern der Familie jedoch, zumindest anfangs, anders beurteilt werden). Unserer Ansicht nach stellt dieser Nachdruck eine potentielle Bedrohung für die interaktionelle Arbeit dar, der man jedoch auf zwei Arten begegnen kann: Im einen Fall muß der Therapeut die explizite Befragung oder Diskussion über die vom Patienten gegebene Definition vermeiden. Er mag den Patienten also allein sehen, doch die Interventionen beruhen auf der interaktionellen Auffassung, die der Therapeut von dem Problem hat. Es kann aber auch eine andere relevante Person in die Therapie einbezogen werden (getrennt oder möglicherweise gemeinsam), die nicht als Teil des Problems definiert wird, sondern einfach nur als jemand, der sich dafür interessiert, sowie als mögliche Quelle für weitere Informationen oder Hilfe oder ähnliches. Davon abgesehen ist die Behandlung zum großen Teil die gleiche wie immer, das heißt konzentriert auf das Verbot der ungeeigneten versuchten Lösungen des Patienten, einer anderen involvierten Person oder beider.

Doch was ist mit den Problemen, die tatsächlich weitgehend oder ausschließlich allein den Patienten zu betreffen scheinen? Was soll man beispielsweise über den Patienten sagen, der behauptet, sein Problem sei seine extreme gesellschaftliche Isolation, oder über den Patienten, der ein Problem hat, es aber vor allen verbirgt außer vor dem Therapeuten, und dies anscheinend mit Erfolg, oder über den Patienten, der unter Schlaflosigkeit leidet, der allein lebt und ganz einfach mit niemandem darüber spricht?

Auch in diesen Fällen arbeiten wir nach dem gleichen Grundmodell und interessieren uns dafür, wie das Problem durch die versuchten Lösungen aufrechterhalten wird. Der einzige bedeutsame Unterschied ist, daß in diesen Fällen die versuchten Lösungen des Patienten und nicht diejenigen eines anderen entscheidend sind. Wir beharren auch hier auf einer grundsätzlich pragmatischen Sichtweise: Was unternimmt die isolierte Person, das – wiederum ungewollt – dazu dient, diese Isolation aufrechtzuerhalten? Eine ziemliche Arbeit! Ist die Tatsache, daß er ein bestimmtes Problem, welcher Art auch immer, verbirgt, ein wichtiger Faktor für dessen Aufrechterhaltung? Das kann durchaus der Fall sein; das Ausweichen ist eine sehr verbreitete versuchte Lösung. Wenn umgekehrt der Therapeut einen Patienten dazu bringen kann, ein Problem öffentlich zuzugeben, Angst oder Nervosität beispielsweise, wenn er spricht oder wenn er einer Person des anderen Geschlechts begegnet, so reicht dies häufig schon aus, um das Problem zu lösen.

Ohne die Auffassung allzusehr zu strapazieren, kann man auch diese scheinbar »individuelleren« Probleme als interaktionell auffassen. So kommuniziert eine Person, manchmal sehr klar, auch ohne zu sprechen, wenn sie sich von den anderen absondert, und dieses Verhalten ist ebenso interaktionell, als wenn sie auf die anderen zuginge. Und schließlich kann auch das Individuum, das sich allein mit einem Problem herumschlägt, beispielsweise der unter Schlaflosigkeit Leidende, der verschiedene Arten des »Zubettgehens« studiert und ausprobiert, vernünftigerweise als mit sich selbst interagierend angesehen werden, da er sich selbst sagt, was er zu tun hat und wie seine Lösungen aussehen sollten.

Wenn man den Begriff der Interaktion also konsequent ernst nimmt, verlieren Fragen wie: Um welche Art von Problem handelt es sich? oder: Wie viele Personen müssen gemeinsam gesehen werden? für die Behandlung an Bedeutung.

9. Kapitel

STEVE DE SHAZER, INSOO KIM BERG, EVE LIPCHIK,
ELAM NUNNALLY, ALEX MOLNAR, WALLACE GINGERICH,
MICHELLE WEINER-DAVIS

Kurzzeittherapie: Zielgerichtete Lösungsentwicklung[*]

Die Theorie und Praxis der Kurzzeittherapie hat sich in dem Jahrzehnt nach der Veröffentlichung der Artikel »Brief Therapy: Focused Problem Resolution« von Weakland, Fisch, Watzlawick und Bodin (1974) und »Brief Therapy: Two's Company« von de Shazer (1975) beträchtlich weiterentwickelt. Die Arbeit wurde am Brief Therapy Center (Weakland et al., 1974) des Mental Research Institute (MRI) innerhalb einer ausdrücklich festgesetzen Grenze von zehn Sitzungen geleistet, und Watzlawick und seine Mitarbeiter. berichteten, daß in 72 % ihrer Fälle in durchschnittlich sieben Sitzungen das Behandlungsziel erreicht oder eine beträchtliche Besserung erzielt wurde. Unsere Nachkontrollen (»follow ups«) am Brief Family Therapy Center (BFTC) in Milwaukee,

---

* Zuerst veröffentlicht in *Family Process* 25, 1986, S. 207–221. Dieses Kapitel beschreibt die Form von Kurzzeittherapie, die am Brief Family Therapy Center entwickelt wurde. Wir haben einen ähnlichen Titel wie Weakland, Fisch, Watzlawick und Bodin für ihren klassischen Artikel »Brief Therapy: Focused Problem Resolution« [»Kurztherapie – Zielgerichtete Problemlösungen«] (1974) gewählt, um nachdrücklich zu betonen, daß zwischen den in beiden Beiträgen ausgedrückten Standpunkten Verbindungen hinsichtlich der Begriffe und der Entwicklung bestehen.

bei denen wir die gleichen Fragen benutzten, die am MRI benutzt wurden, lassen eine ähnliche Erfolgsquote erkennen. Am BFTC arbeiten wir ohne ausdrückliche Begrenzung der Anzahl von Sitzungen, sagen aber, wenn wir gefragt werden, »so wenig wie möglich«. Wir konnten die durchschnittliche Zahl von Sitzungen pro Patient von sechs Sitzungen für 1600 Fälle (1978 bis einschließlich 1983) auf weniger als fünf Sitzungen für 500 Fälle 1984 senken.

Es ist wichtig, Kurzzeittherapie nicht auf die gleiche Weise wie Zeitbeschränkungen zu definieren, da die Patienten generell nur für sechs bis zehn Sitzungen in der Therapie bleiben (Garfield, 1978; Koss, 1979; Gurman, 1981), unabhängig von den Plänen oder der Orienterung des Therapeuten. Wir unterscheiden daher zwischen a) Kurzzeittherapie definiert durch Zeitbeschränkungen und b) Kurzzeittherapie definiert als Mittel zur Lösung menschlicher Probleme.

Entwicklung

Die Geschichte der Kurzzeittherapie, wie wir sie hier definiert haben, kann mit Hilfe von Milton Ericksons Artikel »Special Techniques of Brief Hypnotherapy« aus dem Jahr 1954 (Erickson, 1954a; Haley, 1967) nachgezeichnet werden. In diesem Artikel stellt er an sieben Fallbeispielen detailliert einen Ansatz vor, in dessen Zentrum

> das Problem steht, wie man bewußt die neurotische Symptomatologie verwendet, um die jeweils spezifischen Bedürfnisse des Patienten kennenzulernen. Diese Verwendung muß den zwingenden Wunsch nach neurotischen Handikaps befriedigen, die Beschränkungen erfüllen, die der Therapie durch äußere Kräfte aufgezwungen werden, und vor allem auf adäquate Weise für konstruktive Anpassungen sorgen, die vom Fortbestehen der Neurosen eher unterstützt als behindert werden. Eine solche Verwendung

illustrieren ... spezifische hypnotherapeutische Techniken der Substitution, Transformation und Besserung von Symptomen sowie der Auslösung korrigierender emotionaler Reaktion. (Haley, 1967, S. 390)

Aus unserer Sicht ist dies der Schlüssel zur Kurzzeittherapie: *verwenden, was Patienten mitbringen, um ihnen zu helfen, ihre Bedürfnisse so kennenzulernen, daß sie in der Lage sind, selbständig ein befriedigendes Leben zu leben.* Obwohl Erickson von »neurotischen Symptomen« spricht, sagt er dennoch, daß – zumindest während der Therapie – kein Versuch unternommen wird, »kausative zugrundeliegende Verhaltensstörungen« (S. 393) zu korrigieren. Aus unserer Sicht ist das nicht nötig.

In den späten sechziger und frühen siebziger Jahren kam es zu einer Reihe von Entwicklungen in der Kurzzeittherapie in Verbindung mit der Weiterentwicklung der Familientherapie. 1968 wurde am Mental Research Institute in Palo Alto, Kalifornien, das Brief Therapy Center eingerichtet; »Brief Therapy: Focused Problem Resolution« wurde 1974 veröffentlicht; im selben Jahr erschien »The Treatment of Children Through Brief Therapy of Their Parents« (Selvini-Palazzoli, Boscolo, Cecchin, Prata, 1974) vom Centro per lo Studio della Famiglia in Mailand (das seine Arbeit 1971 aufnahm); und 1969 begann de Shazer sein eigenes Modell der Kurzzeittherapie zu entwickeln (bis 1972 ohne Kenntnis der Gruppe von Palo Alto), und »Brief Therapy: Two's Company« erschien 1975.

Diese drei Artikel und zwei in dieser Zeit veröffentlichte Bücher – *Change* (Watzlawick, Weakland, Fisch, 1974) und *Uncommon Therapy* (Haley, 1973) – haben viel gemeinsam: Sie alle beschäftigen sich mit *Problemen* und mit den Fragen, wie sie aufrechterhalten und gelöst werden können. Im Zentrum standen andere und wirksame Techniken, die durch eine breite Vielfalt von Fällen illustriert wurden. In jüngster Zeit interessierten wir uns am BFTC jedoch immer mehr für Lösungen und ihre Funktionsweise.

Hauptgrundsätze unserer Arbeit

1. Die meisten Beschwerden entwickeln sich und werden aufrechterhalten im Kontext menschlicher Interaktion. Individuen bringen ihre je eigenen Merkmale, Möglichkeiten, Grenzen, Überzeugungen, Werte, Erfahrungen und
manchmal Schwierigkeiten mit und lernen und entwickeln
ununterbrochen Weisen des Miteinander-Interagierens.
Lösungen liegen in der Veränderung von Interaktionen im
Kontext der je spezifischen Zwänge der Situation.

2. Aufgabe der Kurzzeittherapie ist es, den Patienten zu helfen, etwas anderes zu tun, indem man ihr interaktives Verhalten und/oder ihre Interpretation von Verhalten und
Situationen ändert, damit eine Lösung (ein Verschwinden
ihrer Beschwerde) erreicht werden kann. Für die
Konstruktion von Lösungen kann es hilfreich sein, so viel
wie möglich über die Zwänge der Beschwerdesituation und
die involvierte Interaktion herauszufinden, da die Lösung
(das heißt die Veränderung in der Interaktion) in die
Zwänge jener Situation so »passen« muß, daß sie sich entwickeln kann.

Von Glaserfelds (1984) Unterscheidung zwischen *match*
(»stimmen«) und *fit* (»passen«) ist in diesem Zusammenhang relevant:

> Sagen wir zum Beispiel von einer Abbildung, daß sie
> »stimmt«, so bedeutet das, daß sie das Abgebildete *wie-*
> *dergibt* und mit ihm in irgendeiner Weise *gleichförmig*
> ist. [...] Im technischen Jargon heißt das »Homomor-
> phie«; und in der herkömmlichen Erkenntnislehre fin-
> den wir stets die ausdrückliche oder stillschweigende
> Voraussetzung, daß das Resultat der Erkenntnis, näm-
> lich unser Wissen, ein Wissen *von* der wirklichen Welt
> ist und, soweit es wahr ist, diese prinzipiell unabhängi-
> ge, selbständige Welt zumindest in einer Weise homo-
> morph wiedergibt. (S. 19/20)

Fit ist dagegen eine ganz andere Beziehung:

> Sagen wir andererseits von etwas, daß es »paßt«, so bedeutet das nicht mehr und nicht weniger, als daß es den Dienst leistet, den wir uns von ihm erhoffen. Ein Schlüssel »paßt«, wenn er das Schloß öffnet. Das Passen beschreibt die Fähigkeit des Schlüssels, nicht aber das Schloß. (S. 20)

Wie ein Dietrich muß eine Intervention nur den Weg zur Lösung öffnen, was erreicht werden kann, ohne daß man die Beschwerde in allen Einzelheiten kennt.

3. Lange Zeit hat uns der Begriff des »Widerstands« (de Shazer, 1984) in der Therapie irritiert. Als wir unsere Arbeit gegenseitig beobachteten[1], reifte in uns die Überzeugung, daß die Patienten sich wirklich ändern wollen. Gewiß, manche von ihnen fanden, daß unsere Vorstellungen über die Art der Herbeiführung des Wandels nicht sehr gut paßten. Doch anstatt dies als »Widerstand« zu begreifen, sahen wir darin eher einen Weg der Patienten, uns wissen zu lassen, wie wir ihnen helfen sollen. Immer wieder stellten wir fest, daß die Patienten, die uns von anderen Therapeuten überwiesen wurden (versehen mit dem Etikett »Patient, der Widerstand leistet«), dringend eine Veränderung benötigten und in hohem Maße zur Mitarbeit bereit waren. Tatsächlich ist der Schlüssel, den wir erfanden, um die Mitarbeit zu fördern, ein ganz einfacher:

> Zuerst verbinden wir die Gegenwart mit der Zukunft (die Vergangenheit ignorieren wir mit Ausnahme früherer Erfolge); dann betonen wir den Patienten gegenüber,

---

[1] Die Autoren möchten den anderen Kollegen des Brief Family Therapy Center danken: Patricia Bielke, Marylin Bonejean, Calvin Chicks, Ron Kral und John Walter sowie Jim Derks und Marylin La Court, die eine Zeitlang Mitglieder der Gruppe waren.

daß wir der Meinung sind, daß das, was sie bereits tun, hilfreich und/oder gut für sie ist, und dann – sobald sie wissen, daß wir auf ihrer Seite stehen – können wir ihnen etwas Neues vorschlagen, das sie sein könnten und das für sie gut ist oder zumindest sein könnte. (de Shazer, 1985)

Es ist klar, daß Menschen sich zu einer Therapie entschließen, weil sie ihre Situation verändern wollen. Doch was immer sie versucht haben, um eine Veränderung herbeizuführen, hat nicht funktioniert. Sie haben es auf ihre Weise versucht, und vielleicht haben sie ihre Situation unabsichtlich verschlimmert und ungünstige Verhaltensmuster entwickelt. Die Vorstellung, daß sie sich der Veränderung widersetzen, ist daher falsch und unangebracht (de Shazer, 1984). Denn mit dieser Vorstellung im Kopf wird der Therapeut tatsächlich nur »Widerstand« (Fisch, Weakland, Segal, 1982) oder Verweigerung der Mitarbeit erreichen, wenn nicht sogar Konflikte auslösen. Das heißt, die Vorstellungen des Therapeuten könnten eine sich selbst erfüllende Prophezeiung mit unglücklichem Ausgang erzeugen.

4. Neue und hilfreiche Bedeutung(en) können zumindest für den einen oder anderen Aspekt der Beschwerde des Patienten konstruiert werden. Denn jemand hat nicht einfach ein »Symptom« oder kein Symptom. Daß ein bestimmtes Verhalten als »Symptom« etikettiert wird, ist willkürlich; in einem anderen Rahmen oder mit anderer Bedeutung versehen würde dasselbe Verhalten angemessen und normal sein. Jedes Verhalten kann also von vielerlei Standpunkten aus betrachtet werden, und die Bedeutung, die dem Verhalten (oder der Sequenz von Verhaltensweisen) zugeschrieben wird, ist abhängig von der Konstruktion oder Interpretation des Beobachters.

5. Notwendig ist nur eine kleine Veränderung. Daher ist auch nur ein kleines und vernünftiges Ziel nötig. Ein

Hauptunterschied zwischen der Kurzzeittherapie und anderen Modellen ist die Vorstellung des Kurzzeittherapeuten, daß, so schrecklich und komplex die Situation auch sein mag, eine kleine Veränderung im Verhalten einer Person zu tiefgehenden und weitreichenden Unterschieden im Verhalten aller involvierten Personen führen kann.[2] Sowohl die klinische Erfahrung als auch die klinische Forschung scheinen die Auffassung zu bestätigen, daß eine kleine Veränderung zu anderen Veränderungen und dadurch zu weiterer Besserung führen kann. Umgekehrt scheint es, daß, je größer das Ziel oder die gewünschte Veränderung ist, desto schwerer eine kooperative Beziehung herzustellen ist und desto wahrscheinlicher Therapeut und Patient scheitern werden.

6. Veränderung in einem Teil des Systems führt zu Veränderungen im System als Ganzem. Daher spielt die Anzahl der Personen, die das Problem und die Lösung erfolgreich konstruieren, nicht unbedingt eine Rolle. Lange Zeit hat uns die Vorstellung mancher Therapeuten irritiert, »Familientherapie« bedeute, daß der Therapeut die ganze Familie sehen müsse, oder die »Paartherapie« erfordere, daß beide Ehepartner anwesend seien. Sie scheinen der Meinung zu sein, die Systemtheorie, die postuliert, daß das Ganze größer ist als die Summe seiner Teile, diktiere, daß die ganze Familie gemeinsam an der Therapie teilnehmen muß. Selbstverständlich muß die Veränderung eines Individuums in die Zwänge des Systems passen, um kompatibel zu sein.

7. Wirksame Therapie kann sogar dann geleistet werden, wenn der Therapeut nicht beschreiben kann, worüber der

---

[2] John Weakland und ich haben häufig über diesen Standpunkt diskutiert – den diejenigen, die am MRI und am BFTC Kurzzeittherapie betreiben, recht nachdrücklich zu vertreten scheinen. Ich bin der Ansicht, daß diese Behauptung ihren Standpunkt zum Ausdruck bringt.

Patient klagt. Im Grunde ist alles, was Therapeut und Patient wissen müssen: »Wie werden wir wissen, wann das Problem gelöst ist?« Auf den ersten Blick scheint dies jeder Intuition zu widersprechen, doch wir haben festgestellt, daß jedes wirklich andere Verhalten in einer problematischen Situation ausreichen kann, damit die Lösung eintritt und die Therapie den Erfolg hat, den der Patient sich erhofft hat. Alles, was notwendig ist, ist, daß die Person, die in eine schwierige Situation involviert ist, etwas anderes tut, selbst wenn dieses Verhalten anscheinend irrational, mit Sicherheit irrelevant, offensichtlich merkwürdig oder sogar komisch ist. Einzelheiten der Beschwerde des Patienten und eine Erklärung, wie die Störung aufrechterhalten wird, können dem Therapeuten und dem Patienten helfen, eine Beziehung aufzubauen und Interventionen zu konstruieren. Doch damit eine Interventionsbotschaft erfolgreich ist, ist es nicht nötig, über eine detaillierte Beschreibung der Beschwerde zu verfügen. Es ist nicht einmal nötig, eine genaue Erklärung zu konstruieren, wie die Störung aufrechterhalten wird.

Beschwerden und Lösungen

Bei der Beschreibung eines Behandlungsansatzes kann die Skizzierung der Grundprämissen seine Natur und seine Implikationen klarer hervortreten lassen. So ist etwa die Definition verschiedener idiosynkratischer Begriffe notwendig, damit die Unterschiede zwischen unserem Modell und anderen Modellen verstanden werden können:
– *Schwierigkeiten* sind ärgerliche Dinge, die am laufenden Band den Alltag stören (Weakland, Fisch, Watzlawick, Bodin, 1974) und die die Patienten häufig »Probleme« nennen. Hierzu gehören zum Beispiel das Auto, das nicht anspringt, ein Glas mit Pickles, das nicht aufgeht, ein Ehemann und eine Ehefrau, die sich von Zeit zu Zeit streiten,

oder ein bettnässendes Kind, womit die Liste keineswegs erschöpft ist.

– *Beschwerden* bestehen aus einer Schwierigkeit und dem wiederholten fruchtlosen Versuch, diese Schwierigkeit zu überwinden, und/oder einer Schwierigkeit plus der Beobachtung des Patienten, daß die Situation statisch ist und sich nichts ändert; aus ärgerlichen Dingen, die am laufenden Band auftreten, wird so ein und dieselbe ärgerliche Sache, die immer wieder auftritt.

– *Lösungen* sind die Veränderungen von Verhaltensweisen und/oder Wahrnehmungen, die Therapeut und Patient konstruieren, um die Schwierigkeit, den fruchtlosen Versuch, die Schwierigkeit zu überwinden, zu ändern; Lösungen sind auch die Konstruktion einer akzeptablen, alternativen Sichtweise, die den Patienten in die Lage versetzt, die Beschwerdesituation anders zu erfahren. Einige Lösungen entwickeln sich über die Beseitigung eines konstruierten Problems (das heißt die Beschwerde des Patienten plus der Auffassung des Problems durch den Therapeuten, die potentielle Lösungen einschließt); andere Lösungen entwickeln sich über die Konstruktion alternativer Zukunftsperspektiven, die die Beschwerde nicht beinhalten.

Die Konstruktion von Lösungen

Therapeuten müssen, um ihre Arbeit tun zu können, Annahmen über die Konstruktion von Beschwerden und die Natur von Lösungen machen. (Obwohl unsere Annahmen eher inkompatibel sind, weisen sie eine gewisse Verwandtschaft mit denen Watzlawicks [Watzlwick, Weakland, Fisch, 1974] und Haleys [1963, 1973] auf.)

Sagen wir, der Therapeut nimmt an, daß »Symptome« eine systemische Funktion haben – sie halten die Familie zusammen. In diesem Fall wird er oder sie eine Karte zeichnen, die vorschlägt, wie diese Funktion in diesem System ohne das Symptom bewahrt werden kann. Wenn der Therapeut jedoch annimmt, daß das Symptom ganz einfach auf »Pech« zurückzuführen ist und keine Funktion hat, dann wird er eine andere Karte zeichnen, die vorschlägt, das Symptom zu eliminieren, indem man an seine Stelle setzt, was hätte geschehen können, wenn etwas »Glück« mit im Spiel gewesen wäre.

Beschwerden involvieren Verhalten, das von der Weltsicht, der Patienten herbeigeführt wurde. Für die Entwicklung von Lösungen kann es hilfreich sein, sich vorzustellen, die Beschwerden hätten sich in der folgenden, grob vereinfachten Weise entwickelt. Unser erster imaginärer Schritt bei der Konstruktion einer hypothetischen Beschwerde scheint relativ klein zu sein, obwohl die Folgen eine unverhältnismäßig große Tragweite haben können. Stellen wir uns vor, Leute sagen sich: »Ich verhalte mich entweder in der Weise ›A‹, oder in der Weise ›nicht A‹. Aus irgendeinem Grund (irgendwelchen Gründen) scheint ›A‹ die richtige (logische, beste oder einzige) Wahl zu sein.« Alles andere (alle »nicht-A«) wird demzufolge in einen Topf geworfen und ausgeschlossen. Das heißt, die »entweder-Verhaltensweisen« (»A«) scheinen eine eigene Klasse zu bilden, und die »oder-Verhaltensweisen« scheinen alle übrigen Klassen (alle »nicht-A«-Klassen) von Verhalten zu sein, die hätten gewählt werden können.

Es scheint, als würden Beschwerden von der Vorstellung der Patienten aufrechterhalten, daß das, was sie hinsichtlich der ursprünglichen Schwierigkeit zu unternehmen beschlossen, das einzig Richtige und Logische war. Daher benehmen die Patienten sich, als seien sie dazu verurteilt, immer häufiger dasselbe zu tun (Watzlawick, Weakland, Fisch, 1974), da die Wahl eines alternativen Verhaltens aus der abgelehnten und verbotenen »oder«-Hälfte der Prämisse ausgeschlossen ist.

Es hat sich als nützlich erwiesen, sich darauf zu konzentrieren, den Patienten dabei zu helfen, ihre »Lieblingsfaktoren« zu beschreiben, diejenigen, die sie in ihrer Beschreibung besonders herausstellen und die die hypothetische Wahl widerspiegeln. In jedem Fall sind – und dies ist von entscheidender Bedeutung – diejenigen Aspekte der Situation, die der Patient aus seiner Beschreibung der Beschwerde ausgeschlossen hat, potentiell hilfreich für die Konstruktion von Interventionen und das Herbeiführen von Lösungen. Häufig beklagen sich Patienten beispielsweise, daß sie sich deprimiert fühlen (gewöhnlich sagen sie, daß sie deprimiert »sind«):

1. Manche werden sofort imstande sein, die Verhaltensaspekte dieses Zustands zu beschreiben, während andere dies schwierig oder unmöglich finden;

2. manche werden sich auf die vegetativen Aspekte konzentrieren;

3. manche werden ohne Mühe wichtige andere Personen beschreiben, die versuchen, sie aufzuheitern (und die Sache damit unabsichtlich nur schlimmer machen);

4. andere finden es dagegen schwierig, sie zu beschreiben, und klagen statt dessen, daß sie aufgrund der Vergangenheit gute Gründe haben, deprimiert zu sein; und

5. wieder andere sind über etwas deprimiert, das, dessen sind sie sicher, in der Zukunft geschehen (oder nicht geschehen) wird.

Um dies zu illustrieren: Ein Patient gab an, er sei »schon immer deprimiert gewesen«. Der Therapeut fragte ihn: »Wie kommen Sie darauf, daß Sie deprimiert waren?« Der Patient antwortete: »Ich weiß, daß ich deprimiert bin, weil ich von Zeit zu Zeit ›gute Tage‹ habe.« Darauf bat der Therapeut den Patienten zu beschreiben, was an »guten Tagen« anders sei, und insbesondere, was er anders mache.

Die Erwähnung von Ausnahmen von der Regel »immer deprimiert« durch den Patienten führte zu weiteren Beschreibungen von Verhaltensweisen, Wahrnehmungen und Gedanken, die dem Patienten zufolge an »schlechten Tagen« nicht möglich gewesen wären. Der Patient wurde dann gebeten, bevor er zu Bett gehe, vorherzusagen, was für

ein Tag folgen würde, und, wenn er einen »schlechten Tag«
voraussage, am nächsten Tag so früh wie möglich etwas zu
tun, das er normalerweise an »guten Tagen« getan hätte. In
der dritten Sitzung berichtete der Patient von weniger Vorhersagen »schlechter Tage« und weitaus weniger »schlechten
Tagen«, die er alle in mehr oder weniger normale Tage hatte
verwandeln können.

Obwohl es keine Eins-zu-eins-Beziehung zwischen den
aus der Konstruktion von Beschwerden ausgeschlossenen
Komponenten und der Konstruktion von Lösungen gibt,
suggeriert das, was Patienten ausdrücklich hervorheben,
dennoch Möglichkeiten. Wenn beispielsweise klar ist, daß die
Beschwerde nur an einem bestimmten Ort auftritt, dann
könnten Aufgaben – insbesondere etwas, das unmittelbar
mit der beklagten Verhaltensweise zu tun hat – geplant werden, die an einem anderen Ort ausgeführt werden müssen,
was für einen minimalen Unterschied sorgt. Wenn ein Paar
etwa berichtet, daß ihre Streitereien nur in der Küche stattfinden, dann kann der Therapeut ihnen vorschlagen, daß der
nächste Streit im Wohnzimmer stattfinden soll. Es bestehen
gute Aussichten, daß die andere »Bühne« sofort zu einem
anderen Verhalten führen wird. Jeder Patient konstruiert
also die Wirklichkeit der Beschwerde auf der Grundlage
einer Kombination von Faktoren, und der Therapeut konstruiert Lösungen auf der Grundlage der bekannten Faktoren sowie auf der Grundlage dessen, was eventuell ausgeschlossen wird.

Aufgrund der Komplexität der Konstruktion von
Beschwerden wäre es vernünftig, wenn Lösungen mit dieser
Komplexität übereinstimmen würden. Wir sind jedoch der
Ansicht, daß Interventionen und Lösungen lediglich so in die
Zwänge der Beschwerde passen müssen, wie ein Dietrich in
viele verschiedene Schlösser paßt (de Shazer, Molnar, 1984;
de Shazer, 1985).

Fallbeispiel

Eine Mutter und ein Vater brachten ihre drei Kinder in die Familientherapie mit, weil sie sich wegen der »Feindseligkeit und Gewalt« des jüngeren Sohnes Sorgen machten. Alle drei Kinder waren gut in der Schule und beliebt bei ihren Schulkameraden. Die Beschwerden kreisten ausschließlich darum, wie die Familienmitglieder miteinander umgingen. Jeder Versuch, ihnen zu helfen, sich auf die interaktionellen Muster ihrer Situation, das heißt: Wer tut was wann in dem »Feindseligkeit-und-Gewalt«-Muster, zu konzentrieren, führte dazu, daß ein Familienmitglied sich über die anderen vier beschwerte. Weitere Versuche, die Aufmerksamkeit auf jede der spezifischen Beschwerden zu lenken, führten nur zu noch mehr Beschwerden. Die Familie vermittelte allgemein den Eindruck, daß das Leben ein unbefriedigendes Durcheinander ist. Indem es die Beschwerden der Familie verwendete, entwickelte das Team folgende Botschaft:

Wir sind beeindruckt, daß Sie trotz der vielen Schwierigkeiten, von denen Sie uns erzählt haben, erfolgreich sind. Die Kinder sind gut in der Schule und haben keinerlei Schwierigkeiten; die Ehe hat 15 schwierige Jahre überstanden; Vater und Mutter sind erfolgreich in ihren Berufen. Das bedeutet für uns, daß Sie alle etwas sehr Richtiges tun, und darüber würden wir gern mehr erfahren. Wir möchten daher, daß jeder von Ihnen bis zur nächsten Sitzung beobachtet, was in der Familie an Dingen geschieht, die Ihrer Meinung nach auch weiterhin geschehen sollen.

Zwei Wochen später gab die Familie einen Bericht über ihre Beobachtungen, der dreißig Minuten dauerte. Jeder hatte die anderen vier bei etwas beobachtet, das ihrer Meinung nach beibehalten werden sollte. Einige der Vorkommnisse, die sie beschrieben, waren neu, und andere waren lediglich seltene Ereignisse und Verhaltensweisen, die sie im vergangenen

Jahr vermißt hatten. Obwohl gewiß nicht alles »perfekt« war, waren die Beschwerden nur geringfügig, und das Team versicherte ihnen, daß niemals alles perfekt sein würde. Wir erzählten ihnen von einer unserer Regeln: Wenn es funktioniert, tun Sie mehr davon. Wenn es nicht funktioniert, tun Sie es nicht wieder; tun Sie etwas anderes.

Unser Ziel ist es, den Lösungsprozeß in Gang zu setzen, anstatt das Beschwerdemuster zu unterbrechen (Watzlawick, Weakland, Fisch, 1974; Weakland, Fisch, Watzlawick, Bodin, 1974); dadurch hören die Beschwerden auf, etwas zu sein, das es wert ist, daß man sich darüber beschwert. Die Intervention in der ersten Sitzung war so konstruiert, daß sie zur allgemeinen Art der Beschwerden der Familie paßte und ihr die Möglichkeit eröffnete, eine fruchtbarere Sicht ihrer Situation zu entwickeln, eine, die zur Lösung ihrer Beschwerden führte. Versuche, eine Intervention zu konstruieren, die darauf baut, die »Feindseligkeit-und-Gewalt«-Beschwerde zu unterbrechen, wären unmöglich gewesen, da das Muster unbekannt blieb. Versuche, eine Intervention auf dem Beschwerdemuster aufzubauen, das die Familie während der Sitzung zeigte, das heißt, Versuche, sie auf das »unbefriedigende Durcheinander« abzustimmen, wären zwar möglicherweise wirksam gewesen, hätten aber letzten Endes nicht so leicht zu der Lösung geführt, die die Familie selbst zwischen der ersten und zweiten Lösung erfand. Die restlichen zwei Sitzungen wurden dazu verwendet, ihnen zu helfen, Möglichkeiten zu finden, sich selbst zu ermutigen, mehr von dem zu tun, was sie beibehalten wollten, und ihnen zu helfen, Reaktionsweisen zu erfinden, damit diese Dinge beibehalten werden konnten.

Veränderungserwartungen schaffen

Jede Beschwerde kann auf viele verschiedene mögliche Lösungen hin konstruiert werden, und jede Intervention, die erfolgreich ein anderes Verhalten und/oder eine andere Sicht der Dinge herbeiführt, kann zu einer der hypothetisch angenommenen Lösungen führen. Mit anderen Worten, das Ereignis, das du erwartest, beeinflußt dein Handeln. Wenn du erwartest, daß die gleiche ärgerliche Sache wieder passiert, dann ist es sinnvoll, die gleichen Dinge zu tun und auf die gleiche Weise zu denken. Wenn du aber erwartest, daß etwas anderes geschieht, dann ist es sinnvoll, etwas anderes zu tun (vielleicht geschehen zu lassen). Natürlich kann das, was du dir speziell wünscht, nicht geschehen, aber weil du etwas anderes tatest, wird letztlich etwas anderes geschehen. Das Ergebnis ist, daß du dich vielleicht zufriedener fühlst. Es hat sich als nützlich erwiesen, den Patienten zu helfen zu beschreiben, was sie verändert haben wollen, wenn ihre Beschwerde beseitigt sein wird. Es erscheint vernünftig, daß man, wenn man weiß, wohin man will, leichter dorthin kommt. Nicht so vernünftig erscheint der Gedanke, daß allein die Erwartung, zu etwas anderem, etwas Befriedigenderem zu gelangen, es erleichtert, dorthin zu kommen. Eigentlich kann jedoch schon die Tatsache, daß man woanders ist, an sich befriedigend sein. Beschreibungen potentieller Lösungen werden verwendet, um zu definieren, wohin Dinge sich entwickeln und wie sie sich entwickeln, um befriedigender zu sein.

Fallbeispiel

Eine Frau kam in die Therapie und beklagte sich, sie sei deprimiert und wisse nicht warum. Sie habe geglaubt, sie sei möglicherweise wegen ihrer Ehe deprimiert, doch das schien ihr übertrieben; oder sie habe gedacht, sie könnte wegen ihrer Karriere deprimiert sein, aber auch das hielt sie für übertrieben. Was auch immer die »Ursache« sein mochte, sie war etwa zwei Jahre deprimiert gewesen. Auf einer Skala von 0 bis 10, wobei 10 die schlimmste Stufe ihrer Depression bedeutete, stufte sie sich selbst bei 7 ein.

In der ersten Sitzung wurde sie zu einem frühen Zeitpunkt gefragt: »Wenn eines Nachts, während Sie schlafen, ein Wunder geschähe und die Depression verschwunden wäre, wenn Sie aufwachen, woran würden Sie das erkennen? Woran würde Ihr Mann das erkennen? Ihr Arbeitgeber?« Sie beschrieb eine ganze Reihe von Tätigkeiten, die ihren Mann und ihre augenblickliche Stellung möglicherweise einschlossen oder auch nicht.

Das Team beglückwünschte sie zur ihrer Fähigkeit, Dinge so detailliert (mehrere Beispiele aufzählend) zu beschreiben, und zu ihrer Klugheit, nicht überstürzt handeln zu wollen – was viele Leute wohl getan hätten in der Hoffnung, eine radikale Veränderung würde das Problem schon lösen. Da sie uns von ihren erfolgreichen Kindern erzählt hatte, beglückwünschten wir sie auch zu ihren Fähigkeiten als Mutter. Da sie überzeugt war, daß ihr Mann das Ausmaß ihrer Depression ebensowenig wie ihr Chef kenne, baten wir sie zu beobachten, was sie tue, wenn sie der Drang überkomme, ihre Depression zu Hause oder bei der Arbeit zu zeigen.

Eine Woche später berichtete sie, sie stünde jetzt auf der Zehn-Punkte-Skala bei 3. Sie hatte begonnen, ein paar der Dinge zu tun, die sie als Handlungen »nach dem Wunder« beschrieben hatte, und ihr Mann antwortete darauf mit Blumen. Er wußte ganz offensichtlich besser über ihren depressiven Zustand Bescheid, als sie wußte. Im Moment konnte sie sich nicht vorstellen, was sie daran hindern könnte, ihre neuen Verhaltensweisen und Tätigkeiten fortzusetzen, obwohl sie sich immer noch deprimiert fühlte.

Sie wurde gebeten, vor dem Zubettgehen vorherzusagen, an welcher Stelle der Skala sie sich am nächsten Morgen befinden würde, und sich zu merken, an welcher Stelle sie sich am Morgen dann tatsächlich befand. Sie wurde auch gebeten, sich zu merken, was sie an den Tagen anders machte, an denen die Einstufung eher niedriger lag (und sie sich »weniger deprimiert« fühlte). Während des folgenden Monats schwankte ihre Einstufung zwischen 6 und 1, und ihre Aktivität nahm weiterhin zu. Am Ende der Therapie war sie überzeugt, daß ihre Depression vorüber sei.

Sobald die Verhaltenserwartung geschaffen worden ist, entlockt der Therapeut dem Patienten Beschreibungen aller Veränderungen in jedem Bereich seines Lebens. Alles, was den Patienten veranlaßt zu sagen, daß »es besser geht«, muß als Nachweis einer Veränderung identifiziert werden, und alles Neue oder andere oder Wirksamere, das der Patient berichtet, muß ermutigt oder verstärkt werden. Mit anderen Worten, jede Mitteilung über anderes Verhalten oder eine andere Wahrnehmung oder Äußerungen über größere Zufriedenheit werden vom Therapeuten als Schritt hin zur Lösung akzeptiert.

Die Arbeitsweise des Brief Family Therapy Center

Das BFTC wurde 1978 als forschungs- und trainingsorientiertes Therapiezentrum eingerichtet. Die Bandbreite von Beschwerden, die die Patienten vortrugen, deckt das ganze Kontinuum von »normalen Schwierigkeiten des Lebens« bis hin zu »wiederholtem Scheitern der Psychotherapie« ab und schließt die ganze Vielfalt »psychischer Probleme« ein.

In unserem Hauptsitz verfügen wir zur Zeit über vier Therapie-Suiten, die jeweils aus zwei Räumen mit einem Einwegspiegel und einer Gegensprechanlage bestehen. Zwei der Suiten verfügen über Einrichtungen zur Videoaufzeichnung. (Eine unserer Zweigstellen ist mit einer Spiegel-Video-Anlage ausgestattet, die andere nicht.) Die Teams bestehen aus einem Therapeuten, der sich mit dem Patienten in dem einen Raum befindet, und einem oder mehreren Therapeuten hinter dem Spiegel. Obwohl die Behandlung eines Patienten gewöhnlich in der Hand ein und desselben Therapeuten bleibt, ist die Mitgliedschaft in einem Therapieteam hinter dem Spiegel unregelmäßig und von der Verfügbarkeit abhängig, es sei denn, es handelt sich um ein

Trainingsteam, in dem Auszubildende und Ausbilder für die Behandlungsdauer der ausgewählten Fälle zusammenbleiben.

Die erste Sitzung (die wie all unsere Sitzungen weniger als eine Stunde dauert) folgt dem folgenden Schema:

1. Einführung in unsere Einrichtungen und unsere Arbeitsweise;
2. Feststellung der Beschwerde;
3. Eruierung von Ausnahmen von den Regeln der Beschwerde;
4. Festlegung von Therapiezielen;
5. Definition potentieller Lösungen;
6. Pause – Unterbrechung der Konsultation;
7. Übermittlung der Botschaft des Teams.

Im folgenden werden wir jede dieser Phasen näher betrachten.

1. Einführung

Wenn der Patient kommt, erhält er Informationen über das BFTC, das Team und unsere Verwendung des Spiegels. Er wird auch gebeten, die notwendigen Formulare zu lesen und zu unterschreiben, mit denen er uns die Erlaubnis zur Videoaufzeichnung usw. gibt.

Vor Beginn der ersten Sitzung verfügt der Therapeut, damit er möglichst ohne vorgefaßte Meinungen in die Sitzung gehen kann, nur über eine beschränkte Menge von Informationen über den Patienten. Der Therapeut beginnt damit, daß er die materiellen und organisatorischen Arrangements erklärt, einschließlich der Tatsache, daß ein Team von Therapeuten mit einbezogen wird, und bittet den Patienten um die Erlaubnis zur Videoaufzeichnung. Es kommt nur selten vor, daß ein Patient darum bittet, das Team hinter dem Spiegel kennenzulernen; in diesem Fall werden ihm eines oder mehrere Mitglieder des Teams vorgestellt, bevorzugt gegen Ende der Sitzung – obwohl die Sitzung zu diesem Zweck auch am Anfang unterbrochen werden kann, wenn der Patient dies wünscht.

2. Feststellung der Beschwerde

Nach einem kurzen Gespräch über Themen wie: Wer arbeitet wo und geht auf welche Schule und so weiter, beginnt der Therapeut, Fragen über die Beschwerde zu stellen: »Womit können wir Ihnen helfen?«; oder: »Was führt Sie hierher?« Eine Antwort wie: »Manchmal haben wir einen Streit, der in körperliche Gewalt ausartet« oder: »Johnny macht ins Bett«; oder: »Susie hat Wutanfälle«, ist eine ausreichende Darstellung. Der Therapeut versucht dann, im Gespräch so viele konkrete Details wie möglich herauszufinden:
– Was passiert genau, Schritt für Schritt?
– Wer ist in die Beschwerde involviert?
– Wie unterscheidet sich die Beschwerde, je nachdem, wer an einem bestimmten Punkt involviert oder nicht involviert ist?
– Mit welcher Häufigkeit tritt die Beschwerde auf?

Je mehr Einzelheiten des Beschwerdemusters der Patient beschreibt, desto mehr potentielle Interventionen und Ziele, das heißt potentielle Wege für den Patienten, zu merken, daß das Problem gelöst wird, können konstruiert werden. Selbst so vage Aussagen über die Beschwerde, wie: »Ich weiß nicht, wer ich wirklich bin«; oder: »Wir können einfach nicht miteinander reden«, können ausreichend sein. In solchen Fällen werden die Ziele zum Fokus: »Woran werden Sie merken, wann Sie wissen, wer Sie wirklich sind?« – »Was werden Sie tun, wenn Sie wissen, wer Sie wirklich sind, das Sie jetzt nicht tun?« – »Wie wird Ihr bester Freund wissen, daß Sie wirklich wissen, wer Sie wirklich sind?«

Diese Phase überschneidet sich häufig mit der nächsten Phase und unterbricht sie von Zeit zu Zeit.

3. Ausnahmen

Diese Phase des Interviews verfolgt das Ziel herauszufinden, was geschieht, wenn die Beschwerde nicht auftritt, und was die Familie unternimmt, damit diese Ausnahme eintritt. Was geschieht, wenn der Streit des Ehepaars nicht in Gewalt ausartet? Was geschieht, wenn Johnnys Bett trocken ist? Was geschieht, wenn die Mutter da ist und nicht der Vater? Was geschieht, wenn sie doch miteinander reden?

Wir sind der Ansicht, daß sowohl der Therapeut als auch die Patienten wissen müssen, was von dem, was der Patient tut, funktioniert oder wirksam ist. Diese Diskussion führt nicht nur zu Modellen für die Konstruktion von Interventionen und für Lösungen, sondern gibt den Patienten auch implizit zu verstehen, daß der Therapeut glaubt, daß sie nicht nur Dinge tun können – bereits tun –, die gut für sie sind. Bateson zufolge beliefern die Ausnahmen den Patienten zumindest implizit mit »Nachrichten über den Unterschied« (Bateson, 1979) zwischen dem, was funktioniert, und dem, was nicht funktioniert.

Wir sind der Ansicht, daß, obwohl die Veränderung dauerhaft ist, nur manche Unterschiede als relevant angesehen werden (Bateson, 1979). Weiner-Davis (1984) begann die Ausnahmen zu der Beschwerderegel systematischer zu untersuchen, indem sie die Sitzung mit einer Variation unseres »Rezepts für die Aufgabe der ersten Sitzung« begann und die Patienten bat zu beobachten, was in ihrem Leben zwischen der ersten und zweiten Sitzung an Dingen geschah, die sie beibehalten wollten (siehe unten): Häufig stellen Menschen in dem Zeitraum zwischen der Anmeldung zur Therapie und der ersten Sitzung fest, daß ihnen die Dinge bereits verändert vorkommen. Wir stellen dann die folgenden Fragen: »Was haben Sie über ihre Situation festgestellt? Stehen diese Veränderungen in Zusammenhang mit dem Grund, aus dem Sie hierher kamen? Handelt es sich um die Art von Veränderungen, die Sie sich auch weiterhin wünschen?«

Interessanterweise stellten zwei Drittel der Patienten Veränderungen fest und bejahten die zweite und dritte Frage.

Diese Phase führt ganz natürlich zur Festlegung der Ziele, da der Patient eben möglicherweise mehr von dem haben möchte, was geschieht, wenn die Beschwerde nicht auftritt. Die einfache Tatsache, daß die Beschwerde manchmal auftritt und manchmal nicht, trägt dazu bei, die Erwartung zu schaffen, daß eine Zukunft möglich ist, die die Beschwerde nicht enthält.

4. Ziele

Die Festlegung eines konkreten Ziels liefert die Möglichkeit, die Nützlichkeit der Therapie für den Patienten zu messen, und – besonders wichtig – das Ziel trägt dazu bei, die Erwartung aufzubauen, daß die Veränderung eintreten wird. Es ist für alle Beteiligten wichtig zu wissen, woran sie erkennen können, daß das Problem gelöst ist und die Therapie beendet werden kann. Ohne ein Ziel könnte jede Therapie ein Leben lang dauern. Konkrete Ziele sind ein wichtiger Bestandteil unseres Auswertungsprogramms und ein notwendiger Bestandteil unserer Nachuntersuchungen oder Ergebnisüberprüfungen.

5. Lösungen

Patienten äußern sich oft vage oder allgemein, wenn sie direkt gebeten werden, konkrete Ziele zu nennen. Wir haben festgestellt, daß es häufig hilfreicher ist, ein Gespräch darüber zu führen, woran die Patienten erkennen werden, daß das Problem gelöst ist, und was anders sein wird, sobald das Problem Teil der Vergangenheit geworden ist. Wenn der Therapeut mit mehr als einer Person spricht, werden die Vorstellungen darüber, wie das Leben sein wird, nachdem das Ziel erreicht ist, oder wie das Leben aussehen wird, wenn die Beschwerde Vergangenheit geworden ist, natürlich zahlreich und vielfältig sein. Je mehr alternative Zukunftsperspektiven und Lösungen angesprochen werden, um so stärker wird die Veränderungserwartung des Patienten sein.

Unser Ziel ist es, daß sich der Hauptteil des Gesprächs während der Sitzung auf die Abwesenheit der Beschwerde konzentriert. Allerdings scheinen sich die Beschwerden von allein aufrechtzuerhalten, da die Leute erwarten, daß dasselbe Ärgernis auch weiterhin immer und immer wieder auftreten wird. Über mögliche alternative Zukunftsperspektiven, in denen die Beschwerde nicht länger eine Beschwerde sein wird, zu sprechen, trägt dazu bei, die Erwartung zu schaffen, daß eine Veränderung nicht nur möglich, sondern geradezu unvermeidlich ist.

6. Pause – Unterbrechung der Konsultation

Nach 30 bis 40 Minuten entschuldigt sich der Therapeut, daß er sich mit dem Team besprechen oder, wenn er allein arbeitet, über die Dinge nachdenken müsse. Zweck dieser zehnminütigen Unterbrechung ist es zu entscheiden, was zu tun ist und wie es zu tun ist. Da wir an Lösungen interessiert sind, wird nur wenig oder gar nicht über die Beschwerden gesprochen und darüber, wie sie aufrechterhalten werden und was die Patienten bisher an vergeblichen Lösungsversuchen unternommen haben, oder über hypothetische Ätiologien. Statt dessen konzentriert sich das Gespräch gewöhnlich auf
– Dinge, die der Patient tut, die gut für ihn sind;
– Ausnahmen vom Beschwerdemuster;
– die Vorstellungen des Teams, wie die Patienten sein werden, sobald die Beschwerde der Vergangenheit angehört.

Arbeitsblatt zum Interventionsplan

Die Arbeit hinter dem Spiegel wird auf einem »Arbeitsblatt zum Interventionsplan« skizziert, das wir für Trainingszwecke benutzen.

1. Achten Sie darauf, welche Dinge der Patient tut, die gut, nützlich und wirkungsvoll sind.
2. Achten Sie auf die Unterschiede zwischen dem, was geschieht, wenn die Beschwerde auftritt, und dem, was geschieht, wenn die Beschwerde nicht auftritt. Fördern Sie letzteres.
3. Finden Sie, wenn möglich, die einzelnen Schritte des problematischen Musters oder der Beschwerdesequenz heraus.
4. Achten Sie auf Unterschiede zwischen dem Muster und Ausnahmen zu diesem Muster.
5. Stellen Sie sich eine Version des Musters vor, in der das Problem gelöst ist, indem Sie:
   a) die Ausnahme zur Regel machen,
   b) den Ort des Musters ändern,
   c) die in das Muster involvierten Personen ändern,
   d) die Reihenfolge der involvierten Schritte ändern,
   e) ein neues Element oder einen neuen Schritt zu dem Muster hinzufügen,
   f) die Dauer der Sequenz erhöhen,
   g) einen willkürlichen Anfang und ein willkürliches Ende einführen,
   h) die Häufigkeit des Musters erhöhen.
6. Entscheiden Sie, was für den jeweiligen Patienten paßt, das heißt, welche Aufgabe, basierend auf welcher Variablen (a bis h), der Patient am wahrscheinlichsten akzeptieren und ausführen wird. Was wird dem jeweiligen Patienten am sinnvollsten erscheinen?

Normalerweise hat die während der Pause ausgearbeitete Botschaft zwei Teile: a) Komplimente und b) Hinweise.

Komplimente sind nicht notwendigerweise mit den Beschwerden verbunden, sondern beziehen sich auf das, was der Patient bereits an Dingen tut, die unabhängig vom jeweiligen Inhalt und Kontext in irgendeiner Weise nützlich, gut oder richtig sind. Komplimente werden konstruiert, um dem Patienten zu helfen, seine Situation so zu »durchschauen«, daß eine flexiblere Sicht der Situation möglich wird; damit wird die Entwicklung einer Lösung eingeleitet. Ziel ist es, den Patienten zu helfen, sich als normale Menschen mit normalen Schwierigkeiten zu sehen.

Zweck der Komplimente ist es, die Lösungsorientiertheit zu unterstützen und dabei die Entwicklung dessen fortzusetzen, was Erickson (de Shazer, 1985) ein »yes set« nannte, was während des Interviews begonnen wurde, jetzt aber intensiver und zielgerichteter weiterverfolgt wird. Der Beginn der therapeutischen Botschaft soll den Patienten zu verstehen geben, daß der Therapeut die Dinge auf ihre Weise sieht und mit ihnen übereinstimmt. Das erlaubt den Patienten natürlich, problemlos mit dem Therapeuten übereinzustimmen. Ist diese Übereinstimmung erst einmal hergestellt, sind die Patienten in einer geistigen Verfassung, die sie Hinweise auf Lösungen, das heißt auf etwas Neues und anderes, akzeptieren läßt.

Hinweise sind zielgerichtete therapeutische Vorschläge, Aufgaben oder Direktiven hinsichtlich anderer möglicher Dinge, die die Patienten tun könnten und die vermutlich gut für sie wären und zur Lösung führen würden. Wenn sich das Gespräch auf ein klar beschriebenes Beschwerdemuster konzentriert hat, reflektieren die Hinweise gewöhnlich diese Klarheit. Verschiedenartige Verhaltenshausaufgaben können vorgeschlagen werden, die das Ziel haben, eine Verlagerung vom Beschwerdemuster auf die Lösung zu erreichen. Wenn sich die Eltern beispielsweise darüber beklagen, daß ihr intelligentes Kind trotz ihrer gemeinsamen Vorwürfe und ihrer gemeinsamen Strafpredigten bei seinen Hausaufgaben versagt, dann könnte die Hausaufgabe für die Eltern darin bestehen, daß sie eine Münze werfen, um dadurch zu bestimmen, wer von ihnen beiden für einen Tag nicht da sein wird; wenn sie möchten, daß das Kind allein für seine Arbeit verantwortlich ist, könnte man sie bitten, eine Münze zu werfen, um willkürlich zu entscheiden, an welchen Tagen keiner von ihnen ihrem Kind gegenüber die Hausaufgaben erwähnen wird. In beiden Fällen würde man sie bitten, die Unterschiede zwischen den beiden Situationen zu beobachten. Falls die Eltern die Hausaufgaben weiterhin überwachen möchten, könnte ein System entwickelt werden, das ihnen und der Schule unmittelbare Kontrollen erlaubt. Wenn sie eine deutlich erkennbare Ausnahme beschrieben haben, könnte man sie ermutigen, die Ausnahme zur Regel zu machen. In jeder dieser Aufgaben steckt das Potential, eine Veränderung im Muster herbeizuführen, die einen ausreichenden Wandel hervorbringt – bessere Leistungen bei den Hausaufgaben.

Sehr viel häufiger jedoch werden die Beschwerden der Patienten in der ersten Sitzung nicht klar genug definiert oder beschrieben; die oben erwähnten Ansätze können daher nicht greifen. In diesen Situationen erweist sich ein Gespräch darüber, wie es sein wird, wenn die Beschwerde Vergangenheit geworden ist, als hilfreich.

Erickson hatte eine Idee, die sich für uns in solchen Situationen als nützlich erwiesen hat. Erickson (in: Gordon, Meyers-Anderson, 1981) zufolge kommen die Patienten zum Therapeuten,

weil sie nicht genau *wissen*, WARUM sie kommen. Sie haben Probleme, und wenn sie wüßten welche, *wären sie nicht gekommen*. Und da sie nicht wissen, was für Probleme sie WIRKLICH haben, können sie es Ihnen nicht sagen ... Und Sie hören mit Ihrem *Erfahrungshintergrund* zu und *verstehen* nicht, was sie sagen, aber Sie sind sich eher *bewußt*, daß Sie nicht verstehen. Und dann müssen Sie versuchen, ETWAS zu tun, was eine *Veränderung* beim

Patienten bewirkt ... irgendeine kleine Veränderung, weil
der Patient eine *Veränderung* will, so klein sie auch sein
mag, und er wird dies als *Veränderung* akzeptieren [...],
und dann wird die Veränderung sich im Einklang mit seinen *Bedürfnissen* entwickeln. (S. 21)

Dieser Gedankengang und die praktische Notwendigkeit, den
Praktikanten beizubringen, wie sie mit undefinierten, vagen
Beschwerden umgehen können, veranlaßten uns, die Verhaltensverschreibung zu entwickeln, die wir in der ersten Sitzung benutzen (de Shazer, 1984, 1985; de Shazer, Molnar,
1984):

Wir möchten, daß Sie bis zu unserem nächsten Treffen
beobachten – so daß Sie es uns das nächste Mal beschreiben können –, was in Ihrem Leben geschieht, das, wenn es
nach Ihnen geht, weiter geschehen soll.

Mit erstaunlicher Häufigkeit (50 von 56 bei einer Nachkontrolle) beobachten die meisten Patienten Dinge, die sie sich
weiterhin wünschen, und viele (46 von 50) beschreiben
zumindest eines als »neu oder anders«. Die Lösung ist also
eingeleitet; konkrete, beobachtbare Veränderungen sind eingetreten.

7. Übermittlung der Botschaft

Nach einer Pause von zehn Minuten oder weniger kehrt der
Therapeut zurück und übermittelt die Botschaft. Diese Bot-
schaft ist häufig für den Therapeuten aufgeschrieben worden,
der sie »ad libitum« verliest. Vielleicht ist die Aufnahme-
fähigkeit der Patienten gesteigert, weil sie warten mußten.
Die Botschaften selbst sind eher kurz, häufig nimmt ihre
Übermittlung nicht einmal fünf Minuten in Anspruch.
(Technische Dinge wie die Vereinbarung des nächsten Ter-

mins werden an einem anderen Ort erledigt.) Der Therapeut beendet die Therapiesitzung daher rasch, aber nicht unhöflich.

Die zweite und die folgenden Sitzungen

Der Hauptunterschied zwischen der ersten Sitzung und den folgenden Sitzungen besteht darin, daß die Beschwerde bereits in der ersten Sitzung besprochen worden ist, und daher besteht nur wenig oder gar kein Bedarf, in der zweiten Sitzung über die Beschwerde zu sprechen. Hauptanliegen des Therapeuten ist es, das Gespräch auf die Frage zu konzentrieren: »Was ist geschehen, das Sie weiterhin geschehen lassen möchten?« Diese Frage kann auch auf viele andere Arten formuliert werden: »Also, welche Tage waren besser?« (wenn Münzen geworfen wurden); oder: »Was tun Sie, das gut für Sie ist?« (in weniger klar definierten Situationen). Mit anderen Worten, der Therapeut muß alles aufspüren, was der Patient als fortsetzenswert auflisten kann, es identifizieren und kommentieren. Während jeder Punkt oder jede Sequenz genannt wird, will der Therapeut wissen, ob es »neu« oder »anders« ist. Wenn etwas nicht neu ist, sondern nur eine seltene Ausnahme, lautet die Frage, ob es etwas ist, das der Patient gern häufiger erleben würde. Sobald die Liste abgeschlossen ist oder auch während des Auflistens wechselt der Therapeut von der Vorstellung, daß diese Dinge nur »geschahen«, zu der Frage: »Was haben Sie getan, damit es geschehen konnte?« und: »Was haben Sie zu tun beschlossen, als es geschah?«

Wenn der Patient berichtet, daß die Dinge sich gebessert haben (die vorausgegangene Intervention »paßte« und leitete die Lösung ein), dann verlagert der Therapeut das Gespräch auf Fragen wie: »Was müssen Sie tun, damit diese Dinge weiterhin geschehen?« Unserer Meinung nach sollte man, wenn etwas funktioniert, mehr davon oder mehr ähnliche Dinge tun. Mit anderen Worten, die Therapie setzt sich jetzt zum Ziel, dem Patienten dabei zu helfen, die Veränderungen, die zwischen der ersten und zweiten Sitzung eintraten, fortzuführen. Wenn die Eltern entdecken, daß das Kind seine Hausaufgaben an Tagen, an denen keiner der Elternteile sie erwähnte, gemacht hat, dann dürfen die Eltern die Hausaufgaben auch weiterhin nicht erwähnen. Nur wenn dieser Ansatz scheitert, müssen sie etwas anderes tun. Da es ganz natürlich ist, daß man von Zeit zu Zeit etwas vergißt, könnten die Eltern möglicherweise vergessen wollen, etwas für das Kind zu tun, wenn das Kind vergißt, seine Hausaufgaben zu machen.

Wenn der Patient berichtet, daß sich nichts gebessert habe (die vorangegangene Intervention »paßte« nicht und hat keine Lösung eingeleitet) oder daß alles unverändert sei, dann wird der Therapeut trotzdem zu fragen beginnen, was der Patient tut, das funktioniert. Diese Frage könnte so formuliert werden: »Wir haben die Erfahrung gemacht, daß, wenn Leute nicht etwas Richtiges tun, alles mit der Zeit eher noch schlimmer wird, als daß es so bleibt, wie es ist. Was tun Sie?« Und die Suche nach Ausnahmen und geringfügigen Unterschieden, die es zu verstärken gilt, geht weiter. Wenn der Patient berichtet, daß die Dinge sich verschlechtert haben, dann konzentriert der Therapeut das Gespräch auf die Frage: »Haben die Dinge ihren Tiefstand erreicht, und können Sie mit guten Gründen erwarten, daß bald eine Änderung eintritt? Oder haben die Dinge noch nicht ihren Tiefstand erreicht, so daß sie sich nicht so rasch bessern werden?« In diesem Fall sollten sich die Hausaufgaben auf Zeichen konzentrieren, die anzeigen, daß die Dinge sich jetzt bessern oder sich noch weiter verschlimmern, bevor eine Besserung eintritt.

Der Therapeut unterbricht die Sitzung erneut nach etwa 40 Minuten und entwirft eine Botschaft, die einerseits Komplimente enthält, die sich auf alle Veränderungen, auf alle funktionierenden Aktivitäten des Patienten beziehen, und andererseits Hinweise, die dem Patienten helfen sollen, das Tempo und den Grad der Veränderung beizubehalten oder sogar noch zu steigern.

Wenn der Patient berichtet, daß in seinem Leben »Besserungen« eingetreten sind, wird der Abstand zwischen den Sitzungen vergrößert; die zweite Sitzung findet gewöhnlich eine Woche nach der ersten statt, die dritte zwei Wochen nach der zweiten, die vierte drei Wochen oder einen Monat nach der dritten. Wir haben uns für diese Abstände entschieden, um die implizite Botschaft zu senden: »Da die Dinge sich gebessert haben, brauchen Sie nicht so oft zur Therapie zu kommen.« Sobald der Therapeut und das Team der Überzeugung sind, daß es dem Patienten »gut genug« geht, wird er um seine Meinung gebeten, ob er eine weitere Sitzung brauche und in welchem Abstand. Dieses Votum wird gewöhnlich respektiert, obwohl der Therapeut um eine Nachkontroll-Sitzung in sechs Wochen bitten kann. Bis der Patient berichtet, daß die Dinge sich »gebessert« haben, finden die Sitzungen gewöhnlich weiterhin in wöchentlichem Abstand statt.

Auswertung und Ergebnisse

Obwohl die Forscher die therapeutischen Ergebnisse gern umfassend auswerten würden, können die Therapeuten ihnen oft nur ihre klinischen Eindrücke liefern. Da die Therapie aber ausgewertet werden muß, nehmen wir eine Position irgendwo zwischen »Forschungsergebnissen« und »klinischen Eindrücken« ein. Wir schlagen vor, daß die Auswertung auf einen Vergleich zwischen dem, was die Therapie dem Patienten zu tun vorschlägt, und den beobachtbaren Ergebnissen gegründet werden kann.

Von Anfang an beschlossen wir, diesbezüglich Weakland et al. (1974) zu folgen, da dies dem BFTC zumindest einen vergleichbaren Standard geben würde. Da unsere Nachkontrolle auf den Selbstberichten der Patienten beruht, stellt sich die Frage nach der Stichhaltigkeit der Selbstberichte von Patienten. Wir sind uns dieser Schwierigkeit bewußt und möchten lediglich darauf hinweisen, daß die Therapie damit beginnt, daß der Patient selbst von einer Beschwerde berichtet, die ihm lästig genug ist, um ihn zu einer Therapie zu veranlassen. Der Selbstbericht eines Patienten sechs Monate bis ein Jahr nach der Therapie, daß er keine Beschwerden gehabt habe, die eine Therapie rechtfertigten, kann daher mit Sicherheit als Indikator für Erfolg gewertet werden.

1. Die Art von Kurzzeittherapie, die am BFTC durchgeführt wird, erweist sich innerhalb einer kurzen Zeitspanne und innerhalb einer begrenzten Anzahl von Sitzungen als wirksam. Zwischen 1978 und 1983 behandelten wir 1600 Fälle in durchschnittlich sechs Sitzungen pro Fall. Unsere Kontrollanrufe bei einer repräsentativen Stichprobe von 25% (durchgeführt von jemandem, der mit dem Fall nichts zu tun hatte) zeigten, daß 72% ihre Therapieziele erreicht oder das Gefühl hatten, daß eine beträchtliche Besserung eingetreten war, so daß eine weitere Therapie nicht mehr notwendig war. Weakland et al. (1974) berichteten von einer ähnlichen Erfolgsrate in durchschnittlich sieben Sitzungen pro Fall.

2. Die Art von Therapie, die am BFTC durchgeführt wird, erweist sich auch dann als wirksam, wenn die Beschwerden und/oder die Ziele vage und schlecht definiert sind. Wir führten eine Studie durch, die sich speziell mit unserem Rezept für die Aufgabe der ersten Sitzung befaßte. Wir konnten nur 28 der 56 Patienten des ursprünglichen Projekts nach einer Periode von sechs Monaten bis einem Jahr nach Beendigung der Therapie für die Nachkontrolle erreichen. Auf die Frage: »Als Sie in die Therapie kamen, war Ihre Hauptbeschwerde ... Ist das besser geworden? Gleichgeblieben? Schlimmer geworden?« antworteten 23 von 28, daß das, worüber sie geklagt hatten, sich »gebessert« habe. Die durchschnittliche Anzahl von Sitzungen

pro Fall (bei den 56 Fällen) betrug fünf, was bedeutet, daß die Anzahl von Sitzungen pro Fall im Gesamdurchschnitt in den letzten zwei Jahren verringert werden konnte. Die Ergebnisse unserer Nachkontrollen stützten unseren klinischen Eindruck, daß wir und unsere Trainees bei vage definierten Beschwerden erfolgreicher geworden sind, seit wir Mitte 1982 mit dem Einsatz des Aufgabenrezepts begannen.

3. Rasche Veränderungen können anhaltend sein. Im selben Projekt wurden die Patienten zu den Veränderungen befragt, von denen in der zweiten Sitzung berichtet wurde. Die Frage: »Während der Therapie beobachteten Sie eine Veränderung bei (etwas, das nach unseren Aufnahmen in der zweiten Sitzung berichtet wurde). Ist diese Veränderung dauerhaft?«, bejahten 23 der 28 überprüften Personen. Obwohl die Zahl der überprüften Personen sehr gering ist, ermutigen uns diese Antworten.

4. Eine kleine Veränderung kann zu anderen Veränderungen führen. In demselben Projekt wurden die 28 Patienten zu weiteren Besserungen befragt. Drei Fragen wurden benutzt:

(A) »Sie hatten sich auch Sorgen gemacht wegen ... Ist das besser geworden? Gleichgeblieben? Schlimmer geworden?« (21 hatten eine sekundäre Beschwerde erwähnt, die in der Therapie nicht notwendigerweise explizit behandelt worden war, und 11 berichteten, daß sich das ebenfalls gebessert habe.)

(B) »Haben sich irgendwelche alten Probleme, die in der Therapie nicht direkt behandelt worden sind, gelöst, seit Sie nicht mehr ins BFTC kommen?« (15 berichteten von Besserungen auf Gebieten, die in der Therapie überhaupt nicht berücksichtigt worden waren.)

(C) »Sind irgendwelche neuen Probleme aufgetreten, seit Sie die Therapie am BFTC beendet haben?« (16 berichteten, daß keine neuen Probleme aufgetreten seien, 8 berichteten, daß ein neues Problem aufgetreten sei, dieses aber nicht so schlimm sei, daß deswegen eine Therapie nötig sei; und 5 berichteten, daß jemand aus der unmittelbaren Familie wegen einer anderen Beschwerde eine Therapie mache.)

All dies hat uns nicht überrascht, weil die Verteilung in etwa die gleiche wie bei unseren früheren Nachkontrollstudien war. Fishers (1984) Ergebnisse zeigen auch, daß nach einer Kurzzeittherapie eher eine weitere Besserung als eine Verschlechterung eintritt.

Schlußfolgerungen

In diesem Essay haben wir eine besondere Auffassung von der Natur der Lösungen für die verschiedenen Probleme vorgeschlagen, die die Patienten dem Therapeuten vorstellen. Wir haben unseren Kurzzeittherapieansatz zur Entwicklung von Lösungen beschrieben und einige unserer Ergebnisse präsentiert. Natürlich ist dies kein endgültiger Bericht. Weitere klinische und wissenschaftliche Forschung ist nötig, denn wichtige Fragen sind noch offen:

1. Gibt es eine so geringe Übereinstimmung zwischen der je spezifischen Beschwerde und dem spezifischen neuen Verhalten und den neuen Grundstrukturen, die zur Lösung führten, wie unsere Ergebnisse sie nahelegen? Auch wenn dieser Gedanke jeder Intuition zu widersprechen scheint, weist unsere Arbeit doch entschieden in diese Richtung.

2. Wird sich die Unterscheidung zwischen a) konkret beschriebenen Beschwerden und gleichermaßen spezifischen Zielen und b) vage beschriebenen Beschwerden und gleichermaßen vagen Zielen weiterhin als nützlich erweisen?

3. Wie kann das, was der Therapeut während des Interviews tut, am besten beschrieben und studiert werden? In welchem Zusammenhang steht das, was der Therapeut

während des Interviews tut, mit einem befriedigenden Wandel? Was tun Therapeuten während der Sitzung, das in Zukunft unterbleiben sollte?

4. Welche Konstruktion der Kurzzeittherapiesituation wird sich herausbilden, die nützlicher ist als diejenige, die wir hier vorschlagen?

Mit jedem einzelnen Schritt auf dem Weg, den wir weitergegangen sind, um alternative Modelle zu konstruieren, ist die Komplexität durch das ersetzt worden, was wir jeweils für ein einfacheres Modell hielten. Die Versuche, anderen dabei zu helfen, unsere Modelle zu lernen, haben stets zu weiterer Vereinfachung geführt. Kurz, es ist unsere Überzeugung, daß die Patienten bereits wissen, was sie zu tun haben, um die Probleme zu lösen, die sie in die Therapie führen; sie wissen nur nicht, daß sie es wissen. Unsere Aufgabe als Kurzzeittherapeuten besteht darin, ihnen zu helfen, selbst einen neuen Gebrauch des Wissens zu entwickeln, das sie bereits besitzen.

10. Kapitel

Jeffrey K. Zeig

Die Tugenden unserer Fehler: ein Schlüsselkonzept der Ericksonschen Therapie*

Während unserer Ausbildung zum Therapeuten lernen wir sowohl besondere Denkweisen als auch spezifische Inhalte. Diese Denkweisen werden zu Wahrnehmungslinsen. Linsen haben den Vorteil, daß sie unsere Aufmerksamkeit auf bestimmte Aspekte des Patienten konzentrieren. Ihr Nachteil ist, daß sie auch die Sicht verengen. Außerdem wirken Linsen insofern als Filter, als unsere Wahrnehmungen nachfolgende Handlungen eingrenzen. Zu Beginn unserer Ausbildung, vielleicht bereits an der Hochschule, werden sie uns von unseren Lehrern »chirurgisch implantiert«. Später werden sie zu unseren Erbstücken, die wir sorgsam an unsere Patienten und an nachfolgende Generationen von Studenten weitergeben.

Nachdem ich mehr als siebzehn Jahre die hypnotische Psychotherapie von Milton Erickson studiert hatte, entwickelte ich eine besondere Art des Nachdenkens über die Therapie. Ich möchte hier ein »kleines« Konzept erforschen, das seine Wurzeln zwar in der traditionellen Hypnose hat, aber dennoch in Ericksons Arbeit einen zentralen Platz einnahm. Man könnte es tatsächlich als eine Weitwinkellinse unter Ericksons methodischen Mitteln ansehen. Obwohl dieses

---

* Aus: Zeig, J.K. (Hg.), *The Evolution of Psychotherapy: The Second Conference*, Brunner/Mazel, New York, 1992, S. 252–266.

Konzept einfach zu verstehen ist, ist es schwierig zu beherr-
schen. Um J. Haley (1982) frei zu paraphrasieren: Wenn ich
diesen einen Gedanken auf der Ebene der Erfahrung verstanden habe, dann eröffnen sich mir auf dem Gebiet der Psychotherapie neue Welten.

Ich werde Ihnen dieses Konzept nach Art Ericksons über
eine Reihe von Vignetten und Szenen vorstellen. Damit
folge ich der Überzeugung, daß dynamische Erfahrungen
dynamischem Verstehen vorausgehen sollten. Ich möchte
daher, daß Sie auf die folgenden Situationen reagieren und
herausfinden, was sie gemeinsam haben. Sie sollten in der
Lage sein, das zentrale Thema mit einem Wort zu beschreiben.

Illustration des Konzepts

Situation 1

Wenn Sie in Ihrem Sessel sitzen, brauchen Sie nicht auf die
Wand Ihnen gegenüber, die Dunkelheit des Fußbodens, die
Farbe Ihrer Kleidung oder die Veränderungen in einem Blick
zu achten. Und doch können Sie nicht anders, als auf die
Geräusche außerhalb des Zimmers, die Geräusche um Sie
herum, das Geräusch Ihres Atems, die Veränderungen, die
nach und nach in den Geräuschen um Sie herum eintreten,
zu achten. Sie können auch auf das Gefühl Ihrer Füße auf
dem Boden, auf den Druck Ihres Körpers, der von dem
Möbelstück getragen wird, auf das Vorhandensein oder Feh-
len einer Kopfstütze, einer Rückenlehne, von Armlehnen,
einer Sitzauflage, einer Fußstütze achten. Und unter Hypnose werden Sie lediglich die Anzahl der Brennpunkte Ihrer
Aufmerksamkeit verringern und sich erlauben, nur dem
Aufmerksamkeit zu schenken, was von unmittelbarer Relevanz ist.

Situation 2

Kürzlich wollte ein Paar eine Hypnotherapie machen, weil es das Rauchen aufgeben wollte. Er war in den Vierzigern, sie in den Dreißigern. Beide waren bereits in Therapie und waren zur Kontrolle ihrer Gewohnheiten an mich überwiesen worden. Wie es bei mir die Regel ist, bestellte ich sie gemeinsam. Ich schlug Ihnen vor, sie sollten am Abend vor der Sitzung ihre Rauchutensilien beseitigen und ihre Aschenbecher wegräumen. Ihre letzte Zigarette sollten sie vor dem Zubettgehen rauchen, und sie sollten mit einem Gefühl des »Unwohlseins« zur Sitzung kommen, damit ich ihre spezifischen Schwierigkeiten kennenlernen und die Therapie auf sie abstimmen könnte.

Als sie in meine Praxis kamen, berichteten sie, daß sie meinen Vorschlag aufgegriffen hätten, was ich als positives Vorzeichen wertete. In meinem Interview fragte ich sie, ob sie schon andere Gewohnheiten besiegt hätten, und erfuhr, daß beide lange wegen verschiedener Süchte in Behandlung gewesen waren: Sie arbeiteten in einem Programm der Anonymen Alkoholiker und der Anonymen Rauschgiftsüchtigen. Ich erkundigte mich nach dem Verhaltensmuster, das der Mann vor der Behandlung gezeigt hatte, wenn er trank und Rauschgift nahm. Er pflegte zu seiner Frau zu sagen: »Ich hab nur schnell ein Bier getrunken«, während er in Wirklichkeit harte Schnäpse gekippt und Drogen genommen hatte. Seine Strategie des Ableugnens schloß dreiste Lügen ein.

Ich versuchte, mir ein Bild von der Lebensweise des Ehepaars zu machen. Beide waren Arbeiter. Der Mann liebte oberflächliche Geselligkeit, war aber reserviert und vermied jede Art von Intimität. Tatsächlich hatten sie auf Verlangen der Frau bereits einige Paartherapien gemacht, um mehr Nähe zu entwickeln. Die Frau wirkte hart, unabhängig, rebellisch und süffisant. Sie litt unter Arthritis. »Wie gehen Sie mit dieser Beschwerde um?« fragte ich. »Wenn ich Schmerzen habe, sagt mein Körper: ›Schon dich ein bißchen‹, und ich nehme ein Bad oder mache ein Nickerchen.« Ihre Schmerzen waren niemals ein Grund für sie, nicht zur Arbeit zu gehen. Auch ihr Mann konnte ein hohes Maß an Schmerz ertragen.

Ich verließ abrupt das Thema des Schmerzes, wohl wissend, daß ich in Kürze darauf zurückkommen würde. Ich fragte: »Ich weiß, daß es schwierig ist, das Verlangen nach einer Zigarette genau zu beschreiben, aber könnten Sie versuchen, es zu beschreiben?« Da sie Mühe hatten, genau zu analysieren, wodurch sich das Verlangen nach einer Zigarette im einzelnen bemerkbar machte, fügte ich hinzu: »Ich möchte, daß Sie sich klarmachen, daß Sie sich dieses Verlangen in vielerlei Hinsicht als Schmerz vorstellen können.« Sie konnten akzeptieren, daß das Verlangen nach einer Zigarette in vielerlei Hinsicht ein Schmerz ist.

Ich schlug ihnen dann vor, daß sie ein privates Zeichensystem vereinbaren könnten, das nur sie beide benutzen würden. Ich erinnerte sie daran, daß alle Paare eine private Sprache haben, die Außenstehende nicht völlig verstehen. Wenn einer von ihnen den Ausdruck »dieser Schmerz« benutzen würde, so als sagte er: »Ich verspüre diesen Schmerz«, dann würde er damit zu verstehen geben, daß er ein unangenehmes Verlangen verspüre, »das in Wirklichkeit kein Verlangen, sondern ein Schmerz ist«. Sobald das Zeichen vereinbart sei, könnte jeder dem anderen helfen.

Dem Ehemann gab ich den folgenden Hinweis: »Sie können folgendes tun. Wann immer Sie zu Ihrer Frau sagen: ›Ich verspüre diesen Schmerz‹, kann sie Sie berühren. Sie kann Sie umarmen oder ihre Hand auf Ihren Schoß legen oder einfach nur zärtlich Ihre Hand nehmen. Wenn Sie sagen: ›Ich verspüre diesen Schmerz‹, wird sie sofort die Hand ausstrecken können.« Diese Idee gefiel der Frau, die sich ganz deutlich mehr Zärtlichkeit in der Ehe wünschte. Der Ehemann wurde blaß; seine Antwort war gedämpfte Zustimmung.

Ich wandte mich an die Ehefrau: »Wenn Sie zu Ihrem Mann sagen: ›Ich verspüre diesen Schmerz‹, soll er Ihnen

Raum geben. Sie sollen fünf Minuten für sich haben. Während dieser fünf Minuten können Sie ein Nickerchen machen, können Sie tun, was Sie wollen. Aber Sie müssen Zeit für sich haben.« Die Ehefrau wurde blaß; ihre Antwort war gedämpfte Zustimmung.

Ich erklärte dem Ehemann, daß es noch einen zweiten Teil der Therapie gebe; er solle seine Frau regelmäßig belügen und betrügen. Tatsächlich sollte er täglich dreimal lügen und betrügen. Er würde gezwungen zu lügen und zu betrügen. Es wäre gut, wenn er es beim Frühstück, beim Mittagessen und beim Abendessen täte, denn dann würde er es nicht vergessen. Wir vereinbarten, wie zweckmäßiges Lügen und Betrügen auszusehen habe. Die Lügen müßten relativ unbedeutend sein und dürften keine Sucht betreffen. Er könne beispielsweise sagen, er habe den Mülleimer hinausgetragen, während er es in Wirklichkeit gar nicht gemacht habe; er könne sagen, er habe eine Besorgung gemacht, während er es in Wirklichkeit gar nicht getan habe.

Ihre Aufgabe sei es, ihn zu ertappen. Am Ende des Tages würden sie ein ernstes Gespräch führen. Sie würde sagen, in bezug auf welche Vorfälle er sie ihrer Meinung nach belogen und betrogen habe. Er würde sagen, in bezug auf was er sie tatsächlich belogen und betrogen hat.

Ein dritter Teil der Therapie bestand für den Ehemann aus einer einfachen Technik zur Gedankenblockierung, die immer angewandt werden könne, wenn er den Schmerz verspüre. Das schmerzhafte Verlangen könne als »Eindringling« betrachtet werden; dies war Teil der »Artillerie«, die er einsetzen könne, um seine Verteidigungslinien zu verstärken.

Die Technik trägt den Namen »Sehen-Hören-Spüren 4, 3, 2, 1«. Er sollte in Gedanken den unvollständigen Satz »Jetzt bin ich mir .... bewußt« mit vier sichtbaren Dingen ergänzen: »Jetzt bin ich mir der Mauer bewußt. Jetzt bin ich mir der Dunkelheit des Bodens bewußt. Jetzt bin ich mir der Farbe meiner Kleidung bewußt. Jetzt bin ich mir der Veränderungen in einem Blick bewußt.« Dann sollte er ihn mit vier hörbaren Dingen ergänzen: »Jetzt bin ich mir der Geräusche außerhalb des Zimmers bewußt. Jetzt bin ich mir der Geräusche um mich herum bewußt. Jetzt bin ich mir des Geräuschs meines Atems bewußt. Jetzt bin ich mir der Veränderungen der Geräusche bewußt.« Danach sollte er ihn mit vier spürbaren Dingen ergänzen: »Jetzt bin ich mir des Gefühls der Füße auf dem Boden bewußt. Jetzt bin ich mir des Drucks meines Körpers bewußt, der vom Möbelstück getragen wird.« Und so weiter.

Nachdem er den unvollständigen Satz je viermal mit Wörtern, die sichtbare, hörbare und spürbare Dinge bezeichnen, vervollständigt habe, solle er ihn mit je drei Wörtern, die sichtbare, hörbare und spürbare Dinge bezeichnen, vervollständigen, dann mit je zwei und dann mit je einem. Es wurde ihm gesagt, daß dies weniger eine Ablenkungstechnik sei als vielmehr eine Methode, um »Ihren Verstand zu verlieren und zur Besinnung zu kommen«. Wenn er diese Übung beendet habe, würden seine Sinne geschärft sein. Er würde sich sogar ein bißchen »high« fühlen.

Ich beendete die Sitzung mit der Bemerkung, daß wir nun genug getan hätten. Wir würden die Therapie am nächsten Tag fortsetzen, wobei ich auch Hypnose anwenden würde. Ich würde jeden von ihnen für eine halbe Stunde getrennt sehen. Ich ging stillschweigend davon aus, daß es für sie kein Problem sein würde, bis zur »wirklichen« Behandlung eine rauchfreie Umgebung aufrechtzuerhalten.

Am nächsten Tag empfing ich zuerst die Ehefrau. Sie sagte leichthin: »Ich habe beschlossen, mit dem Rauchen aufzuhören. Seit ich bei Ihnen war, ist es mir nicht schwergefallen, keine Zigarette anzurühren. Es ist wie mit dem Alkohol – ich habe einfach beschlossen aufzuhören.« Ich erwiderte: »Ich möchte, daß Sie aufpassen. Nehmen Sie das nicht auf die leichte Schulter. Wenn Ihr Mann merkt, daß es Sie keine Mühe kostet, mit dem Rauchen aufzuhören, könnte er ein Problem haben. Also, auch wenn es nicht wahr ist – *vor allem*, wenn es nicht wahr ist –, sagen Sie ihm regelmäßig, daß es

Ihnen schwerfällt, mit dem Rauchen aufzuhören, denn ich denke, Ihnen fällt es leichter als ihrem Mann, mit dem Rauchen aufzuhören. Wir wissen ja beide, daß er wie ein Baby ist. Und ich möchte nicht, daß er Sie unabsichtlich sabotiert.«

Die Frau stimmte zu, daß ihr Mann in bezug auf Schwierigkeiten ein »Baby« sein könnte, und wir sprachen über Möglichkeiten, wie er sie unabsichtlich sabotieren könnte, wenn er rauchen würde und sie nicht. Ich versetzte sie in eine »zeremonielle« Trance, so daß sie etwas mit ihrem Mann zu besprechen haben würde und er wissen würde, daß sie eine Behandlung erhalten hatte. In der Trance erzählte ich ihr Geschichten über Jugendliche, die gelernt hatten, Dinge zu ihrem eigenen Wohl zu tun, selbst wenn Autoritätspersonen verlangten, daß diese Dinge getan wurden. Für sie war die Therapie damit beendet.

Der Ehemann kam, und ich sah ihn allein. Er sagte: »Ich habe gestern den ganzen Tag über Ihre Ideen gelacht. Warum haben Sie mir gesagt, ich soll betrügen?« Er fügte hinzu: »Ich habe zu meiner Frau nicht gesagt: ›Ich verspüre diesen Schmerz.‹ Ich fühlte mich wohl.« Ich ermahnte ihn: »Sie ruinieren damit die ganze Therapie. Sie *müssen* Ihrer Frau sagen: ›Ich verspüre diesen Schmerz‹.« Ich fuhr fort: »Sie wissen doch, Ihre Frau möchte wirklich helfen. Nach außen wirkt sie stark. Aber sie leidet vielleicht mehr, als sie sich anmerken läßt. In ihrem Inneren ist sie viel sensibler, als sie erkennen läßt. In Wirklichkeit könnte es für sie schwieriger sein, mit dem Rauchen aufzuhören, als für Sie.« Er stimmte mir zu. Ich fügte hinzu, da sie eben auch helfen wolle, solle er so oft wie möglich sagen: »Ich verspüre diesen Schmerz«, damit sie die Hand nach ihm ausstrecken, ihn berühren, ihn umarmen und eine Hilfe für ihn sein könne, solange sie versuchten, das Rauchen aufzugeben. Auch wenn er sich nur ein klein wenig unwohl fühle, könne er ruhig übertreiben und sagen: »Ich verspüre diesen Schmerz.« Sogar wenn er sich wohl fühle, könne er die Wahrheit ein wenig beugen und sagen: »Ich verspüre diesen Schmerz.«

Seine Trance verfolgte das Ziel, Selbsthypnose zu lernen, um »seine Verteidigungslinien zu verstärken«. Ähnlich wie die Technik des »Sehen-Hören-Spüren 4, 3, 2, 1« würde er die Selbsthypnose benutzen, um jedes Verlangen im Keim zu ersticken. Ich präsentierte die Methode als ein Hypnoseprogramm, das er anwenden sollte.

Fünf Monate nach den Sitzungen erhielt ich ein paar Zeilen vom Ehemann, in denen er mir mitteilte, daß sie beide keine Zigaretten mehr anrührten. Sie waren mir dankbar für meine Hilfe, obwohl sie nicht genau verstanden, warum meine Methoden funktioniert hatten.

Situation 3

Hier ein anderer Fall mit ähnlichem Thema. Achten Sie auf die Interaktion zwischen Jeff Zeig, einem aufstrebenden Therapiestudenten, und Milton Erickson (Zeig, 1985). Ich war damals ein passionierter Pfeifenraucher. Es war ein Hobby. Ich besaß eine Reihe teurer Pfeifen, spezielle Tabakmischungen und das nötige Handwerkszeug. Es paßte zu meinem Bild von einem »jungen Psychologen«.

Erickson sah, wie ich in seinem Hinterhof vor unserer Sitzung meine Pfeife rauchte. Als wir uns trafen, begann er eine lange heitere Geschichte über einen Freund zu erzählen, der Pfeifenraucher war. Sein Freund, sagte er, sei unbeholfen gewesen. Er war unbeholfen, weil er nicht wußte, wie er die Pfeife in den Mund stecken sollte. Sollte er sie in die Mitte seines Mundes stecken, einen Zentimeter rechts von der Mitte oder einen Zentimeter links von der Mitte? Er war unbeholfen.

Er war unbeholfen, weil er nicht wußte, wie er den Tabak in den Pfeifenkopf stopfen sollte. Sollte er seinen Pfeifenstopfer benutzen? Sollte er seinen Daumen benutzen? Sollte er seinen Zeigefinger benutzen? Er war unbeholfen.

Sein Freund war unbeholfen, weil er nicht wußte, wie er die Pfeife anzünden sollte. Sollte er die Pfeife anzünden, indem er die Flamme von vorne an den Pfeifenkopf hielt? Von hinten? Von der rechten Seite? Von der linken Seite? Er war unbeholfen.

Die ganze Zeit dachte ich: »Warum erzählt er mir diese Geschichte? Ich wirke doch nicht unbeholfen, wenn ich meine Pfeife rauche?« Erickson erzählte weiter. Sein Freund war unbeholfen beim Halten seiner Pfeife. Sollte er die Pfeife in seiner linken Hand oder in seiner rechten Hand halten? Sollte er den Kopf oder den Hals halten? Er war unbeholfen.

Sein Freund war unbeholfen, weil er nicht wußte, wie er den Rauch aus seinem Mund blasen sollte. Sollte er den Rauch nach oben blasen? Sollte er ihn nach unten blasen? Sollte er ihn zur Seite blasen? Er war unbeholfen.

Sein Freund war unbeholfen, weil er nicht wußte, wo er die Pfeife ablegen sollte. Sollte er sie in der Hand halten? Sollte er sie auf den Tisch legen? Er war unbeholfen.

Die Geschichte schien eine Stunde so weiterzugehen. Ich hätte nie gedacht, daß es so viele Arten gibt, unbeholfen zu sein, während man eine Pfeife raucht.

Am Tag nach der Sitzung verließ ich Phoenix, um wieder in die Gegend von San Francisco zu fahren, wo ich damals lebte. Als ich Kalifornien erreichte, sagte ich zu mir: »Ich werde nie wieder rauchen.« Ich räumte meine Pfeife für immer weg. Ich wollte nicht mehr Pfeife rauchen. Ich habe nie wieder eine Pfeife geraucht. Nie wieder.

Teil von Ericksons Technik war das Durchbrechen des Musters. Ich wurde mir der Tätigkeit des Rauchens zu sehr bewußt, und dadurch wurde ich tatsächlich unbeholfen. Und außerdem, wenn es jemanden gab, vor dem ich auf gar keinen Fall unbeholfen wirken wollte, dann war das Milton Erickson. Infolgedessen hatte das Pfeiferauchen seinen Reiz für mich verloren. Die Entscheidung, mit dem Rauchen aufzuhören, war jedoch ganz allein meine. Die treibende Kraft ging von mir aus. Erickson hatte wenig dazu getan. Er hatte mir nicht gesagt, ich solle zu rauchen aufhören. Er hatte mich nicht vor den gesundheitlichen Risiken gewarnt. Er hatte mir nur eine Geschichte erzählt. Ich war derjenige, der etwas Konstruktives getan hatte.

Situation 4

Ein Patient, der sein geringes Selbstwertgefühl wie folgt beschrieb: 1) Er frage sich, ob er der Aufgabe, die von ihm verlangt wird, auch gewachsen sei. 2) Er finde: »Nein, derzeit nicht.« 3) Er bekomme ein schweres Gefühl im Magen, »wie ein Stein«.

Unter Hypnose suggerierte ich diesem Mann folgendes (Zeig, 1988):

Machen Sie es sich bequem, und vielleicht können Sie dann einen bestimmten Punkt betrachten und das dazu verwenden, Ihre Aufmerksamkeit zu konzentrieren ... und die ganze Zeit warten Sie einfach nur, auf ein bestimmtes Signal, ein bestimmtes Gefühl, ein bestimmtes Zeichen in Ihrem Körper, von dem Sie wissen, daß es sich einstellen wird. Ein Gefühl, das ich später benennen werde.

1) Doch zunächst könnte Sie das Verfahren rein geistig interessieren. Denn Sie können selbst über die Augen-veränderungen nachdenken, und Sie können sich fragen: »Wird sich das Verhalten meiner Augen verän-dern? Wird sich dieses nervöse Flattern einstellen? Wird sich mein Blinzelreflex verändern?«

2) Und dann können Sie beschließen: »Ja, diese Ruhe um das Auge wird sich einstellen.« Und: »Ja, dieses ange-nehme Flattern wird sich einstellen.« Und: »Ja, der Augenreflex wird sich verändern.«

3) Und dann wird sich dieses körperliche Gefühl einstellen; beispielsweise ein Gefühl, das beschrieben werden kann als eine Art Taubheit, die in der Mitte ... Ihrer Hände auftreten kann. Und später kann sich eine Art Schweben einstellen ... (S. 372)

Und noch einmal: Verwendung (»utilization«)

Denken Sie über die Erfahrungen nach, die ich Ihnen soeben dargestellt habe. Ich bat Sie herauszufinden, was diese Situationen gemeinsam haben. Welches Thema verbindet sie? Das Thema kann mit einem Wort benannt werden: *Verwendung.*

Verwendung ist ein zentrales Prinzip in der Ericksonschen Therapie. Sie ist ein Kennzeichen seines Ansatzes (Zeig, 1988). Außerdem ist sie häufig ein wichtiger Auslöser für erfolgreiche Psychotherapie. Erickson beschrieb die Methode der Verwendung auf seine Weise (Erickson, 1965):

> Therapeuten, die ihren Patienten helfen möchten, sollten niemals irgendeinen Aspekt des Verhaltens des Patienten verächtlich abtun, verurteilen oder ablehnen, nur weil er hemmend, unvernünftig oder sogar irrational ist. Das Verhalten des Patienten ist Teil des Problems, das in die Praxis gebracht wurde. Es bildet die persönliche Umgebung, in der die Therapie Wirkung zeigen muß. Es kann die beherrschende Kraft in der Patient-Arzt-Beziehung sein. Was immer der Patient also in die Praxis mitbringt, ist in gewisser Weise Teil von ihm und Teil seines Problems. Der Patient sollte mit Wohlwollen behandelt und als Ganzheit beurteilt werden. Hierbei sollten die Therapeuten sich nicht darauf beschränken zu beurteilen, was als mögliche Grundlage für therapeutische Verfahren geeignet und vernünftig ist. Zuweilen, tatsächlich häufiger, als man sich bewußt ist, kann die Therapie auf eine stabile, vernünftige Basis gestellt werden, indem man lediglich närrische, absurde, irrationale und widersprüchliche Äußerungen verwendet. Hier geht es nicht um professionelle Würde, sondern um professionelle Kompetenz. (S. 213, *Collected Papers*, Vol. IV)

In einem anderen Artikel entwickelte Erickson (1952) diese Gedanken weiter. Obwohl er speziell über die Tiefenhypnose sprach, sind die Prinzipien auch auf die Psychotherapie übertragbar:

> Diese Anerkennung der Bedürfnisse von Patienten und diese Zugeständnisse an sie sowie die Benutzung ihres Verhaltens sind nicht, wie manche Autoren erklärt haben, »unorthodoxe Techniken«, die auf »klinischer Intuition« beruhen, es handelt sich vielmehr um die schlichte Anerkennung existierender Bedingungen, die auf dem uneingeschränkten Respekt vor den Patienten als funktionsfähigen Persönlichkeiten gründet. (S. 155, *Collected Papers*, Vol. I)

Was ist Verwendung? *Es ist die Bereitschaft des Therapeuten, strategisch auf alle Aspekte des Patienten oder der Umgebung zu reagieren.* Verwendung ist die Trance des Therapeuten. Stephen Gilligan (persönliche Mitteilung) beschrieb den Zustand des Hypnotherapeuten als nach außen gerichtete Trance im Vergleich zu der nach innen gerichteten Trance des Patienten. Diese nach außen gerichtete Trance ist ein Zustand der Reaktionsbereitschaft – der Bereitschaft, den Augenblick zu nutzen, indem man aufnimmt und verwendet, was immer geschieht.

Die Hypnose kann objektiv als ein Zustand von Reaktionsbereitschaft beschrieben werden, da der Patient eine Haltung einnimmt, in der er auf subtile Stichworte des Therapeuten reagiert. Unter interaktivem Gesichtspunkt kann die Hypnose definiert werden als die Reaktionsbereitschaft des Patienten in Abhängigkeit von der Reaktionsbereitschaft des Therapeuten.

Wenn der Therapeut einen Zustand von Reaktionsbereitschaft beim Patienten fördern will, muß er gewillt sein, die gleiche Reaktionsbereitschaft unter Beweis zu stellen. Der Therapeut bildet eine Bereitschaft aus, selbst unmerkliche Verhaltensweisen des Patienten und bislang unbemerkt gebliebene Aspekte der Umgebung zu erkennen und zu verwenden. Die vier Szenarien zu Beginn dieses Artikels demonstrieren die Benutzung solch unerkannter Facetten der Erfahrung.

Wir haben eine Reihe von Beispielen für Verwendung kennengelernt: Die Verwendung eines Elements der Umwelt, etwa der Druck der Rückenlehne; die Verwendung eines Aspekts der Patienten, etwa eine idiosynkratische Sprache, Sinn für Humor, das Vermeiden von Intimität, die Problemsequenz oder das symptomatische Verhalten selbst (wie Erickson es mit meinem Pfeiferauchen machte). Sogar die Familie des Therapeuten kann eingesetzt werden (siehe Zeig [1985] für Fälle, in denen Erickson Mitglieder seiner eigenen Familie einsetzt, um die Behandlung zu erleichtern). Was immer in der Umgebung, im Patienten, in der Geschichte des Patienten, im Problem des Patienten, in der Praxis des Therapeuten vorhanden ist, kann benutzt werden. Nach Ericksons Methoden nehmen wir Dinge aus der unmittelbaren Situation und nutzen sie auf konstruktive Weise.

Eines der wichtigsten Dinge, das, wie Erickson seinen Studenten ständig einschärfte, verwendet werden soll, ist das Unbewußte des Therapeuten. Der Therapeut verläßt sich auf einen Reichtum an Erfahrung, der im wesentlichen konvertible Währung ist, die verwendet werden kann, um den Patienten zu erreichen. Sogar die Behinderung des Therapeuten kann verwendet werden. Erickson erklärte beispielsweise, daß seine Kinderlähmung einer der besten Lehrer gewesen sei, die er hinsichtlich des menschlichen Verhaltens jemals gehabt habe. Er setzte diese Krankheit konstruktiv ein. Ich erinnere mich, daß ich ihm einmal nach einer Sitzung helfen wollte, mit seinem Rollstuhl einen Abhang hinaufzukommen. Er sah mich über die Schulter scharf an und erklärte: »Nein, es gibt Dinge, die muß ein Mann selbst tun.« Ich beobachtete ihn, wie er sich abmühte, allein zurechtzukommen. Es war seine Art, die Botschaft der Selbständigkeit an diesem Tag für einen jungen Studenten zuzuspitzen und unvergeßlich zu machen. Erickson führte praktisch vor, wie die Beschränkungen eines Therapeuten verwendet werden können.

Verwendung bedeutet, daß der Therapeut ein aktiver Teilnehmer am Prozeß der gemeinsamen Konstruktion der Veränderung des Patienten ist. Er oder sie ist ein Reisebegleiter – kein Reiseleiter, der Metakommentare über die Unzulänglichkeiten von Patienten abgibt, die auf den steinigen Wegen des Lebens immer wieder auf Abwege der Inkompetenz geraten. Der Therapeut begleitet den Patienten tatsächlich bei einigen wenigen Schritten und bittet ihn nicht einfach nur, Fehler zu analysieren und zu verstehen. Im wesentlichen hilft der Therapeut dem Patienten, sich der Tugenden seiner Fehler bewußt zu werden. Eine genaue Untersuchung von Ericksons Fällen zeigt, daß sie Studien über die Anwendung der Prinzipien der Verwendung sind.

Die Geschichte der Verwendung

Das Konzept der Verwendung taucht in Ericksons früher experimenteller Arbeit auf. Erickson (1958) datierte die Methode auf 1943, als er in einer Untersuchung die hypnotische Rückversetzung in frühere Lebensstadien benutzte. Eine Frau hatte eine traumatische Orangensaftphobie entwickelt, so daß sie den Geschmack oder den Anblick von Orangen nicht ertragen konnte. Ihr Problem wurde insofern zu einer Zumutung für andere, als sie ihnen alles, was mit Orangen und Orangensaft zu tun hatte, verbot. Obwohl sie aus bestimmten Gründen eine Therapie wünschte, sah sie ihre Notwendigkeit nicht wirklich ein. Erickson verwendete die natürliche gesellschaftliche Situation einer Party, um eine Teufelsaustreibung mittels Hypnose durchzuführen, wobei er die Frau mit der Orangensaftphobie als Versuchsperson benutzte. Er versetzte sie in die Zeit vor dem Orangensafttrauma zurück und ließ ihr ein Glas Orangensaft reichen, das sie ohne Probleme austrank. Er löschte dann ihre Erinnerung an das Experiment. Das Ergebnis war eine vollständige Heilung.

Ernest Rossi (Erickson, Rossi, 1977) datiert das Konzept der Verwendung auf den Zeitpunkt, als Erickson sich mit siebzehn von der Kinderlähmung erholte. Damals war er gelähmt und ans Bett gefesselt. Während er sich erholte, benutzte er ein Konzept, das wir in der Hypnose als »ideomotorisches Verhalten«[1] beschreiben. Er beobachte seine kleine Schwester beim Laufenlernen, um es sich selbst wieder beizubringen. Durch die konzentrierte Beobachtung erinnerte sich sein Körper, wie er die Muskeln zu bewegen hatte.

Das Konzept der Verwendung war so wichtig, daß es 1954 in einer Definition der Hypnose auftauchte, die Erickson für die *Encyclopedia Britannica* schrieb:

Ein anderer wesentlicher Faktor in der Technik investigativer oder therapeutischer Arbeit ist die *Verwendung* der Reaktionsmuster und Fähigkeiten des Patienten statt des Versuchs, dem Patienten durch Suggestion das beschränkte Verständnis aufzuzwingen, das der Hypnotiseur davon hat, was er wie tun sollte. Die Mißerfolge hypnotischer Therapie und experimenteller Arbeit rühren häufig daher, daß man den Patienten als einen Roboter behandelt, von dem erwartet wird, daß er Befehle entsprechend dem Verständnis des Hypnotiseurs ausführt, und sich weigert, den Patienten als eine Persönlichkeit mit individuellen Reak-

---

[1] *Ideodynamische* Aktivität bedeutet, daß man so konzentriert an etwas denkt, daß tatsächlich ein bestimmtes Verhalten ausgelöst wird. Wenn Sie beispielsweise an ein Stück Fondant denken, kann Ihnen das Wasser im Mund zusammenlaufen (ideosensorisch); wenn Sie im Auto auf der Beifahrerseite sitzen und wollen, daß der Fahrer anhält, kann es vorkommen, daß Sie auf das nicht vorhandene Bremspedal treten (ideomotorisch).

tions- und Verhaltensmustern anzuerkennen. (Erickson, 1980, *Collected Papers*, Vol. III, S. 22; Hervorhebung von mir)

Das Prinzip der Verwendung ist von einer Reihe bedeutender Denker entwickelt und erweitert worden, die die von Erickson begründeten Traditionen fortführten. Die Verweise sind so zahlreich, daß wir hier nur ein paar zeitgenössische Beiträge erwähnen können.

Erickson und Rossi (1975) skizzierten die Verwendungs-Theorie der hypnotischen Suggestion; Haley (1973) wies darauf hin, wie wichtig es ist, den Widerstand zu akzeptieren; die Lanktons (1983) diskutierten Ericksons Auffassung der Verwendung des Widerstands; Yapko (1984) entwickelte den therapeutischen Einsatz der Trance weiter, und Gilligan (1987) zeigte, wie das individuelle Ausdrucksmuster des Patienten die Grundlage für die Herstellung der Trance bildet. Auch Dolan (1985) erforschte die Natur von Ericksons Verwendung bei Patienten, die Widerstand leisten, und bei chronischen Patienten; de Shazer (1988) beschrieb, wie man die Geschichte der Ausnahmen des Patienten verwenden kann; O'Hanlon und Wilk (1987) skizzierten, wie die Verwendung eingesetzt werden kann, um therapeutische Interventionen zu entwerfen und durchzuführen; und O'Hanlon (1987) nannte den Verwendungs-Ansatz Ericksons wichtigsten Beitrag zur Therapie.

Man braucht wohl nicht eigens zu betonen, daß alle Nachfolger Ericksons sich dem Prinzip der Verwendung zugewandt und es in ihre Theorien und Methoden integriert haben. Tatsächlich kann man sagen, daß Verwendung für die Ericksonsche Therapie das gleiche bedeutet wie die Analyse für die dynamischen Ansätze und die Konditionierung für die Verhaltenstherapie. Verwendung ist ein zentraler Aspekt für das Ericksonsche Modell und kann sowohl in der Hypnose als auch in der Psychotherapie eingesetzt werden.

Verwendung in der Hypnose

Wenn sie therapeutische Hypnose praktizieren, greifen die Therapeuten, selbst wenn sie traditionelle Methoden verwenden, zum Verfahren der Verwendung, ob sie sich dessen bewußt sind oder nicht. »Mit jedem Atemzug, den Sie machen, mit jedem Geräusch, das Sie hören, werden Sie tiefer und tiefer in Trance sinken.« Bei dieser Verwendungstechnik wird etwas aus der Umgebung mit dem Ziel in Verbindung gebracht, tiefer in Trance zu sinken.

In Ericksons Ansatz versucht der Therapeut, Fähigkeiten des Patienten zu wecken, anstatt autoritär einer vermeintlich passiven Person Suggestionen einzuprogrammieren. Mechanische Hypnosetechniken werden zugunsten von Verwendungsmethoden vermieden, die die Behandlung automatisch individualisieren. Im folgenden stellen wir sechs Verwendungstechniken vor (siehe auch Zeig, 1988).

Bestätigung

Der Prozeß des In-Trance-Versetzens beinhaltet gewöhnlich zwei aufeinanderfolgende Schritte: hineinziehen (absorbieren) und bestätigen (ratifizieren). Zuerst wird die Aufmerksamkeit des Patienten ganz in eine Empfindung, eine Wahrnehmung, eine Phantasie, eine Erinnerung und so weiter hineingezogen. Dann wird dieses Hineingezogensein bestätigt: Veränderungen, die eintraten, während der Patient hineingezogen wurde, werden durch einfache Aussagesätze bestätigt: Der Therapeut kann beispielsweise sagen: »Während Sie mir zuhörten, hat sich Ihr Puls verändert; Ihre Atemfrequenz ist anders; Ihr Kopf befindet sich nicht mehr in der Position, in der er vorher war.« Die Verwendungsmethode der Bestätigung hat die implizite Bedeutung: »Sie reagieren; Sie zeigen wünschenswerte Veränderungen.«

Zuschreibung

Die Zuschreibung ist eine indirekte Form von Verwendung, verwandt mit der Bestätigung. Die Bestätigung impliziert im besonderen hypnotische Ansprechbarkeit; die Zuschreibung weist zusätzliche Bedeutungen zu, die für allgemeinere Ziele verwendet werden können. Beachten Sie das folgende Angebot an einen Patienten, der langsam mit dem Kopf nickt: »Sie nicken jetzt anders mit dem Kopf, *weil Sie unbewußt zustimmen.*« Hier wird dem Verhalten, das der Patient an den Tag legt, eine implizite Bedeutung gegeben – in diesem Fall: »Ihr Unbewußtes kooperiert mit mir.«

Symptomverschreibung

Mit Hilfe der Symptomverschreibung unterstützt der Therapeut symptomatisches Verhalten und entwickelt es dann auf subtile Weise in die gewünschte Richtung.

Hier ein Beispiel aus meiner eigenen Erfahrung: Als Magisterstudent (vor meinem ersten Besuch bei Erickson) hatte ich während meines Praktikums einen psychiatrischen Supervisor. Ich fragte ihn, ob er mir die Hypnose beibringen könnte. Er lud mich in seine Praxis ein und bedeutete mir, mich zu setzen. Ich war nervös. Als ich in seinem Praxissessel saß, trommelte ich mit den Fingern auf der Armlehne. Er griff das sofort auf und schlug vor: »Sie können mit Ihren Fingern schneller trommeln. Und während Sie mit Ihren Fingern trommeln, achten Sie auf den Rhythmus der Bewegung. Während Sie auf den Rhythmus der Bewegung achten, achten Sie darauf, wie er sich ändert. Wenn der Rhythmus langsamer wird, atmen Sie tief ein, schließen die Augen und fallen in Trance.«

Dies war meine erste Erfahrung mit der Verwendung. Und es war so interessant für mich, wie Erfahrungen dieser Art es immer sind, daß ich mich an dieses Erlebnis, das achtzehn

Jahre her ist, heute noch so lebhaft erinnere, als wäre es gestern gewesen.

Einbeziehung

Die Einbeziehung ist eine Verwendungstechnik, die mit der Bestätigung und der Zuschreibung verwandt ist. Man kann ganz verschiedenartige Dinge aus der Wirklichkeitssituation in das Verfahren des In-Trance-Versetzens einbeziehen. Wenn beispielsweise, während man jemanden in Trance versetzt, plötzlich eine Tür aufgeht, kann der Therapeut sagen: »Sie können auf konstruktive Weise neue Türen zu der Fähigkeit Ihres Geistes öffnen, Sie zu führen.« Der Therapeut gibt eine Art des Reagierens vor, die der Patient sich zu eigen machen soll. Der Therapeut verfolgt häufig das therapeutische Ziel, dem Patienten zu helfen, konstruktiv auf äußere Ereignisse zu reagieren. Wenn der Therapeut will, daß der Patient diese Fähigkeit entwickelt, kann er sie vorführen, indem er beispielsweise die Einbeziehung verwendet.

Hypnotische Neudefinition

Eine weitere Verwendungstechnik ist die hypnotische Neudefinition. Wenn eine Person berichtet, ein Aspekt des Problems sei die Erfahrung von »Druck«, dann kann der Therapeut, wenn er den Patienten in Hypnose versetzt, damit beginnen, die Aufmerksamkeit des Patienten auf den *Druck* des Stuhlsitzes, der Rückenlehne, der Armlehne, der Fußstütze usw. zu lenken. Dadurch wird der Begriff des Drucks subtil auf positivere Weise neu definiert und ein Symptomwort als Lösungswort verwendet.

Symbolische Anordnung

In der traditionellen Psychotherapie interpretiert der Therapeut häufig das symbolische Verhalten und die symbolische Ausdrucksweise des Patienten. Wenn der Patient erklärt: »Mein Nacken tut weh«, dann könnte der Therapeut die Symbolik der Aussage interpretieren, indem er den Patienten fragt: »Wer ist für Sie ein Schmerz im Nacken?« Derartige Interpretationen ergeben sich aus dem Ziel der traditionellen Psychotherapie, die die Wichtigkeit bewußten Verstehens betont.

Der Therapeut kann aber auch nach Art Ericksons die Verwendungsmethode anwenden, indem er denkt: »Wenn ein Patient symbolisch kommunizieren kann, dann kann ich genauso intelligent sein und symbolisch mit dem Patienten kommunizieren. Ich kann symbolische Verfahren konstruktiv *verwenden* und therapeutische Symbole schaffen.«

Ericksson legte beispielsweise während einer Hypnose die linke Hand der hypnotisierten Frau auf ihren rechten Bizeps (Zeig, 1980). Es schien, als würde sie sich selbst umarmen. Die symbolische Botschaft lautete: »Sie können sich selbst schützen, Sie können sich selbst trösten.« Anschließend verwendete Erickson diese Referenzerfahrung.

Ein anderes Beispiel: Während ich jemanden in Trance versetzte, um sein Ego zu stärken, suggerierte ich: »Während Sie in Trance fallen, ist Ihr Kopf erhoben und kann sich auf Ihren Schultern wohlfühlen. Ihr Kopf scheint weiter entfernt von Ihren Füßen. Ihre linke Schulter scheint weiter entfernt von Ihrer rechten Schulter.« Symbolisch und idiomatisch sind Ausdrücke wie »erhobenen Hauptes«, sich »groß« fühlen und »breitschultrig« sein somatische Aspekte eines positiven Selbstwertgefühls.

Die hypnotischen Kommunikationsformen scheinen ein primärer Prozeß zu sein, aber in Trance können die Patienten in ihren Reaktionsmustern echter sein. Außerdem trägt Mittelbarkeit zum Drama bei und kann daher die Wirksamkeit der Suggestionen steigern. Mit einem wichtigen Vorbehalt: Wie bei allen Techniken wird auch bei den hypnotischen Verwendungsmethoden die Kommunikation nach den Reaktionen des Patienten beurteilt und nicht nach der Ausgeklügeltheit der Struktur. Wenn auf die Implikation keine positive Reaktion erfolgt, macht der Therapeut mit einer anderen Technik weiter.

Nachdem wir einige Methoden der Verwendung bei der Hypnose näher betrachtet haben, wollen wir uns jetzt dem Einsatz der Verwendung in der Individual- und Familientherapie zuwenden.

Verwendung in der Individual- und Familientherapie

Verwendungstechniken können von der Hypnose auf die Psychotherapie übertragen werden, die ohne Hypnose durchgeführt wird. Hier ein Fallbeispiel.

Laß nichts unversucht

Ich hatte eine Patientin, die, wie ich annahm, unter Depressionen litt. Sie erklärte mir jedoch, daß sie psychosomatische Probleme habe. Ich interpretierte ihre psychosomatischen Probleme nicht als verdeckte Depression. Ich bat sie vielmehr, einen Stein mit sich herumzutragen. Sie sollte einen faustgroßen Stein finden, ihn schwarz anmalen und zehn Tage mit sich herumtragen. Wenn ich von meiner Reise zurückgekommen wäre, würde sie in zwei Wochen wieder zu mir kommen. Die Patientin wußte, daß sie von mir scheinbar ungewöhnliche Aufgaben zu erwarten hatte, und akzeptierte die Aufgabe bereitwillig.

Beim zweiten Interview gab sie an, daß sie getan habe, was ich ihr gesagt hätte, und den Stein mit sich herumgetragen habe. Ich erkundigte mich, was sie mit dem Stein nach den zehn Tagen gemacht habe. Sie erwiderte: »Ich wußte eigentlich nicht so recht, was ich mit dem Stein machen sollte, also ließ ich ihn in der Buchhandlung meines Mannes.« Ich sagte: »Wissen Sie, ich denke, es wäre eine gute Idee, wenn wir eine Paartherapie machten und Ihren Mann in die nächste Sitzung mit einbeziehen.«

Ich hatte einfach nur Symbole ausgetauscht. Sie hatte mir ein Symbol gegeben (ihr psychosomatisches Problem), und aus Freundlichkeit, sogar aus Höflichkeit hatte ich mit einem Symbol reagiert: Ich hatte einen schwarzen Stein vorgeschlagen, der, wie ich meinte, die Depression symbolisieren würde. Tatsächlich handelte es sich jedoch nicht so sehr um eine Depression als vielmehr um ein Eheproblem. Sie hatte meine Fehlinterpretation symbolisch korrigiert, als sie einen Platz wählte, wo sie ihn lassen konnte.

Im Prinzip sollte meine Intervention ein symbolisches Verfahren verwenden. Ich konnte dann die Reaktion auf meine symbolische Aufgabe kontrollieren und meine Methode entsprechend anpassen.

Im folgenden gebe ich ein Beispiel für Verwendung in der Familientherapie.

Den Tigerzahn verwenden

Fred, ein unausstehlicher Zehnjähriger, war widerspenstig, negativ und wollte um jeden Preis beachtet werden. Er war mit nichts dazu zu bringen, gerade auf dem Praxisstuhl zu sitzen. Er nahm lieber merkwürdige Positionen ein oder setzte sich auf den Boden. Häufig störte er und gab ständig Widerworte, wenn man sich an ihn wandte. Fred war unberechenbar; er dachte über die Folgen seiner Handlungen nicht nach und lehnte es ab, die Verantwortung für sein Verhalten zu übernehmen. Seine Wutanfälle waren »oberligareif«.

Als ich ihn während einer Familientherapiesitzung im Umgang mit seinen Eltern beobachtete, waren drei Verhaltensmuster besonders auffällig: 1) seine Ablenkungsmanöver, um Aufmerksamkeit zu erregen; 2) sein Oppositionsverhalten und 3) seine Fähigkeit, in jeder Argumentation einen Fehler zu finden.

Freds Stiefmutter sagte ihm, wenn er nur zehn Minuten ruhig auf seinem Stuhl sitzen und sich am Gespräch beteiligen würde, bekäme er eines der zahlreichen Spielzeuge zurück, die ihm wegen seiner Ungezogenheiten zu Hause weggenommen worden waren. Fred machte einen schwachen Versuch, den Wunsch zu erfüllen. Ich griff die Herausforderung auf und fragte Fred, ob er ablenken, das Gegenteil von dem, was ich sagte, sagen und/oder einen Fehler in meinem Standpunkt finden könne. Er behauptete, daß er es könne. Ich hatte Zweifel. Ich erklärte, wenn er diese drei Dinge schaffen würde, würde er einen Punkt gewinnen. Sein Vater fügte hinzu, wenn er fünf Punkte gewonnen habe, bekäme er ein Spielzeug zurück.

Wir machten einen Test, um sicherzugehen, daß Fred die Regeln auch richtig verstanden hatte: Ich sagte einen Satz, und er sollte darauf mit einem Ablenkungsmanöver, mit dem Gegenteil und mit dem Nachweis eines Fehlers reagieren. Nach ein paar Sätzen wurde deutlich, daß Fred sehr gut darin war, Fehler zu finden. Er war darin sogar besser als im Ablenken oder im Opponieren. Dennoch bestand ich darauf, daß er alle drei Aufgaben erfüllen müsse, und weil er so beharrlich auf dem Nachweis eines Fehlers bestand, sagte ich, daß es eine vierte Aufgabe geben würde, die darin bestünde, die letzte Aufgabe zu wiederholen, wodurch er beweisen könne, daß er beharrlich bei der Sache bleiben könne.

Nach ein paar Versuchen änderten wir die Spielregeln dahingehend, daß er die vier Aufgaben in einer bestimmten Reihenfolge erfüllen mußte. Zuerst sollte er ablenken, dann das Gegenteil sagen, dann einen Fehler finden und dann beharrlich bei der Sache bleiben. Die Sätze, die ich ihm gab, waren primär inhaltsbezogen, da Fred nicht sehr gut im Erkennen von Gefühlen war. Im weiteren Verlauf der Sitzung veränderte ich meine Sätze. In einem bestimmten Augenblick, als Fred anderer Meinung sein sollte, sagte ich zu ihm: »Du hast keine Kontrolle über dein Verhalten.« Er erwiderte: »Ich sitze jetzt doch ruhig da.«

Das Spiel wirkte wie ein Spaß, daher löste die Mutter mich beim Vorgeben der Sätze ab; und dann löste der Vater sie ab. In der Zeit, die er in meiner Praxis war, gewann Fred elf Spielzeuge zurück. Am Ende der Sitzung schaute Fred zu mir hoch und schenkte mir ein reizendes »Danke schön«. Das war seine erste nicht bissige Bemerkung mir gegenüber.

Früher hatten Freds Verhaltensmuster dazu gedient, ihn den anderen zu entfremden. Ich verwendete diese Verhaltensweisen, um Nähe zu schaffen. Sie wurden zu einem Spiel. In diesem Spiel bewies Fred, daß er sein Verhalten kontrollieren konnte – daß er sogar eine ausgezeichnete Kontrolle darüber hatte. Darüber hinaus wurden die Verhaltensmuster seinen Eltern klarer, die zu erkennen begannen, daß sie über ein paar Werkzeuge verfügten, mit denen sie weiterarbeiten konnten.

Dieses »Spiel« war nur ein Element einer umfassenden Therapie mit der Familie. In diesem Fall wurde der identifizierte Patient über eine modifizierte Symptomverschreibungstechnik direkt angesprochen. Die therapeutische Absicht war, eine gewisse Kontrolle und guten Willen in eine chaotische Situation zu bringen. Anschließend konnten diese Veränderungen in der Familie weiterentwickelt werden.

Nachdem wir Verwendung als Konzept vorgestellt, ihre Geschichte beschrieben und Beispiele für ihren Einsatz in der Hypnose und in der Therapie gegeben haben, kommen wir jetzt zu dem, was ich die »Prinzipien der Verwendung« nenne.

Die Prinzipien der Verwendung

Prinzip Nr. 1: Zuerst kommt die geistige Einstellung des Therapeuten.

Der erste Schritt der Behandlung nach Eriksons Ansatz besteht *nicht* darin, den Patienten in Hypnose zu versetzen, sondern den Therapeuten in die Bereitschaft zu »versetzen« zu *verwenden*. Der Therapeut stellt sich zu Beginn der Therapie geistig auf die Verwendung ein, indem er in sich die Bereitschaft herstellt, konstruktiv auf die Reaktionen des Patienten zu reagieren. Dieser nach außen gerichtete Zustand war ein zentraler Aspekt von Eriksons Präsenz. Er hatte ein waches Bewußtsein für die Zwischenfälle des Augenblicks und war stets daran interessiert, sie zu nutzen.

Prinzip Nr. 2: Was immer der Patient mitbringt, kann verwendet werden. Was immer in der Therapiesituation vorhanden ist, kann verwendet werden.

Was immer der Patient mitbringt, ist *nicht* Wasser auf die Mühle. Es ist *Treibstoff für eine Reise in neue Räume.* Die Werte des Patienten können verwendet werden; die Situation des Patienten kann verwendet werden; die Widerstände des Patienten können verwendet werden; das Symptom des Patienten kann verwendet werden. Beispiele für Verwendungsmethoden in jedem dieser Fälle haben wir kennengelernt.

Darüber hinaus kann auch der *Mechanismus,* durch den das Symptom aufrechterhalten wird, verwendet werden. Es ist ein Axiom, daß, obwohl die Symptome automatisch aufzutreten scheinen, in Wahrheit der Patient etwas tut, um das Symptom aufrechtzuerhalten. Depressive Menschen beispielsweise tun etwas, um ihre Depression aufrechtzuerhalten. Am besten stellt man sich die Depression als etwas vor, das jemand macht, und nicht als etwas, das einfach nur auftritt. Der Therapeut kann fragen: »Wie *macht* der Patient die Depression?« Ist der

Mechanismus, mit dessen Hilfe der Patient das Problem macht, erst einmal entdeckt, kann er verwendet werden. Ein Beispiel für die Verwendung eines solchen Mechanismus ist die in Situation 4 vorgestellte Hypnosesequenz.

Prinzip Nr. 3: Jede Technik, die ein Patient verwendet, um Patient zu sein, kann vom Therapeuten genutzt werden.

Techniken kommen nicht nur aus einem Buch; sie können entwickelt werden, indem man Patienten studiert. Wenn ein Patient beispielsweise Geschichten erzählt, um Patient zu sein, dann kann der Therapeut Geschichten erzählen, um Therapeut zu sein. Wenn der Patient als Patient verwirrend ist, dann kann der Therapeut auf konstruktive Weise verwirrend sein (siehe Zeig, 1987).

Nehmen wir das Beispiel des Stammelns: Ein Patient gibt das Stammeln als Problem an. Der Therapeut kann bei jedem Patienten das Stammeln als therapeutische Maßnahme einsetzen. Ich habe die Stammeltechnik konstruktiv in der Hypnosetherapie mit nicht stammelnden Patienten verwendet. Ich suggerierte: »Hypnose kann als ein weiches ... äh ... reiches Gefühl vorgestellt und erlebt werden. Und während Sie jetzt hineinsinken ... äh ... schwimmen ... äh ... schweben ... äh ... hineinsinken, können Sie es auf viele Arten erleben.« In diesem Fall kann der Patient auf jedes der gestammelten Wörter reagieren. Die Erfahrung kann weich oder reich sein; das Gefühl kann ein Schwimmen oder ein Schweben oder ein Hineinsinken sein. Mein Stammeln verleiht der Suggestion Energie, indem es die Schlüsselwörter hervortreten läßt.

Prinzip Nr. 4: Welche Reaktion Sie auch immer bekommen, entwickeln Sie sie.

Der folgende Fall illustriert eine ganze Reihe von Verwendungprinzipien und -techniken. Er illustriert auch, wie man eine Reaktion entwickeln kann. Sobald der Patient reagiert, ist es die Aufgabe des Therapeuten, die Reaktion konstruktiv zu entwickeln und zu nutzen. Der Therapeut nimmt gleichsam jedes Stückchen »Gold«, das der Patient liefert, und hilft, es in etwas Nützliches zu verwandeln.

Erickson (Erickson, Rossi, 1979) machte einen Hausbesuch bei einer Patientin, die bald an Krebs sterben würde. Ihr Internist hatte Erickson gebeten, Kathy anzusehen, da sie starke Schmerzen hatte und auf die konventionellen Behandlungsmethoden an jenem Tag nicht ansprach. Als Erickson eintraf, lag Kathy auf der linken Seite in fötaler Haltung: »Tut mir nicht weh, erschreckt mich nicht. Tut mir nicht weh, erschreckt mich nicht. Tut mir nicht weh, erschreckt mich nicht.« Wie konnte man auf diese Patientin zugehen? Sollte der Therapeut sie mit den Worten unterbrechen: »Entschuldigen Sie, ich bin Ihr Arzt. Ich möchte mit Ihnen sprechen. Könnten Sie bitte mit dem Singen aufhören?« Versetzen Sie sich in Ericksons Lage: Wenn Sie Hypnose praktizieren, würden Sie sagen: »Entschuldigen Sie, ich weiß, daß Sie gerade singen, aber würden Sie bitte auf einen Punkt an der Wand starren, damit Sie in Trance fallen?« Was würde dagegen ein Therapeut machen, der ein Anhänger des Konzepts der Verwendung ist?

Erickson betrachtete Kathy und sagte: »Ich werde Ihnen weh tun. Ich werde Sie erschrecken. Ich werde Ihnen weh tun. Ich werde Sie erschrecken. Ich werden Ihnen weh tun. Ich werde Sie erschrecken. Ich werde Ihnen weh tun. Ich werde Sie erschrecken.« Kathy erwiderte: »Aber ich möchte nicht, daß Sie mir weh tun.« Erickson fuhr fort: »Aber ich muß Ihnen weh tun, um Ihnen zu helfen. Ich muß Ihnen weh tun, um Ihnen zu helfen. Ich muß Ihnen weh tun, um Ihnen zu helfen.«

Erickson versetzte Kathy dann mit Hilfe einer eleganten Technik, die ihr Gedächtnis verwendete, in Trance. Er sagte zu ihr: »Kathy, ich kann Ihnen nicht alles erklären, was ich tun werde, aber ich möchte, daß Sie sich erinnern, wie es war, als Sie sich von der linken auf die rechte Seite drehten.

Schließen Sie die Augen und erinnern Sie sich wirklich, wie es war, als Sie sich umdrehten.« Erickson verwendete Kathys Erinnerung an den Schmerz als taktisches Manöver, um so die Hypnose leichter herbeiführen zu können

Kathy sagte zu Erickson: »Ich liege auf der linken Seite; ich denke, ich liege auf der linken Seite.« Erickson fuhr fort: »Kathy, ich möchte, daß Sie in sich hineingehen und das furchtbarste, das unerträglichste, das schrecklichste Jucken entwickeln, das Sie an Ihrer Fußsohle entwickeln können.« Kathy versuchte es, aber es gelang ihr nicht. »Tut mir leid, Dr. Erickson, ich kann kein furchtbares Jucken an meiner Fußsohle entwickeln. Alles, was ich hinkriege, ist eine Art furchtbares Taubheitsgefühl.«

An diesem Punkt *entwickelte* Erickson ihre Reaktion: »Schön, das ist in Ordnung, Kathy. Jetzt möchte ich, daß Sie diese Taubheit entwickeln und der Taubheit erlauben, sich über Ihre Beine, über Ihre Hüften, über Ihren Körper und bis in Ihre Arme auszubreiten, aber nicht in dem Bereich, wo Ihre linke Brust war.« Kathy entwickelte eine allgemeine Taubheit.

Erickson wartete und war bereit zu reagieren. Was immer Kathy als Reaktion auf sein Angebot auch entwickeln würde, er würde es verwenden. Wenn sie statt der Taubheit ein Kribbeln entwickelt hätte, hätte er das verwendet. Wenn sie »nichts« entwickelt hätte, hätte er das verwenden können, etwa: »Kathy, lassen Sie das Nichts sich über Ihren Körper ausbreiten.« Erickson verwendete auch Kathys Psyche. Er ließ ihr einen Schmerzbereich (eine Brust), da er wußte, daß Patienten häufig ihre Gefühle abreagieren müssen, und diese Möglichkeit wollte er ihr lassen.

Verwendung ist ein andauernder Prozeß. Sie ist nicht etwas, das der Therapeut anfängt und beendet. Die Einstellung des Therapeuten zur Verwendung entwickelt sich während der gesamten Behandlung und ist integraler Bestandteil des Therapieprozesses.

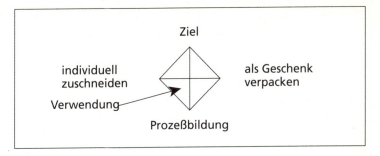

Abb. 1: Der Ericksonsche Diamant

Verwendung im Therapieprozeß

Das folgende Metamodell beruht auf einem strukturellen Kommunikationsansatz. Dieser Ansatz verwendet sozialen Einfluß, um Strukturen nutzbar zu machen, die in der Gegenwart existieren, einschließlich intrapsychischer, eingeschobener und Umweltstrukturen, um zukünftige Ziele zu erreichen. Es ist ein Modell, das sich dafür interessiert, *wie* Veränderung herbeigeführt werden kann, anstatt zu *analysieren*, warum die Menschen so sind, wie sie sind.

Abbildung 1 zeigt ein Diagramm des Modells.

Die Hauptaspekte dieses Modells können hier nur kurz vorgestellt werden. Zum Prinzip der Verwendung kommen vier andere Elemente hinzu: (1) festlegen des Ziels; (2) als Geschenk verpacken; (3) individuell zuschneiden; (4) bilden eines dynamischen Prozesses.

Festlegen des Ziels

Der Therapeut beginnt die Therapie, indem er die Ziele festlegt und sich selbst fragt: »Was will ich dem Patienten mitteilen?«

Die Besonderheiten bei der Festlegung von Zielen für jede spezifische Psychotherapie sind zahlreich. Es gibt zwei

Methoden, die ich gewöhnlich verwende: das Problem in einen Prozeß verwandeln und die Lösung in überschaubare Teile gliedern.

1. *Das Problem in einen Prozeß verwandeln*. Wenn man das Problem als sequentiellen Prozeß sieht, eröffnen sich häufig sofort Wege für Interventionen. Ein Ziel der Therapie wäre etwa, dem Patienten zu helfen, das gewohnte sequentielle Verhalten, das zum Problem führt, zu ändern. Vielleicht könnte der Therapeut dies erreichen, indem er der Sequenz einen Schritt hinzufügt. Beispielsweise kann man einen Patienten, der ein Problem mit dem Rauchen hat, bitten, seinen Arm zu streicheln, bevor er inhaliert, wodurch der gewohnten Sequenz ein Schritt hinzugefügt wird. Wenn die Intervention ausreichend ist, kann systemischer Wandel folgen. Eine zugrundeliegende Prämisse lautet, daß die Patienten zu gesünderen, wirksameren Mustern hingezogen werden, sobald eine gewohnte Sequenz verändert worden ist.

2. *Die Lösung in überschaubare Teile gliedern*. Diese Methode der Festlegung von Zielen verlangt vom Therapeuten, daß er ermittelt, *wie* der Patient das Problem erfüllt. Wenn der Patient beispielsweise sein Selbstwertgefühl herabsetzt, kann der Therapeut sich fragen, wie dieser Prozeß bewerkstelligt wird. Vielleicht vertraut der Patient unter anderem sich selbst nicht, vertraut anderen nicht, richtet seine Aufmerksamkeit nach innen und findet persönliche Fehler, die er übertreibt. Diese Manöver kann man sich als »vernünftige« Dinge vorstellen, die man tut, um ein Ziel zu erreichen. Mit anderen Worten, wenn das beabsichtigte Ergebnis ein geringeres Selbstwertgefühl ist, dann wäre es klug, sich selbst zu mißtrauen, anderen zu mißtrauen, innerlich besorgt zu sein und übertriebene Fehler zu finden. Die Lösung wäre das Gegenteil der Problemstrategie, das heißt, sich selbst vertrauen, anderen vertrauen, selbstbewußt statt verschlossen zu sein und innere Kraft zu finden. Jede einzelne Komponente der Lösung könnte als separat zu erreichendes

Ziel betrachtet werden. Sobald der Patient sich selbst und anderen vertraut, Selbstbewußtsein hat und innere Kraft findet, verbessert sich sein Selbstwertgefühl ganz allgemein.

Sobald der Therapeut ein Ziel im Kopf hat, besteht der nächste Schritt darin, dem Patienten das Ziel zu präsentieren. Dieses Verfahren nenne ich »als Geschenk verpacken«.

Als Geschenk verpacken

Wenn der Therapeut eine Komponenten-Lösung zu präsentieren hat, braucht er eine Methode, mit deren Hilfe er dem Patienten die Strategie so schmackhaft machen kann, daß dieser die verlorengegangene Fähigkeit wiedererlangen kann. Nehmen wir an, das Ziel ist die bewußte Wahrnehmung der Außenwelt. Der Therapeut kann die Vorstellung »sich nach außen wenden« auf viele Arten verpacken. Er kann den Patienten wie folgt lenken: »Öffnen Sie Ihre Augen, betrachten Sie die Welt, machen Sie sich die Dinge um Sie herum bewußt und beobachten Sie sie.« Meiner Erfahrung nach ärgern sich die Patienten jedoch, daß sie für diese Art von Rat ein Stundenhonorar bezahlen müssen. Besser ist es, das Lösungssegment als Geschenk zu verpacken, indem man das Thema mit Hilfe einer indirekteren Technik präsentiert. Eine Möglichkeit, eine Idee als Geschenk zu verpacken, ist, sie unter Hypnose zu präsentieren.

Eine Zeitungsreporterin interviewte mich letzten Dezember für einen Artikel über Hypnose. Sie fragte: »Dr. Zeig, was ist Hypnose?« Ich erwiderte schalkhaft: »Strukturell gesehen ist Hypnose lediglich eine Art, Ideen als Geschenk zu verpacken.«

Lösungskomponenten können mit Hilfe von Hypnose, Symbolen, Metaphern, Symptomverschreibung, Anekdoten, Umdeutung usw. als Geschenk verpackt werden. Diese Techniken sind hervorragend geeignet, um einfache Ideen zu präsentieren. Der Therapeut fragt sich: »Wie kann ich das Ziel präsentieren?«, und entscheidet sich dann für die jeweils geeignete Technik. Wie bereits angedeutet, werden Techniken mit Hilfe von Methoden ausgewählt, die der Patient gemeinhin oder erfahrungsgemäß billigt.

Der Prozeß der Verbindung von Lösungen mit dem Verpacken als Geschenk kann als Psychotherapie durch reziproke Assoziation begriffen werden. Die Technik des Therapeuten assoziiert den Patienten mit einer Lösungskomponente, die durch die ideodynamische Wirkung hervorgelockt wird. Als Geschenk verpacken bedeutet eine Technik auswählen, mit der Ideen präsentiert werden.

Lösungskomponenten nur als Geschenk zu verpacken, reicht nicht aus. Am besten ist es, die Therapie zu individualisieren. Das Sicheinstellen auf die Einzigartigkeit des Patienten wird »individuell zuschneiden« genannt.

Individuell Zuschneiden

Der Therapeut, der so freundlich ist, eine Idee für einen Patienten als Geschenk zu verpacken, kann die Präsentation durch das *individuelle Zuschneiden* noch weiter verbessern. Es ist nett, ein Geschenk zu bekommen, noch netter aber ist es, wenn dem Geschenk eine individuelle Note verliehen wird. Und es ist auch wirksamer. Mit Ericksons Worten: »Die Psychotherapie für Patient A ist nicht die Psychotherapie für Patient B.«

Um die Therapie auf den Patienten zuzuschneiden, fragt sich der Therapeut: »Worauf legt der Patient Wert? Welche Einstellung hat der Patient? Worauf ist der Patient stolz?« Danach individualisiert der Therapeut seinen Ansatz. Wenn der Patient beispielsweise Abenteuer liebt, bestehen gute Aussichten, daß therapeutische Aufgaben erfüllt werden, wenn sie abenteuerlich sind. Wenn der Patient allmähliches Verstehen schätzt, kann der Therapeut eine langsame Therapie machen.

Kehren wir zurück zum Ziel der bewußten Wahrnehmung der Außenwelt. Neigt der Patient zu Härte sich selbst gegenüber, könnte der Therapeut vorschlagen: »Ich möchte, daß Sie bewußter sind, weil das hart für Sie wird.« Neigt der Patient zu Härte anderen gegenüber, kann der Therapeut ihm vorschlagen: »Ich möchte, daß Sie bewußter sind, weil das wirklich hart für die Menschen um Sie herum sein wird.« Dadurch wird die Therapie auf die Werte und die Weltsicht des Patienten zugeschnitten (siehe Fisch, Weakland, Segal, 1982). Die Therapie wird durch die innere Linse des Patienten gefiltert. Manchmal ergibt das individuell zugeschnittene therapeutische Angebot keinen logischen Sinn. Es ist jedoch emotional für den Patienten sinnvoll, weil es zu seinem Weltmodell »paßt«.

Nachdem der Therapeut eine Strategie für das individuelle Zuschneiden der Technik gefunden hat, muß er eine Methode entwickeln, um das Angebot über einen gewissen Zeitraum hinweg aufrechterhalten zu können. Diese Methode könnte man *Prozeßbildung* nennen.

Prozeßbildung

Es reicht nicht aus, das Ziel zu identifizieren und einen Weg zu finden, es »als Geschenk zu verpacken« oder ihm eine individuelle Note zu verleihen. Zusätzlich bemüht sich der Therapeut, einen *Prozeß* zu schaffen, ein Drama, durch das das Ziel präsentiert wird. Dieser Prozeß (Abbildung 2) umfaßt eine gewisse Zeitspanne, eine Psychotherapiesequenz entlang einer Zeitlinie, die die inneren und sozialen Dynamiken des Patienten auf optimale Weise weckt und verwendet.

Der Therapeut weckt zunächst die Motivation des Patienten, die dann zu einer Reaktionsbereitschaft insbesondere auf subtile Stichworte weiterentwickelt wird. Dies ist eine Art, »den Boden zu bearbeiten, damit er fruchtbar ist«. Der Schritt, in dem die Reaktionsbereitschaft aufgebaut wird, kann auch mit Hypnose verbunden werden.

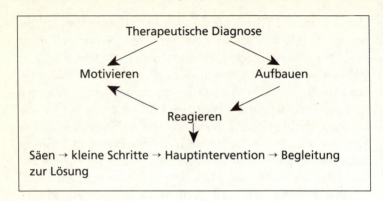

Abb. 2: Zeitlinie der Psychotherapie

Während des Prozesses hat der Therapeut eine individuell zugeschnittene Hauptintervention im Kopf. Dies kann eine Symptomverschreibung sein, ein Handel oder eine Anekdote. Anstatt jedoch direkt auf die »Hauptsache« zuzusteuern, »sät« der Therapeut die Hauptintervention aus, indem er eine Illusion erzeugt, die indirekt mit der Technik zu tun hat, die folgen wird. Im wesentlichen handelt es sich um eine Methode des Andeutens. (Für weitere Informationen über das Aussäen siehe Zeig, 1990)

Anschließend bewegt sich der Therapeut in kleinen Schritten auf die Hauptintervention zu, auf die eine Periode der Begleitung bis zur Lösung folgt. Dieses Vorgehen ist SIFT genannt worden (Zeig, 1985): Der Therapeut bewegt sich in kleinen Schritten (*S*mall steps), *I*nterveniert und zieht es dann bis zum Ende durch (*F*ollows *T*hrough). Die Prozeßbildung verwandelt die Therapie in eine *S*ignifikante *E*motionale *E*rfahrung, SEE (Massey, 1979), um die herum der Wandel eintreten kann.

Warum verwenden?

Die Verwendung ist eine Brücke zwischen dem Festlegen von Zielen, dem Verpacken als Geschenk, dem individuellen Zuschneiden und der Prozeßbildung.[2] Um Ziele festzulegen, kann der Therapeut die Fähigkeit des Patienten verwenden, das Problem in überschaubare Teile zu gliedern, so daß das jeweilige Gegenteil ein »Miniziel« wird. Um es als Geschenk zu verpacken, kann der Therapeut die Technik verwenden, die der Patient einsetzt, um Patient zu sein. Um zuzuschneiden, verwendet der Therapeut das, was der Patient als motivierend bewertet (»... weil das hart für Sie ein wird«). Um einen Prozeß zu bilden, kann der Therapeut die Sequenz verwenden, die der Patient verwendet, um ein Problem zu schaffen oder zu erfahren.

Alle, die auf irgendeinem Gebiet erfolgreich kommunizieren, machen Gebrauch von Verwendung. In der Psychotherapie gibt die Verwendung der Therapie neue Energie und macht sie verbindlich. Die Verwendung respektiert den Patienten; sie erkennt die Individualität des Patienten an. Sie ermutigt den Patienten auch, aufmerksam zu sein, und läßt den Therapeuten ein waches Bewußtsein für den Augenblick entwickeln.

Ich erinnere mich an meinen ersten Besuch bei Milton Erickson 1973. Damals war er an den Rollstuhl gefesselt und hatte ständig Schmerzen. Er hatte seinen eigenen Weg gefunden, die Philosophie der Verwendung auf die eigene Person zu beziehen. Er sagte stolz: »Der Schmerz stört mich nicht. Ich mag die Alternative nicht.«

Erickson begann den Tag in der Regel damit, daß er irgendeinen Besucher empfing; aufgrund seiner Schmerzen sprach

---

[2] Im ursprünglichen Modell war die »Verwendung« ins Zentrum des Ericksonschen Diamanten gerückt. Weitere Untersuchungen führten zu der Erkenntnis, daß es zutreffender wäre, die Haltung des Therapeuten ins Zentrum des Diamanten zu rücken. Vielleicht hat Dr. Mastersons Diskussion der Stellung der Gegenübertragung in Ericksons Modell dazu beigetragen, die Tragfähigkeit des Modells zu steigern. Die Haltung des Therapeuten schließt jetzt die »Verwendung« als eine von mehreren technischen und persönlichen Faktoren ein. Weitere Publikationen werden das Modell weiterentwickeln.

er langsam. Ich war wie elektrisiert und freute mich über meinen Besuch bei ihm. Ich bemühte mich, jedes einzelne Wort, jede Nuance mitzubekommen. Ich versuchte, all die verschiedenen Techniken im Kopf zu klassifizieren, die er verwendete. Ich fragte mich: »Wie setzt er die Verwendung jetzt ein?«

Mit der Zeit ließ meine Aufmerksamkeit nach. Ich konnte nicht alles, was er tat, von Grund auf verstehen. Nach einigen Stunden hatte Erickson seinen Schmerz weitgehend vergessen. Vielleicht verwendete er sein Interesse am Gespräch mit mir als Ablenkungstechnik. Wie auch immer, er wurde immer lebhafter und wacher. Am Ende des Tages war ich erschöpft, und Erickson war voller Energie!

Dies führt mich zu dem Kriterium für erfolgreiche Therapie. Wenn sich der Therapeut am Ende der Sitzung besser fühlt, dann war es vermutlich eine gute Sitzung. Und dafür, daß der Therapeut sich besser fühlt, ist das Konzept der Verwendung häufig von zentraler Bedeutung.

Wir haben das Metamodell jetzt in seiner allgemeinsten Form vorgestellt. Die Behandlung findet in der Gegenwart statt und richtet sich auf die Zukunft. Die Grundphilosophie des Modells lautet, daß es nur wenig Neues (Tiefschürfendes) gibt, das man den Patienten sagen kann, daß es aber neue (tiefgreifende) Möglichkeiten gibt zu sagen, was die Patienten hören müssen. Damit der Therapeut sich diesen Ansatz zu eigen machen kann, muß er seine Definition der Therapie modifizieren.

Die Therapie neu definieren

Die Verwendung verlangt eine Neudefinition der Therapie, in der diese nicht länger als Erziehung oder Analyse des *Unbewußten* oder des Familiensystems des Patienten begriffen wird.

Für denjenigen, der die Verwendung praktiziert, wird die Therapie zu einem Appell. In der Therapie geht es darum, an die konstruktive Geschichte zu appellieren. Die Patienten werden als Menschen angesehen, die das, was sie benötigen, um das Problem zu lösen, bereits in ihrem Erfahrungshintergrund besitzen. Jeder Raucher weiß, wie er sich ohne Zigarette wohlfühlen kann. Jeder Schizophrene weiß, wie er sich vernünftig mitteilen kann. Diese Talente sind in der Geschichte des Patienten vorhanden. Der Therapeut nimmt an, daß der Patient eine Geschichte hat, in der er angemessen und effektiv funktioniert hat. Daher muß der Therapeut dem Patienten nicht beibringen, was er tun muß, um sich adäquat zu verhalten. Aufgabe des Therapeuten ist es vielmehr, dem Patienten zu helfen, die schlafende konstruktive Geschichte aufzuschließen. Die Therapie wird zu einem Prozeß, in dem Fähigkeiten des Patienten stimuliert werden – Fähigkeiten, die lange hinter verschlossenen Türen gefangen gewesen waren.

Mit Eriksons Worten: »Psychotherapie ist die Neuorganisation des inneren Lebens.«

11. Kapitel

Stefan Geyerhofer, Yasunaga Komori

Die Integration poststrukturalistischer Modelle von Familienkurzzeittherapie

Dieser Beitrag stellt Leitlinien für Familienkurzzeittherapie vor, die sich auf das präsentierte Problem und seine Lösung innerhalb der Möglichkeiten konzentriert, die die Familie hat, um Probleme zu lösen. Gegründet auf systemische Kurzzeittherapiemodelle (das Kurzzeittherapiemodell des MRI, lösungsorientierte Modelle, White und Epstons narrativer Ansatz), mißt unser Ansatz den pathologischen Strukturen, die dem Problem zugrunde liegen (unbewußte Konflikte, pathologische Familienstrukturen ...), keine große Bedeutung bei; er konzentriert sich statt dessen auf die augenblickliche Interaktion zwischen Familienmitgliedern und ihren Geschichten rund um das Problem.

Mit einer sehr einfachen und kurzen Behandlungsmethode haben wir bemerkenswerte Erfolge in der Arbeit mit Kinder- und Familienproblemen wie Eßstörungen, Enurese, Schulverweigerung, nervösen Ticks, Schlafstörungen, Aggression, Drogenmißbrauch und verschiedenen Formen psychosomatischer Störungen erzielt.

Wir werden Leitlinien für die klinische Arbeit mit Kindern, Jugendlichen und ihren Familien präsentieren. Die Ergebnisse unserer Arbeit werden wir im Kontext der Kinderpsychotherapie in einer Kinderklinik und in einem Familientherapieinstitut darstellen.

Die Integration poststrukturalistischer Therapiemodelle

Es ist uns gelungen, in unserer Arbeit die drei Hauptrichtungen der Kurzzeittherapie zu integrieren – den problemorientierten Kurzzeittherapieansatz des Mental Research Institute (MRI) in Palo Alto (Weakland, Fisch, Watzlwick, Bodin, 1974; Watzlawick, Weakland, Fisch, 1974; Fisch, Weakland, Segal, 1982), den lösungsorientierten Kurzzeittherapieansatz, der von de Shazer und seinen Kollegen in Milwaukee entwickelt wurde (de Shazer, 1982b, 1985, 1988a, 1991, 1994; de Shazer et al., in diesem Band; Gingerich, de Shazer, 1991; Weiner-Davis, de Shazer, Gingerich, 1987; Gingerich et al., 1988), und die Weiterentwicklungen dieses Ansatzes durch O'Hanlon und Weiner-Davis (O'Hanlon, Weiner-Davis, 1989; O'Hanlon, 1993; Weiner-Davis, 1993) sowie den narrativen Ansatz von White (1984, 1985, 1986a, 1986b, 1987, 1988, 1993) und Epston (White, Epston, 1990; Durrant, Coles, 1991; Epston, 1993).

Trotz aller Unterschiede zwischen den drei Ansätzen gibt es einige Ähnlichkeiten, durch die sie in zweifacher Hinsicht vergleichbar werden und einander ergänzen. Alle drei Modelle messen den pathologischen Strukturen, die dem Symptom oder Problem zugrunde liegen, nicht die Bedeutung zu, die andere traditionelle Therapiemodelle ihnen beimessen. Unbewußte Konflikte oder pathologische Familienstrukturen sind für die Therapeuten, die mit diesen drei Modellen arbeiten, von geringem oder keinem Interesse. Sie konzentrieren sich statt dessen auf die augenblickliche Interaktion zwischen den Familienmitgliedern und deren Geschichten rund um das Problem.

De Shazer (1991, 1994) und Berg (Berg, de Shazer, 1993) waren die ersten, die den Begriff »poststrukturalistisch« benutzten, um diese Therapiemodelle zu beschreiben, die sich in erster Linie für das interessieren, was die Patienten dem Therapeuten und einander erzählen – für die Interaktionen zwischen dem »Text«, dem »Leser« und dem »Autor« dieser in der Therapie konstruierten Geschichten. Während der

Strukturalismus die Ansicht vertritt, daß die Wahrheit »hinter« oder »in« einem Text zu finden ist, betont der Poststrukturalismus die Fruchtbarkeit der Interaktion zwischen Leser und Text (Sarup, 1989), wie die Arbeiten von Jacques Derrida (1967), Paul de Man (1979), Richard Harland (1987) und Ludwig Wittgenstein (1980) zeigen, die in den beiden letzten Büchern de Shazers (1991, 1994) zitiert werden.

Beeinflußt von der klinischen Arbeit des bedeutenden Hypnotiseurs Milton H. Erickson (Erickson, 1954b, 1964; Erickson, Rossi, 1983) und den Theorien Gregory Batesons (1972, 1979), teilen die Vertreter der oben genannten Modelle ein großes Interesse für die Sprache als wichtigstes Therapiemittel. Insbesondere die jüngste Literatur auf diesem Gebiet befaßt sich explizit mit Sprache und Therapie (White, Epston, 1990; de Shazer, 1993, 1994; Weakland, 1993), auch wenn jeder der Beiträge eine etwas unterschiedliche Terminologie benutzt. Es kann jedoch kein Zweifel daran bestehen, daß die »Text-Analogie« die Entwicklung der Familienkurzzeittherapie weiterhin beeinflussen wird (Geyerhofer, Komori, 1995).

Für uns sind die drei Modelle nicht nur hinsichtlich ihres poststrukturalistischen Denkens und der starken Betonung der Sprache miteinander verwandt, sie scheinen sich auch in bezug auf zwei weitere Dimensionen zu ergänzen: der Dimension »Problem« vs. »Lösung« und der Dimension »Verhalten« vs. »Erkenntnis«. Während sich der Ansatz des MRI und die Arbeit de Shazers nicht ausschließlich, aber doch hauptsächlich auf das Verhalten der in die problematische Interaktion involvierten Personen konzentrieren, sind White und Epston mehr an ihrem Erkennen und den Beschreibungen ihres Erkennens in Form von »Geschichten« interessiert. Ihre »Dekonstruktions- und Rekonstruktionsfragen« (White, 1988; White, Epston, 1990; White, 1993) kann man, grob gesagt, der kognitiven Seite einer problembezogenen Beschreibung zuschlagen. Die Fragen, die sie benutzen, um die Geschichte des Patienten »umzuschreiben« (White,

1988; White, Epston, 1990; Epston, 1993), können andererseits als die kognitive Form einer lösungsorientierten Vorgehensweise angesehen werden. Der Ansatz des MRI kann eindeutig als verhaltensorientierte und problembezogene Vorgehensweise charakterisiert werden, der lösungsorientierte Ansatz des Teams um de Shazer (Milwaukee-Team) fast ebenso eindeutig als verhaltens- und lösungsorientiert. Abbildung 1 versucht die in diesem Abschnitt beschriebenen komplementären Unterschiede darzustellen.

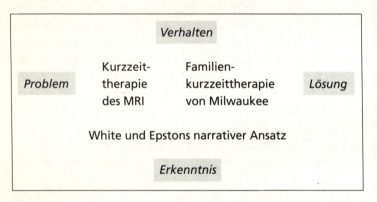

Abb. 1: Die Integration poststrukturalistischer Modelle von Familienkurzzeittherapie in zwei Dimensionen

Eine Integration der drei Modelle entlang dieser beiden Dimensionen hat sich als nützlich und hilfreich in unserer klinischen Arbeit erwiesen. Sie eröffnete nicht nur neue Behandlungsmöglichkeiten, es erhöhten sich auch die Aussichten, die Bedürfnisse und Erwartungen der Patienten besser kennenzulernen. Wir können den wechselseitigen Einfluß von Verhalten und Erkenntnis vielfältiger nutzen und sind in der Lage, uns frei vom problembezogenen Gespräch zum lösungsbezogenen Gespräch und wieder zurück zu bewegen, wenn es besser zur Perspektive des Patienten zu passen scheint. Die folgenden Leitlinien werden einige der Details näher erläutern.

Während die Diskussion um die theoretische Integration der drei Modelle von Kurzzeittherapie vor einiger Zeit begonnen hat, haben Therapeuten überall auf der Welt sie erfolgreich in ihre praktische klinische Arbeit integriert (Todd, Selekman, 1991; Chang, Phillips, 1993; Eron, Lund, 1993). Eines der interessantesten Bücher, das die praktische Nützlichkeit einer Integration poststrukturalistischer Therapiemodelle zeigt, ist Selekmans Buch *Pathways to Change – Brief Therapy Solutions with Difficult Adolescents* (Selekman, 1993). Die folgenden Abschnitte werden unsere praktische Integration der drei Ansätze und eine erste Studie über ihre Wirksamkeit im Kontext der Kinderpsychotherapie vorstellen.

Leitlinien für die Familienkurzzeittherapie

Schwierige Jugendliche und ihre Familien sind für jeden Therapeuten eine Herausforderung. Ihre Behandlung muß aber nicht schwierig sein, wenn man sich in jedem Fall bewußt bemüht,

1) jede Etikettierung zu vermeiden;
2) den Patienten die Kraft und die Fähigkeiten zum Wandel zuzutrauen;
3) die Therapie als ein auf Zusammenarbeit beruhendes Unternehmen zu begreifen, bei dem die Patienten die Behandlungsziele bestimmen;
4) herauszufinden, was die Patienten an früheren Therapieerfahrungen mochten und nicht mochten;
5) dem Jugendlichen eigene Sitzungszeit einzuräumen, um seine Bedürfnisse, Ziele und Erwartungen kennenzulernen;
6) interessierte Helfer aus umfassenderen Systemen aktiv einzubeziehen und
7) die Therapie flexibel zu gestalten und, wenn nötig, zu improvisieren. (Selekman, 1993)

Die folgenden Schritte dienen als Leitlinien für die erste und die folgenden Sitzungen mit den Familien, die zu uns kommen. Sogar der erste Kontakt (sehr häufig am Telefon) und die Entscheidungen, die während dieses ersten Kontakts getroffen werden, werden von diesen Schritten geleitet. Natürlich können nur selten alle Schritte genau ausgeführt werden. Menschen, und für Familien gilt dies noch mehr, können nicht in ein Behandlungsschema gepreßt werden. Und dies war auch nie beabsichtigt. Die im folgenden genannten Schritte sind lediglich Leitlinien für den Prozeß, in dem der Therapeut Fragen formuliert und Entscheidungen trifft. Jeder ausgeführte Schritt liefert die für diesen Prozeß notwendige Information. Daher kommt es ziemlich häufig vor, daß der Therapeut, falls nötig, einen oder sogar mehrere Schritte zurückgeführt wird.

Definition des/der Beschwerdeführer/s
(»Kunde«)

Entscheidung über die Personen, mit denen gearbeitet wird
(Motivation, Möglichkeiten, zur Lösung des Problems
beizutragen ...)

Definition des Problems/der Probleme

Definition der Therapieziele

Problemorientiertes Vorgehen	Lösungsorientiertes Vorgehen
– versuchte Lösungen	– Ausnahmen
– 180-Grad-Interventionen	– Wunder-Frage
– Umdeutungen	– Internalisierung der Lösungen
– Externalisierung der Probleme	– Skalierungsfragen
– »problembezogenes Gespräch«	– Umschreiben der Geschichten
	– »lösungsbezogenes Gespräch«

Feedback

Beim allerersten Kontakt versuchen wir, Informationen darüber zu bekommen, wer als Beschwerdeführer definiert werden könnte. Beschwerdeführer ist für uns jede Person, die ein Problem beschreibt und uns um Hilfe bei der Lösung dieses Problems bittet. Alle anderen Personen, die die Beschwerdeführer eventuell zu ihren Treffen mit uns begleiten, können »Besucher« genannt werden. Das bedeutet nicht, daß wir es ablehnen würden, mit »Besuchern« zu arbeiten. Im Gegenteil: Selbst wenn wir am Telefon gefragt wurden, wer in die erste Sitzung mitkommen solle, haben wir stets gute Erfahrungen gemacht, wenn wir antworteten: »Jeder in der Familie (oder sogar außerhalb der Familie), der zur Lösung des Problems beitragen möchte.«

Dennoch haben sich für die Definition der Beschwerdeführer einige Fragen als ganz nützlich erwiesen:
– »Wer hat das Problem?«
– »Wer ist sonst noch der Meinung, daß dies ein Problem ist?«
– »Wer in Ihrer Familie leidet am meisten?«
– »Wer braucht sonst noch Hilfe in Ihrer Familie?«
– »Wer möchte einen Therapeuten aufsuchen und wer nicht?«

Entsprechend diesen Fragen und den Antworten, die wir erhalten, werden wir mit einer enormen Vielfalt von Menschengruppierungen in unseren Therapieräumen konfrontiert. Wenn die Kinder sich keines Problems bewußt sind und keine Hilfe von uns wollen, zögern wir nicht, mit den Eltern allein zu arbeiten. Wenn alle der Meinung sind, daß es in ihrer Familie ein Problem gibt, und alle bereit sind zu helfen, lassen wir sie zusammen kommen. In unserer Praxis ist es niemals vorgekommen, daß ein Junge oder ein Mädchen anriefen und um Hilfe baten. Wann immer in einer Familie ein Kind oder ein Jugendlicher ein Problem hat, sind bis zum Alter von 16 stets auch die Eltern die Beschwerdeführer. In sehr vielen Fällen waren die Eltern (oder ein Elternteil) die einzigen Beschwerdeführer.

Sehr häufig wird die Frage gestellt: »Wen sollen wir in die erste Sitzung mitbringen?« Wir fragen dann manchmal, inwieweit einzelne Familienmitglieder motiviert sind, an der Therapie teilzunehmen, im allgemeinen überlassen wir die Entscheidung jedoch der Familie. Um der Familie bei dieser Entscheidung zu helfen, stellen wir eventuell Fragen wie die folgenden:

- »Wer wäre bereit, mitzukommen und bei der Lösung des Problems zu helfen?«
- »Wenn ich Sie bitten würde, als Familie zu kommen, wer würde sich am ehesten weigern?«
- »Wer möchte Sie begleiten und wer nicht?«

Seit langem hat sich die Familienkurzzeittherapie davon verabschiedet, die Familien nur als Ganzes zu sehen. Wir haben es niemals für notwendig erachtet, uns mit der gesamten Familie zu treffen. Häufig können Therapieziele sehr viel leichter und schneller erreicht werden, wenn manche Familienmitglieder (vor allem diejenigen, die nicht zur Therapie kommen wollen) nicht anwesend sind. Dies gilt auch für die Fälle, in denen das Kind oder der Jugendliche, die als Problem bezeichnet wurden, die Therapie verweigern. Unsere interaktionelle Betrachtungsweise von Familienproblemen und der entsprechenden Interventionen ermöglicht Veränderung unabhängig von der Anzahl von Familienangehörigen, die im Therapieraum anwesend sind (Komori, Geyerhofer, 1993). Die Kombination, die sich als besonders günstig herausgestellt hat, ist diejenige, bei der jeder, der willens und imstande ist, zur Lösung des Problems beizutragen, anwesend ist. Interessanterweise ist dies unabhängig von der Anzahl der Probleme, die später in der Therapie definiert werden.

Familien, die Probleme mit einem Kind oder Jugendlichen haben, hatten häufig bereits Begegnungen mit Vertretern von Hilfseinrichtungen (Schulpsychologen, Ärzte, Programme für Drogenabhängige, psychiatrische Kliniken, örtliche Polizeireviere ...). Am Wiener Institut für Systemische Therapie berichten 67,6% der Familien von früheren Kontakten (wegen desselben Problems) mit anderen Fachleuten, einschließlich Psychologen, Ärzten und Psychotherapeuten. Häufig sind diese Fachleute (vor allem Ärzte und Lehrer) immer noch interessiert und bereit zu helfen, doch in der Vergangenheit der Familientherapie wurden sie nur selten gebeten, sich der Familie und dem Therapeuten bei ihren neuesten Versuchen, das Problem zu lösen, anzuschließen. Sie können nicht nur nützliche Informationen über das liefern, was in der Vergangenheit funktoniert oder nicht funktioniert hat, sondern auch eine verläßliche Grundlage bilden für neue Geschichten, neue Erwartungen und Ergebnisse, sobald die Dinge sich zu ändern beginnen. In seinem Buch *Pathways to Change – Brief Therapy Solutions with Difficult Adolescents* beschreibt Selekman (1993) mögliche Wege der Zusammenarbeit mit Helfern aus umfassenderen Systemen.

Während die ersten beiden Schritte manchmal bereits während des ersten Telefongesprächs ausgeführt werden, beschäftigt der dritte Schritt unserer Leitlinien den Therapeuten und die Familie gewöhnlich während des größten Teils der ersten Sitzung.

- »Was ist genau das Problem, das Sie heute hierher führt?«
- »Was ließ Sie zum Telefonhörer greifen, um mich anzurufen?«
- »Wer riet Ihnen zur Therapie?«
- »Was möchten Sie ändern?«

Dies sind typische Fragen, die gestellt werden, um eine erste Vorstellung von dem zu bekommen, was möglicherweise als Problem definiert werden wird. Meist stellt der Therapeut, nachdem er jedes Familienmitglied einzeln gesehen hat, Fragen über das Problem oder vielmehr darüber, wie die Familienmitglieder die Probleme sehen, die sie in die Therapie führen. Es ist nicht immer leicht für den Therapeuten, sich ein konkretes und genaues Bild von dem jeweiligen Problem zu machen. Manchmal ist dafür mehr als eine Sitzung nötig.

Oft erfolgt die Definition des Problems erst nach der Definition eines Behandlungsziels. Häufig werden beide Definitionen auch gemeinsam ausgearbeitet. Einerseits können die Patienten in vielen Fällen das Problem nicht so konkret beschreiben, wie wir es gern hätten. Sich andererseits eine Situation vorzustellen, in der das Problem nicht mehr existiert, hilft häufig, das Leiden der Patienten, die Symptome und ihre Geschichten rund um das Problem, mit dem sie zu kämpfen haben, besser zu verstehen. Fragen, die hilfreich sind, um sich ein Leben ohne das Problem vorzustellen und zu beschreiben, können lauten:

- »Was soll anders werden?«
- »Wie sollen sich die Dinge für Sie verändern?«
- »Wie würde sich Ihr Leben verändern, wenn das Problem gelöst ist?«
- »Was würden Sie anders machen, wenn das Problem Sie nicht mehr stört?«
- »Wie würde Ihre Familie bemerken, daß Sie beginnen, die Symptome zu bekämpfen?«
- »Was würden Sie anders machen?«
- »Wenn Sie das Problem nicht mehr bekämpfen, was würden Sie statt dessen machen?«
- »Wenn wir bei Ihnen zu Hause wären, wie würde ich bemerken, daß Sie auf dem richtigen Weg sind?«
- »Wie würden Ihre Eltern es bemerken, wie Ihre Lehrer?«

Oder die klassische Frage, die die Kurzzeittherapeuten des MRI häufig in der ersten Sitzung als Hausaufgabe geben:
- »Was wäre ein erstes kleines Zeichen, das Ihnen sagen würde, daß Sie sich in die richtige Richtung bewegen?«

Die meisten dieser Fragen, die Antworten darauf und das gesamte Therapiegespräch in ihrem Umkreis helfen nicht nur, ein konkretes Behandlungsziel festzulegen (Komori, Geyerhofer, 1993), sondern häufig auch, noch einen Schritt weiter zu gehen. Sie verwandeln das problembezogene Gespräch in eines, in dem der Wandel nicht nur möglich wird, sondern auch sichtbar, erklärbar, besprechbar, erwartbar und daher in vielen Fällen umvermeidlich. Das ganze Gespräch im Therapieraum beginnt, sich von einem problembezogenen Gespräch in ein lösungsbezogenes Gespräch zu verwandeln. Dadurch wird der Boden für den Wandel bereitet. Und manchmal ist dies die einzige Veränderung, die nötig ist.

Durch die Integration problembezogener und lösungsorientierter Kurzzeittherapiemodelle werden wir in die Lage versetzt, den richtigen Zeitpunkt für diese entscheidende Verschiebung innerhalb der Therapie zu finden. Mit rein problemorientierten Ansätzen läuft die Therapie Gefahr, in den Beschwerden und den Geschichten rund um Probleme und Symptome steckenzubleiben. Und die bloße Konzentration auf Ausnahmen, Möglichkeiten und Lösungen entspricht häufig nicht dem Bedürfnis des Patienten, Klage zu führen, und seinen Erwartungen, schließlich imstande zu sein, die ganze Leidensgeschichte einem Experten zu erzählen, der hoffentlich in der Lage sein wird, alles zu verstehen. Allzu häufig erwarten Patienten gar nicht in erster Linie die Lösung des Problems, wenn sie einen Therapeuten aufsuchen. Vor allem in der Therapie mit schwierigen Jugendlichen schätzen Eltern und Kinder es, einen neutralen Rahmen für ihre Beschwerden, ihr Leiden und ihre individuellen Geschichten über den Kampf mit einem Problem, das für eine beträchtliche Zeit in ihr Leben eingreift, zu finden. Und ein Problem, das eine Familie mehr als ein Jahr verfolgt hat, das all ihre Versuche, es zu lösen, überlebt hat und das dann in wenigen Sitzungen mit einem Therapeuten gelöst wird, ist nicht nur ein Wunder und eine Erleichterung; es kann auch als ein persönlicher Affront aufgefaßt werden von jemandem, der in der Vergangenheit jahrelange, nicht endenwollende Versuche unternommen hat, es zu bekämpfen.

Problem- und lösungsorientierte Kurzzeittherapiemodelle können in dem schwierigen Geschäft des Problemlösens als einander ergänzende Teile begriffen werden. Die narrative

Metapher von White und Epston (1990) ist ein nützliches Werkzeug für die Beschreibung dieser beiden Teile auf der Ebene der Sprache und Erkenntnis gewesen.

Im Verlauf der Therapie werden diese beiden Fokussierungen nicht als einander ausschließend begriffen, sondern als einander unterstützend. Der Therapeut beurteilt den Erfolg seiner Vorgehensweise ständig nach dem Feedback, das er vom Patienten auf seine Fragen oder Vorschläge bekommt. Im Prozeß der gemeinsamen Schaffung bestmöglicher Voraussetzungen für weitere Veränderungen beeinflussen sich Patienten und Therapeut daher gegenseitig. Und die »Kraft« dieses komplementären und unvermeidlichen Einflusses ist wohl eher gleich als häufig verdoppelt. Weakland (1993) hat dies besonders gut beschrieben:

> Der Patient braucht die Fachkenntnisse und die Hilfe des Therapeuten, aber der Therapeut braucht sein Honorar, und der Patient ist der Kunde, auf den die »Hierarchie« auch umgekehrt zutrifft. Das gilt sogar für die »Fachkenntnisse«. In unserem Ansatz [Kurzzeittherapie des MRI] definiert der Patient das Problem, auch wenn der Therapeut in beträchtlichem Maße dazu beitragen mag zu klären, welches Verhalten beteiligt ist, und die Therapie auf das zu konzentrieren, was für den Patienten am wichtigsten ist, anfangs jedoch nur vage und verworren formuliert wurde. Mit anderen Worten, der Patient ist der Experte für die grundlegende Bestimmung der Behandlungsziele. Der Therapeut ist der Experte für die Mittel, mit denen diese Ziele zu erreichen sind. Auf der pragmatischen Grundlage der Erfahrung mag der Therapeut auch einigen Sachverstand hinsichtlich der Unvereinbarkeit gewisser gewünschter Ziele oder hinsichtlich gewisser Mittel und Ziele haben. [Siehe auch Cade, 1992; Fisch, Weakland, Segal, 1982]

Während der Therapie kann sich das Gespräch zwischen Patient und Therapeut vom Problem auf die Lösung und wieder zurück verlagern, auch wenn in manchen Fällen die nach der Definition des Behandlungsziels gewählte Vorgehensweise bis zum Ende der Therapie beibehalten worden ist. »Wenn etwas funktioniert, tun Sie mehr davon«, lautet die einfache Regel, die hinter dieser Beobachtung steht.

Obwohl es in unserer therapeutischen Arbeit meist schwierig sein mag, zwischen problem- und lösungsorientiertem Vorgehen zu unterscheiden, gibt es dennoch spezifische Interventionen, die für jede Vorgehensweise charakteristisch sind. Wie oben aufgelistet, verbringen wir bei einer klassischen problembezogenen Behandlung eine Menge Zeit damit herauszufinden, »was bislang nicht funktioniert hat« – mit anderen Worten, die versuchten Lösungen aller involvierten Familienmitglieder und anderer Helfer zu ermitteln. Dementsprechend werden wir versuchen, diese Versuche zu unterbinden, indem wir sie durch neue und andere Verhaltensweisen ersetzen (Watzlawick, Weakland, Fisch, 1974; Fisch, Weakland, Segal, 1982) – sogenannte »180-Grad-Interventionen« – oder indem wir die ursprünglichen besorgniserregenden Verhaltensweisen als »nicht signifikantes Problem« neu bewerten (Weakland, 1993). Letzteres beschreibt die stärker kognitive Seite des Ansatzes des MRI und wird gewöhnlich erreicht, indem man die Wahrnehmung des problematischen Verhaltens seitens des Patienten mit Hilfe von »Umdeutungstechniken« verändert (Watzlawick et al. 1974).

Typische Interventionen einer lösungsorientierten Behandlung sind die Suche nach Ausnahmen (de Shazer, 1988; Gingerich, de Shazer, 1991; de Shazer, 1991), bei der Therapeut und Patient nach Perioden im Leben des Patienten forschen, in denen das Problem nicht existierte. Diese Ausnahmen können dann für weitere Neubeschreibungen der Beziehung des Patienten zu seinem Problem benutzt werden (White, 1988, 1989). Die Externalisierung des Problems (White, 1989; White, Epston, 1990; Epston, 1993) hat sich als eine der wirkungsvollsten Techniken in der Arbeit mit schwierigen Jugendlichen und ihren Familien erwiesen. Beinahe ebenso große Aufmerksamkeit wurde der Möglichkeit zuteil, Lösungen zu internalisieren, wenn einzelne Familienmitglieder positive Schritte ausgeführt haben und Teile der Behandlungsziele erreicht worden sind. Whites »Neubeschreibungsfragen« und »Möglichkeitsfragen« (White, 1988; White, Epston, 1990; Epston, 1993) sind nützliche Werkzeuge für das Neuschreiben der Geschichten, die die Familien in die Therapie mitbringen.

»Skalierungsfragen« (Berg, de Shazer, 1993) und die berühmte »Wunder-Frage« (de Shazer, 1988a) helfen dem Therapeuten und den Patienten, sich die Schritte, die sie bereits ausgeführt haben, die Möglichkeiten, die sie haben, und die möglichen künftigen Lösungen vorzustellen. Mit der »Wunder-Frage« werden die Patienten gefragt:

> »Nehmen Sie an, Sie gehen heute abend nach Hause, und während Sie schlafen, geschieht ein Wunder, und das Problem ist gelöst. Wie werden Sie wissen, daß das Wunder geschehen ist? Was wird anders sein?« (de Shazer, 1988a, S. 5)

Diese und andere Fragen werden eingesetzt, um die Zukunft dazu zu benutzen, gemeinsam mit den Patienten hypothetische Lösungen zu konstruieren.

Über den gesamten Zeitraum der Therapie dienen die Antworten oder die nonverbalen Reaktionen der Patienten als Feedback für den Therapeuten. Dieses Feedback liefert die notwendigen Informationen über die Richtungen und den Fortschritt der Behandlung. Sie geben nicht nur Aufschluß über den Fokus der Interventionen, sondern können den Therapeuten auch zwingen, die Definition der Ziele oder der Probleme sowie die Definition der Beschwerdeführer und der Personen, die eingeladen wurden, bei der Lösung des Problems zu helfen, neu zu überdenken.

Diese Leitlinien haben sich als hilfreich in der Arbeit mit allen Arten von Problemen erwiesen. Sie haben sich in der

Individual-, Paar- und Familientherapie bewährt und unter allen Rahmenbedingungen dazu beigetragen, die Behandlung mit durchschnittlich weniger als zehn Sitzungen kurz zu halten. Der folgende Abschnitt stellt die Ergebnisse unserer Arbeit mit Kindern, Jugendlichen und ihren Familien dar, die Probleme (oder Symptome) wie Eßstörungen, Aggressionen, Enurese, Schulverweigerung, nervöse Ticks, Drogenmißbrauch und verschiedene Formen psychosomatischer Störungen zeigten.

Ergebnisforschung in zwei unterschiedlichen klinischen Umgebungen

Den oben illustrierten Leitlinien für Familienkurzzeittherapie folgend, haben wir zwei parallele klinische Studien über einen bestimmten Zeitraum hinweg durchgeführt. In einem privaten Familientherapie-Institut (dem Wiener Institut für Systemische Therapie) und einer Kinderklinik (Psychosomatic Clinic at Gifu University, School of Medicine, Department of Pediatrics) wurden die folgenden Fragen benutzt, anhand derer die Patienten bei der Nachkontrolle sechs Monate nach der letzten Sitzung das Ergebnis der Behandlung beurteilen sollten:

1. Als Sie zum ersten Mal in die Klinik (ins Institut) kamen, hatten Sie folgende Sorge ... Ist diese Sorge jetzt schlimmer, gleich, besser?
2. Sind, seit Sie die Behandlung beendet haben, neue Probleme aufgetreten (für Sie, den Patienten oder irgendein anderes Familienmitglied)?
3. Sind, seit Sie die Behandlung beendet haben, Besserungen oder Lösungen anderer Probleme eingetreten?
4. Haben Sie oder irgendein anderes Familienmitglied nach Beendigung der Behandlung eine weitere Behandlung erhalten? Wenn ja, für welches Problem? Welche Art von Behandlung?

Diese Fragen, die für unsere Kontrollanrufe nach sechs Monaten gewählt wurden, ähneln sehr stark denen, die in früheren Studien benutzt wurden (Weakland, Fisch, Watzlawick, Bodin, 1974; de Shazer, 1991; Nardone, Watzlawick, 1990; Macdonald, 1994). Die Ergebnisse konnten daher in einem umfassenderen Kontext verglichen und diskutiert werden.

Innerhalb des Zeitraums, in dem die Studie durchgeführt wurde, riefen 34 Mütter oder Väter mit Beschwerden über mindestens eines ihrer Kinder am Institut für Systemische Therapie (IST) an, um einen ersten Termin zu vereinbaren. Zum ersten Treffen wurden der Beschwerdeführer und jede Person, die bereit war, bei der Lösung des Problems zu helfen, eingeladen. Die Treffen fanden unter drei unterschiedlichen Rahmenbedingungen statt: 17 Klienten oder Familien (50%) kamen mit einem einzelnen Therapeuten zusammen, 6 (17,6%) trafen mit zwei Therapeuten im Therapieraum zusammen, die ihnen zu helfen versuchten, und 11 (32,4%) wurden im sogenannten »Kurztherapie-Zentrum« (ein Therapeut im Raum, ein zweiter hinter dem Spiegel, der für Überlegungen oder Besprechungen zur Verfügung steht) empfangen. Die durchschnittliche Behandlungsdauer betrug 2 Monate (Maximum: 9 Monate), mit durchschnittlich 3 Sitzungen (Minimum: 1 Sitzung, Maximum: 11 Sitzungen). 23 Familien (67,6%) berichteten von früheren Kontakten mit anderen Fachleuten wie Ärzten, Psychologen oder anderen Therapeuten. Die Hälfte der Familien (50%) sagten, daß das Problem seit mehr als einem Jahr ihr Leben und ihre Beziehungen belaste. Die präsentierten Probleme betrafen Kinder und Jugendliche mit einer großen Bandbreite von Problemen wie Anorexie, Schlafstörungen, Kinderdepression, Schulverweigerung, nervöse Ticks, Drogenmißbrauch, Pubertätskrisen, Ängste und Obsessionen, Aggressivität, Eßstörungen und psychosomatische Störungen. Bei 20 Klienten (58,8%) wurde die Therapie gemeinsam und im Einvernehmen abgeschlossen. Nachdem in der letzten Sitzung die von allen

Familienmitgliedern entwickelten Lösungen internalisiert, alle Möglichkeiten, über die die Familie verfügt, um das Problem zu bekämpfen, aufgelistet oder alle Möglichkeiten, die Dinge weiter zu verschlechtern, aufgezählt worden waren, wurde den Familien gesagt, daß sie, wann immer sie es für notwendig hielten, anrufen könnten, um eine weitere Sitzung zu vereinbaren. Die restlichen 14 Klienten beendeten die Therapie von sich aus. Entweder riefen sie an, um mitzuteilen, daß sie keine weitere Therapie benötigten, oder sie erschienen einfach nicht zum vereinbarten Termin. Zwei Familien konnten zum Zeitpunkt der Nachkontrolle nach 6 Monaten nicht erreicht werden (sie waren weggezogen), zwei andere waren nach der ersten Sitzung an ein anderes Institut überwiesen worden und wurden nicht kontaktiert. Mit den übrigen 30 Familien wurde 6 Monate nach der letzten Sitzung Kontakt aufgenommen, und sie beantworten unsere Kontrollfragen.

Im gleichen Zeitraum waren 34 sogenannte psychosomatische Kinder in die Psychosomatische Klinik der Gifu-Universität, School of Medicine, Department of Pediatrics, eingeliefert worden. 26 Familien erhielten eine Familienkurzzeittherapie, die anderen Kinder erhielten eine medizinische Behandlung oder wurden in die psychiatrische Abteilung verlegt. Die Anzahl der Sitzungen in der Klinik lag im Durchschnitt bei 4 Sitzungen, mit einem Minimum von 1 Sitzung und einem Maximum von 10 Sitzungen. Diagnostiziert wurden Polakisurie, Eßstörungen, Enurese, Schulverweigerung, nervöse Ticks und verschiedene Formen psychosomatischer Symptome. Vier Familien stiegen aus und wurden in die Nachkontrolle nicht mit einbezogen. Mit den übrigen 22 Familien wurde 6 Monate nach der letzten Sitzung telefonisch Kontakt aufgenommen.

Die Nachkontrolle wurde bei den Beschwerdeführern angewandt. Dabei wurde das folgende System benutzt, um die Antworten auf unsere Fragen und die allgemeine Nützlichkeit unseres Ansatzes zu klassifizieren:

Erfolg: Beides, das Symptom (das Problem) und die Sorge, sind verschwunden. Es war keine weitere Behandlung nötig.

Besserung: Das Symptom oder die Sorge sind weiterhin da.

Keine Veränderung: Frage 1: »gleichgeblieben« oder weitere Behandlung desselben Problems war nötig.

Verschlechterung: Frage 1: »schlimmer« oder Hospitalisierung des Patienten.

Die folgende Liste vergleicht signifikante Variablen und Ergebnisse beider Einrichtungen:

	Familientherapie-Institut	Kinderklinik
Variable:		
Sitzungen im Durchschnitt	3	4
Minimum an Sitzungen	1	1
Maximum an Sitzungen	11	10
Anzahl von Fällen	34	26
Ergebnisse:		
Erfolg	18	16
Besserung	8	3
Keine Veränderung	4	3
Verschlechterung	–	–
Ausfälle	4	4

52% am IST (mit den Ausfällen gültige 60%) und 61% der Beschwerdeführer (meist Eltern) an der Kinderklinik berichteten eine signifikante Veränderung. Das Problem, mit dem sie zu kämpfen hatten, war gelöst und eine weitere Behandlung nicht mehr nötig. Sie machten sich keine Sorge mehr über die Schwierigkeit, die sie zur Therapie veranlaßt hatte.

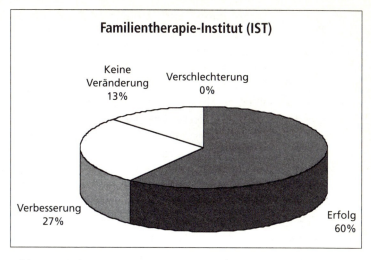

Abb. 1: Ergebnisse am Wiener Institut für Systemische Therapie

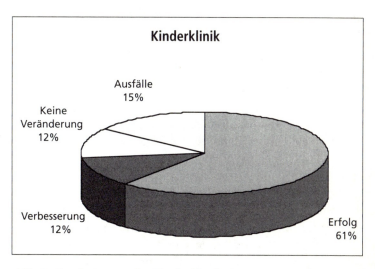

Abb. 2: Ergebnisse an der Kinderklinik (Department of Pediatrics, Gifu University, School of Medicine, Gifu, Japan)

Ähnlich wie unsere hatten auch frühere Studien (Weakland et al., 1974; de Shazer, 1991; Macdonald, 1994) gezeigt,
daß bei den Kontrollanrufen in manchen Fällen das Auftreten von Problemen in anderen Bereichen berichtet worden war (Frage 2). Am IST berichteten 17 Personen (56,7%)
von solchen Problemen. Interessanterweise sagten 16 von
ihnen (55,2%) auch, daß sie in der Lage gewesen seien, so
mit ihnen umzugehen, daß sie das Problem entweder gelöst
oder das Gefühl hatten, das Problem unter Kontrolle zu
haben. Dieser Generalisierungseffekt, der nach der Behandlung auftritt (Frage 3), ist in der Literatur wohlbekannt.
Wenn eine Besserung im Bereich des Problems eingetreten
ist, werden auch positive Veränderungen in anderen Bereichen berichtet.

23,5% (gültige 26,7%) am Familientherapie-Institut und
12% aller Fälle an der Kinderklinik wurden als »signifikante
Besserungen« kodiert (siehe obige Graphiken). In diesen Fällen war entweder das Problem (Symptom) oder die Sorge
darüber verschwunden, und es wurde von keiner weiteren
Behandlung berichtet. Insgesamt bestätigen die Prozentsätze
der positiven Ergebnisse (Erfolg oder Besserung) in beiden
Einrichtungen (gültige 86,7% am Familientherapie-Institut,
73% an der Kinderklinik) die Ergebnisse früherer Studien
auf dem Gebiet systemischer Kurzzeittherapie (Weakland,
Fisch, Watzlawick, Bodin, 1974; de Shazer, 1991; Nardone,
Watzlawick, 1990; Macdonald, 1994).

Eine detailliertere Analyse der Ergebnisse fördert interessante Unterschiede zwischen den beiden Einrichtungen zu-
tage. Am österreichischen Institut war die Anzahl männlicher
Patienten höher als die Anzahl weiblicher Patienten (24
männliche, 10 weibliche); an der Kinderklinik in Japan war
das Verhältnis umgekehrt (10 männliche, 16 weibliche). Das
Durchschnittsalter der Kinder lag in Österreich bei 12,7 Jahren, in Japan waren die Kinder im Durchschnitt 9,6 Jahre alt.
Vier Mütter von Kindern im Vorschulalter kamen dort in die
Klinik. Unsere Stichprobe scheint darauf hinzudeuten, daß in

Österreich die Probleme erst einsetzen, wenn die Kinder in die Schule kommen.

Interessante Unterschiede gibt es auch bei der Häufigkeit der Diagnose. Es scheint charakteristische Symptome und Probleme für männliche und weibliche Personen zu geben und ebenso für die verschiedenen Altersgruppen. All diese Ergebnisse beruhen nur auf einer kleinen Anzahl von Fällen in jeder Gruppe und können daher lediglich als Beobachtungen ohne signifikanten statistischen Hintergrund gelten.

Manche Unterschiede können mit den unterschiedlichen Bezugskontexten beider Einrichtungen erklärt werden, andere mögen mit kulturellen Unterschieden (z. B. die Häufigkeit von Scheidungen in Österreich und Japan) zusammenhängen. Wieder andere Unterschiede sind auf Variationen in den Handlungen der Therapeuten zurückzuführen. Am Wiener Institut wurden die Beschwerdeführer häufiger von anderen Familienmitgliedern begleitet – entweder von denen, die bereit waren, bei der Lösung des Problems zu helfen (siehe obige Leitlinien), oder von Jugendlichen, die »gebeten« wurden, mit ihren Eltern zu kommen, da »sie diejenigen sind, die für all die Schwierigkeiten verantwortlich sind«. Die Wiener Therapeuten (Geyerhofer und Johannes Ebmer) bestanden nur selten darauf, nur die Beschwerdeführer zu sehen. In vielen Fällen wurde die Sitzungszeit aufgeteilt, um jeweils getrennt mit den Eltern und dem Jugendlichen sprechen zu können (vergleiche Selekman, 1993). In Gifu arbeitete die Therapeutin (Yasunaga Komori) häufiger nur mit dem Beschwerdeführer und benutzte die normale Therapieanordnung (ein Therapeut). In Wien wurden in der Arbeit mit Familien drei verschiedene Anordnungen (ein einziger Therapeut, Therapeut und Kotherapeut, Kurzzeittherapie-Zentrum) benutzt.

Ein letzter Unterschied betrifft den Umgang mit den Aussteigern. An der Klinik in Gifu wurde bei den Klienten, die die Therapie abbrachen, keine Nachkontrolle durchgeführt. In Wien wurden auch diese Patienten kontaktiert, und ihre

Daten wurden in der Studie mit berücksichtigt. Vier Familien stiegen aus anderen Gründen aus der Studie aus (zwei waren weggezogen, zwei waren nach der ersten Sitzung woanders hin überwiesen worden). Beim Vergleich der Ergebnisse von beiden Einrichtungen hatten wir die gültigen Prozentsätze (siehe obige Graphiken) der Wiener Daten zu berücksichtigen. Nun ja, trotz unserer regelmäßigen Kommunikation zwischen Asien und Europa haben wir es doch geschafft, zumindest dieses eine »kreative Mißverständnis« (wie de Shazer es nennen würde) zu schaffen.

Eine detailliertere Analyse der Daten richtete sich auf mögliche Indikatoren für therapeutischen Erfolg. Weder die Anordnung noch die Dauer des Problems, die Anzahl der Sitzungen, die Diagnose oder der Kontext des Patienten erwiesen sich als gute Indikatoren für das zu erwartende Behandlungsergebnis. Als die einzige hilfreiche Variable für derartige Vorhersagen stellte sich die Art und Weise heraus, wie die Therapie beendet wurde. Diejenigen Patienten, die ihre Behandlung gemeinsam mit dem Therapeuten (unabhängig von der Anzahl der Sitzungen) in der letzten Sitzung abschlossen, hatten eine viel höhere »Erfolgs«- und »Besserungs«-Rate bei den späteren Nachkontrollen. »Keine Veränderung« war signifikant häufiger ($r = 0,65/p = 0,001$) bei denjenigen Patienten zu hören, die die Therapie von sich aus beendeten, indem sie weitere Sitzungen absagten oder zur nächsten Sitzung nicht erschienen.

Zusammenfassung

Wie andere vor und mit uns (Todd, Selekman, 1991; Chang, Phillips, 1993; Selekman, 1993) ist es uns gelungen, die drei Hauptansätze der Familienkurzzeittherapie zu integrieren. Sie sind nicht nur theoretisch miteinander zu vereinbaren, sie haben auch zahlreiche neue Möglichkeiten für die praktische klinische Arbeit mit unseren Patienten eröffnet.

Während wir diese Ansätze auch weiterhin für unsere Klienten nutzbringend anwenden, haben wir uns bereits neue Forschungsziele gesteckt. In zwei Jahren hoffen wir in der Lage zu sein, weitere Ergebnisse hinsichtlich der Art von Familientherapie zu präsentieren, die sich auf Fähigkeiten, Stärken, Möglichkeiten, Geschichten, Probleme und ihre Lösung konzentrieren statt auf psychische Störungen, Unvermögen, Schuld, Einsicht und Gegenbeschuldigung. Dadurch hoffen wir ein wenig zu der »Änderung der Windrichtung« (O'Hanlon, 1993) beizutragen, die in den letzten zehn Jahren auf dem Gebiet der Familientherapie festzustellen ist.

12. Kapitel

CLOÉ MADANES

Psychotherapiegeschichten[*]

Ich denke, in einem Buch über die Entwicklung der Kurzzeit-psychotherapie sollten die vorherrschenden Konzepte – einige neue und einige sehr alte – diskutiert werden; außerdem sollte darüber nachgedacht werden, in welcher Weise die Entwicklung der Therapie, die ich lehre, mit diesen Konzepten in Verbindung steht. Da ich glaube, daß Therapeuten am besten miteinander kommunizieren, wenn sie Geschichten erzählen, will ich einige der Konzepte anhand meiner Lieblingstherapiegeschichten erklären.

Institutionelle Hilfe versus Selbsthilfe

Das erste Konzept bezieht sich auf den Übergang von der institutionellen Hilfe zur Selbsthilfe, wie er sich in den letzten zehn Jahren vollzogen hat. Jahrzehntelang waren wir vom Schutz der Institutionen wie Regierung, Gesundheitswesen, Gemeinde und Schulsystem abhängig. In den letzten zwanzig Jahren wurde jedoch deutlich, daß wir nicht nur den Krieg in Vietnam verloren hatten, sondern auch den Krieg gegen die Armut. Das Bildungswesen verschlechterte sich zunehmend, und wir lernten, der Medizin wegen ihrer

---

[*] Zuerst veröffentlicht in J. K. Zeig (Hg.) *The Evolution of Pschology: The Second Conference*, Brunner/Maazel, New York, 1992, S. 39–50.

unnötigen Operationen und der Verschreibung süchtig machender Medikamente zu mißtrauen. Die Selbsthilfe begann an die Stelle der Institutionen zu treten und wurde Teil des amerikanischen Lebens. Selbsthilfegruppen sind überall im Land tätig, um Verbrechen zu verhüten, ältere Menschen zu versorgen, Häuser zu bauen, die Gesundheit zu fördern und Kinder zu erziehen.

Die Familientherapie entstand in den fünfziger Jahren als Teil der Entwicklung, in der sich das Forschungsinteresse vom Individuum als Untersuchungseinheit auf das System verlagerte. Der Übergang von der Konzentration auf das Individuum zur Konzentration auf die Beziehungen zwischen Individuen war schwierig. Als wir uns bemühten, unsere Sichtweise zu verändern, wurden Konzepte aus einem auf das Individuum ausgerichteten Ansatz auf den Systemansatz übertragen, was nicht funktionieren konnte. Wir begriffen die Familientherapie als eine »Kur« für die ganze Familie, die für »krank« oder »pathologisch« gehalten wurde. Die Wirklichkeit sieht jedoch anders aus: Nur Individuen können krank sein. Familien existieren nicht in der Weise, wie Individuen existieren. Sie sind reine Konstrukte auf der Grundlage von Beziehungen. Familienmitglieder können liebevoll oder feindselig sein, hoffnungsvoll oder pessimistisch, tolerant oder intolerant, aber so etwas wie eine kranke oder gesunde Familie gibt es nicht.

Was ist die Familie? Sie ist die grundlegende Selbsthilfegruppe. Wir bringen die Familie in die Therapie, damit sie uns, den Therapeuten, hilft, die Probleme der Individuen zu lösen, die uns konsultieren. Niemand kann so sehr zum Wohlbefinden einer Person beitragen oder es so sehr beeinträchtigen wie diejenigen, die in dauerhaften Beziehungen zu dieser Person stehen, mit einer Geschichte, einer Gegenwart und einer Zukunft.

Aus interaktioneller Sicht glauben wir, daß ein Problem das Ergebnis des Kontextes ist, in dem es auftritt, und der wichtigste Kontext ist die Beziehung zu wichtigen anderen

Personen. Wenn diese Beziehung sich ändert, ändert sich auch die Person. Als elementare Selbsthilfegruppe ist die Familie die Einheit für Toleranz, Mitgefühl und Liebe in der Gesellschaft. Der Therapeut muß rasch intervenieren, das natürliche Netzwerk der Familie, des Stammes, neu organisieren und sich dann wieder zurückziehen und es den Familienmitgliedern überlassen, füreinander zu sorgen und einander zu beschützen. Der Gedanke, daß die Familie eine Selbsthilfegruppe ist, wurde immer offensichtlicher für mich, als ich mit Fällen von Mißbrauch, Mißhandlung, Vernachlässigung und Inzest zu tun hatte, bei denen der Bestand der Familieneinheit bedroht ist. In diesen Fällen muß der Therapeut einen Beschützer finden, eine starke, verantwortungsbewußte Person in der weiteren Familie oder in der Gemeinde, und ihm oder ihr die Verantwortung übertragen. Wenn beispielsweise ein Jugendlicher von einem Vater mißbraucht wurde, kann ein verantwortungsbewußter Onkel oder eine Großmutter beauftragt werden, die Familie zu überwachen, um sicherzustellen, daß dies nicht wieder geschieht. Wenn ein Kind aus dem Elternhaus entfernt werden muß, ist es gewöhnlich vorzuziehen, einen Platz bei Verwandten statt bei Fremden zu finden. Die Familie ist eine Selbsthilfegruppe, in der Kinder ihren Eltern helfen können, in der Onkel und Tanten Verantwortung übernehmen können, Großeltern Verantwortung haben und jeder dem anderen helfen kann.

Der Therapeut kann eine Familie auf direkten oder indirekten Wegen, geradeheraus oder metaphorisch als Selbsthilfegruppe organisieren.

Klinische Fallbeispiele

1. Ein Beispiel für direktes Vorgehen ist die Geschichte einer Frau, die wegen Anfällen übertriebener Sorge und Panik, die sie auf Konflikte mit ihrem Liebhaber zurückführte,

zur Therapie kam. Sie hatte jedoch drei erwachsene Söhne, die aus ihrem Leben verschwunden waren und weder schrieben noch anriefen. Sie wußte nicht, ob sie noch lebten oder tot waren. Sie lebte mit einer Tochter, die Alkoholikerin war. Der Therapeut brachte die Mutter dazu, die Söhne zu suchen, indem sie Kontakt zu ihrem geschiedenen Mann, zu Freunden und Verwandten aufnahm und die Polizei einschaltete. Es gab eine Familienversöhnung, zu der alle im Haus der Mutter zusammenkamen, und alle begannen wieder miteinander zu sprechen. Die Mutter hatte keine Anfälle übertriebener Sorge mehr, die Tochter fand einen Freund und lernte ihren Alkoholkonsum zu kontrollieren.

Ein Therapeut muß nicht nur, wenn Kinder die Eltern verlassen, die Familienmitglieder wiedervereinigen, sondern auch, wenn Eltern versuchen, ihre Kinder tatsächlich oder emotional von sich zu entfernen. In diesen Fällen muß, bevor man in der Therapie irgend etwas erreichen kann, dafür gesorgt werden, daß die Familie die Kinder hält, ohne sie zu verstoßen. Es ist wichtig zu verstehen, daß im Kopf der Eltern das Verstoßen nicht im Widerspruch steht zu dem Wunsch, die Kinder zu lieben und zu beschützen. Eltern mit geringem Selbstwertgefühl können, gerade weil sie sie lieben, dazu neigen, sie an andere wegzugeben, an Menschen, von denen sie glauben, daß sie als Eltern besser geeignet seien.

2. Manchmal ist es notwendig, einen Weg zu finden, daß die Eltern davon profitieren, daß sie ihre Kinder halten. Die alleinstehende Mutter eines zehnjährigen Jungen schlug ihren Sohn brutal. Ihr Freund schlug ihn ebenfalls. Der Junge war wiederholt in ein Pflegeheim gesteckt worden. Frühere Interventionen von Therapeuten und der Fürsorge waren ergebnislos geblieben. Die Mutter sagte, wenn sie ihren Sohn schlage, habe sie das Gefühl, sich außerhalb ihres Körpers zu befinden; in der Luft schwebend, habe sie

von der Zimmerdecke aus sich selbst beobachten können, wie sie ihn schlug. Sie habe ihr Verhalten nicht kontrollieren können.

Nach mehreren Sitzungen, in denen alle Versuche, die Beziehung zu verbessern, erfolglos geblieben waren, teilte der Therapeut der Frau mit, unser Institut sei so besorgt, daß wir beschlossen hätten, ihr $ 10 für jeden Tag zu zahlen, an dem sie oder ihr Freund den Jungen nicht schlügen. Einmal pro Woche würde sie in der Therapiesitzung $ 70 erhalten. Wenn sie den Jungen jedoch nur ein einziges Mal schlüge, würde sie die ganzen $ 70 für die Woche verlieren. Der Therapeut sagte der Frau, er glaube, daß sie eine ehrliche Person sei, und er würde ihr daher vertrauen, wenn sie ihm sage, daß sie oder ihr Freund den Jungen nicht geschlagen hätten. Der Bericht des Jungen würde auch berücksichtigt und deutlich sichtbare Spuren würden bemerkt, grundsätzlich aber vertraue man ihrer Ehrlichkeit.

Der Sohn sollte $ 1 für jeden Tag bekommen, an dem seine Mutter ihn nicht schlagen würde. Er würde also $ 7 in der Woche verdienen, würde die ganze Summe aber auch verlieren, wenn seine Mutter ihn während der Woche nur ein einziges Mal schlüge. Dadurch, daß der Sohn dafür bezahlt wurde, daß er nicht geschlagen wurde, sollte verhindert werden, daß er Schläge provozierte. Auf diese Weise verdoppelte sich das Einkommen der Familie praktisch, da die Mutter auf die staatliche Fürsorge angewiesen war. Der Vertrag lief über drei Monate und wurde danach wegen der hohen Kosten für das Institut nicht verlängert. Der Junge wurde nicht mehr geschlagen. Die Mutter akzeptierte die Tatsache, daß sie ihr Verhalten und auch das ihres Freundes kontrollieren konnte. Die Beziehung zu ihrem Sohn besserte sich, und sie bemühte sich, Arbeit zu finden und ihr Leben zu verbessern.

3. In einer Familie können die Menschen einander auf indirekte Weise und sogar unbewußt helfen. Geschwister hel-

fen einander oft unwissentlich. Eine junge Frau aus wohlhabender Familie kam zur Therapie, weil sie – und das war ein ernstes Problem für sie – immer wieder die Abfassung ihrer Doktorarbeit hinausschob. Sie bereitete ihren Doktor an einer angesehenen europäischen Universität vor, fand aber immer wieder Vorwände, um etwas anderes als ihre Doktorarbeit zu schreiben, was nicht schwierig war, da sie als Journalistin arbeitete.

Ich hatte Verständnis für ihr Problem und fragte sie nach ihrer Familie, ihren Freunden, ihrem Leben in Europa, wie sie mit ihren Geschwistern auskomme, und so weiter. Die Frau erzählte, sie habe eine Stiefschwester in Europa, die sie verabscheue. Ich brachte das Gespräch wieder auf ihre Dissertation und fragte, wie viele Seiten sie am Tag nach realistischer Einschätzung schreiben könne. Sie antwortete, sie könne vier Seiten schreiben. Ich sagte ihr, da liege die Lösung ihres Problems, vorher müsse sie mir allerdings versprechen zu tun, was ich von ihr verlange. Es würde ihr nicht gefallen, sagte ich ihr, aber ich würde nicht mit mir handeln lassen. Da sie wußte, wie wichtig der Doktorgrad für ihre weitere Karriere war, akzeptierte sie meine Entscheidung. »Ich möchte, daß Sie an jedem Tag, an dem Sie nicht vier Seiten schreiben, einen Scheck über $ 100 an Ihre Schwester ausschreiben und ihn ihr mit ein paar netten Worten wie ›In Liebe‹ oder ›Ich denke an dich‹ schicken.«

Die Frau sagte, das sei das letzte, was sie tun würde, und begann sofort, Ausnahmen auszuhandeln. Ich räumte ein, daß sie befreit sei, wenn es eine internationale Krise gebe und sie irgendwohin fliegen müsse, um darüber zu berichten. Man könne schließlich nicht erwarten, daß sie im Flugzeug oder auf Reportage an ihrer Doktorarbeit schreibe. Sie müsse jedoch über ihre Jobs und Flüge Buch führen, und ich würde es jeweils sorgfältig nachprüfen, wenn sie zur Sitzung komme. Die Dissertation war nach wenigen Monaten abgeschlossen, und die Schwester hatte keinen einzigen Scheck erhalten. Doch irritiert von meiner Anweisung, besuchte die Frau ihre Schwester in Europa und entwickelte ein engeres Verhältnis zu ihr.

Das Verändern von Erinnerungen

Wenn jemand grausame Eltern gehabt hat, kapselt er oder sie sich von den anderen ab. Ein erster Schritt hin zur Wiedereingliederung der betreffenden Person in die Familie kann sein, die Erinnerung durch die Erinnerung an einen Erwachsenen, der mit seinen oder ihren Eltern in der Vergangenheit Umgang gehabt hat, zu verändern. Diese Strategie ist hilfreich bei Patienten, die aufgrund ihrer Erinnerungen an ungerechte Behandlung durch ihre Eltern unter geringem Selbstwertgefühl leiden. Die Strategie besteht darin, daß man sagt, es müsse doch irgend jemanden in der Kindheit des Patienten gegeben haben, der freundlich gewesen sei und den er vielleicht vergessen habe, der aber existiert haben müsse und dessen Einfluß die guten Eigenschaften erkläre, die den Patienten heute auszeichneten. Man kann suggerieren, daß es die Großmutter, ein Onkel oder eine Tante oder vielleicht sogar ein Lehrer gewesen sein könnte. Nach und nach wird der Patient sich an jemanden zu erinnern beginnen und auf dieser Erinnerung aufbauen.

Unsere Kindheitserinnerungen sind nicht mehr als ein paar isolierte Episoden, denen wir Bedeutung und einen Zusammenhang geben. Wir nehmen an, daß eine Episode deswegen, weil wir uns an sie erinnern, repräsentativ für viele ähnliche Episoden ist, die stattgefunden haben müssen. Wenn eine neue Erinnerung an eine freundliche Person zurückgewonnen wird, kann der Therapeut sagen, daß, wenn der Betreffende sich an ein oder zwei freundliche Handlungen erinnern kann, es noch viele weitere gegeben haben muß. Der Therapeut kann auch vorschlagen, daß jedesmal, wenn eine schlechte Erinnerung auftaucht, sie mit den wiedergefundenen Erinnerungen beispielsweise an die freundliche Großmutter neutralisiert werden soll; die betreffende Person versetzt sich sozusagen in das Bild der guten Großmutter, um das Bild des grausamen Elternteils zu neutralisieren.

Hierarchie versus Netzwerk

Eine andere weitverbreitete neue Idee hat mit der Entmystifizierung der Hierarchien zu tun. Jahrhundertelang haben wir uns nach der Pyramidenstruktur organisiert. Von der Katholischen Kirche bis zur Armee, bei General Motors und bei der staatlichen Wohlfahrt floß die Macht von der Spitze hinunter zur Basis, vom Papst, vom General, vom Generaldirektor über die Leutnants und Abteilungsleiter hinunter zu den Arbeitern und Soldaten.

In den sechziger und siebziger Jahren geriet die auf hierarchischen Strukturen beruhende US-Wirtschaft jedoch in die Krise. An ihrer Stelle entwickelte sich die neue Informationswirtschaft, in der eine größere Flexibilität gefordert war und Hierarchien keinen Platz mehr hatten. Die Japaner etwa entschieden sich für humanere Alternativen im Management, was zu einer beeindruckenden Steigerung ihrer Produktion führte.

Unser Glaube an die Wirksamkeit von Hierarchien geriet ins Wanken, und es entwickelte sich das neue Vernetzungsmodell. Vernetzen ist ein Prozeß, der Gruppen von Menschen miteinander verbindet. Als wirksames Instrument des sozialen Handelns war es ebenso für die Entwicklung der Frauenbewegung verantwortlich wie für die zahlreichen Verbraucherorganisationen und verschiedene andere Netzwerke, beispielsweise für die Verteilung von Nahrungsmitteln, für Umweltschutz, Bildung und Information. Netzwerke bieten die horizontale Verbindung, die egalitäre Beziehung, nach der wir uns sehnen, wenn wir die demokratische Ideologie ernst nehmen. Hierarchien haben mit Macht und Kontrolle zu tun, Netzwerke mit Bevollmächtigung und Pflege.

Bei der Ausarbeitung dieses Beitrags dachte ich über meine Arbeit als Therapeutin nach und stellte eine Übereinstimmung mit diesen kulturellen Veränderungen fest. Ich hatte kaum bemerkt, daß ich einen Übergang von Hierarchien zu Netzwerken vollzogen hatte.

Es war mir immer ein Rätsel gewesen, wie scheinbar starke und kompetente Erwachsene so hilflose und inkompetente Eltern sein konnten. Und noch mehr beschäftigte mich, wie kleine, scheinbar hilflose Kinder wirksame Helfer in der Familie sein können. Ich stellte fest, daß die Familie, obwohl sie eine traditionell hierarchische Organisationsform zu sein scheint, in der die Eltern die Verantwortung für die Kinder tragen, in Wahrheit selten auf diese Weise organisiert ist. Wie oft ergreift ein Elternteil die Partei des Kindes, um dem anderen Elternteil zu helfen? Wie viele Kinder tun alles, damit die Eltern zusammenbleiben? Wie vielen Kindern gelingt es, ihre Eltern auseinanderzubringen? Diese und viele ähnliche Fragen brachten mich auf den Gedanken, daß es vielleicht nicht unbedingt die beste Idee sei, als Therapeut eine Familie hierarchisch zu organisieren.

Ich entwickelte neue Strategien, die gegen das Modell der traditionellen Familienhierarchie verstießen und vielleicht Teil eines neuen Modells der Familie als Netzwerk waren. Die Kommunikationsrichtung verläuft in diesem neuen Modell lateral, diagonal und von unten nach oben. Ein Netzwerk ist wie ein Fischernetz, in dem die Knoten alle in einer dreidimensionalen Struktur miteinander verbunden sind.

Eine Familie kann eine komplizierte Organisation sein. Da gibt es Eltern und Kinder, Stiefeltern und Stiefkinder, Großeltern, Onkel, Tanten, Cousins, Cousins zweiten Grades, Brüder und Schwestern, Stiefgroßeltern, Stiefonkel und Stieftanten, Freunde der Familie, Nachbarn und Mitglieder der Gemeinde. Der Therapeut muß innerhalb dieses Netzwerks in Begriffen der Selbsthilfe denken. Wer kann eine Veränderung einleiten, und wer kann wem helfen? Da gibt es die offensichtlichen hierarchischen Möglichkeiten: Eltern helfen Kindern; Großeltern helfen Eltern und Kindern. Da gibt es auch laterale Möglichkeiten: Eltern helfen einander; Kinder helfen einander; Mitglieder der älteren Generation helfen einander; oder Mitglieder der jüngeren Generation helfen einander. Und dann gibt es noch Möglichkeiten von unten nach oben: Kinder können den Eltern helfen; Eltern können den Großeltern helfen; die jüngere Generation kann der älteren Generation helfen.

Der Therapeut versucht über denjenigen in das Netzwerk einzudringen, der am besten geeignet ist, einen positiven Wandel in der Familie einzuleiten. In vielen Fällen ist, wenn die Eltern drogensüchtig sind, die Kinder mißhandeln oder vernachlässigen oder krank sind, ein Vorgehen von der Seite oder von unten nach oben einem Wandel förderlicher als ein hierarchischer Ansatz.

Die typische Therapiesequenz sieht so aus: Wenn ein Therapeut mit einem Individuum oder einer Familie in der Therapie keine Fortschritte erzielt, erweitert er die Einheit. Geschwister, Großeltern, Onkel und Tanten, Cousins und andere Verwandte und schließlich Mitglieder der Gemeinde werden mit einbezogen. Am Ende wird eine Ebene erreicht, auf der die Veränderung eintritt, weil immer, wenn neue Personen einbezogen werden, neue Gesichtspunkte und andere Möglichkeiten hinzukommen. Diese neuen Einflüsse hereinzuholen, bereichert das Leben aller.

In manchen Fällen, in denen ein Elternteil das Problem ist, sind die Kinder die besten Organisatoren der Familie.

Klinische Fallbeispiele

4. Ein Vater von mehreren Kindern im Teenageralter war seit vielen Jahren schmerzmittelsüchtig und wiederholt verhaftet worden, weil er Rezepte gefälscht hatte. Seine Frau

hielt ihn für einen schlechten Ehemann und fühlte sich ihm in jeder Hinsicht überlegen.

Nach mehreren fehlgeschlagen Versuchen, die ehelichen Beziehungen zu verbessern und zu erreichen, daß die Eheleute sich vertrugen, beschloß die Therapeutin, sich auf die Kinder zu konzentrieren. Sie bat sie zu einer Sitzung, traf sich allein mit ihnen und sagte ihnen, daß ihr Vater Schmerzmittel nehme, weil er in seiner Ehe Schmerzen habe. Ihre Mutter und ihr Vater hätten vergessen, wie man glücklich ist, sagte die Therapeutin, und sie brauche die Hilfe der Kinder, um sie daran zu erinnern, was Glück ist. Eigenlich, sagte sie, wolle sie, daß die Kinder die Verantwortung für das Glück der Eltern übernehmen, indem sie ihnen sagten, was sie tun sollten, um bessere Zeiten miteinander zu haben.

Mit Hilfe der Therapeutin schmiedeten die Kinder verschiedene Pläne. Sie bereiteten ein Candlelight-Dinner nur für die Eltern vor. Sie richteten es ein, daß die Eltern abends gemeinsam ausgingen. Sie schickten sie an den Strand, ins Theater und zu Feiern mit Freunden. Diese Art der Therapie ging über sechs Monate, in denen der Vater drogenfrei war.

Die Therapie endete, als die Eltern sagten, sie wüßten jetzt, wie sie miteinander glücklich sein könnten. Der Vater war jetzt in der Lage, den Kindern Führer und Stütze zu sein, und die Mutter war toleranter und verständnisvoller geworden. Die Eltern hatten, gerührt von der Liebe und Sorge ihrer Kinder, entsprechend reagiert und waren freundlicher und reifer geworden. Alle hatten die Befriedigung, daß sie einander geholfen hatten. Der Vater nahm auch weiterhin keine Schmerzmittel mehr, sogar dann nicht, als er Jahre später an Krebs erkrankte, den er jedoch besiegen konnte.

5. Spezifische Techniken müssen benutzt werden, wenn ein kleines Kind ein Problem hat. Als Dozentin für Assistenzärzte einer psychiatrischen Klinik war ich empört, als ich

hörte, daß das Personal der Abteilung für Kinderpsychiatrie versucht hatte, einen fünfjährigen Jungen wegen seiner Wutanfälle zur stationären Behandlung einzuweisen. Glücklicherweise verweigerte der Stiefvater die Einweisung, und ich wurde gebeten, die Therapie zu überwachen. Als Mutter, Sohn und jüngere Schwester zur ersten Sitzung kamen, bat der Therapeut den Jungen, seine Wutanfälle zu dramatisieren. Er blähte seine Brust, beugte seine Arme, schnitt eine häßliche Grimasse und sagte: »Ich bin der Unglaubliche Hulk«; dabei schlug er auf die Möbel und schrie. Dann zeigte er dem Therapeuten, wie er auch Frankensteins Monster spielen konnte.

Nachdem der Therapeut ihn gelobt hatte, wie aufgeweckt und phantasievoll er doch sei, bat er den Jungen, noch einmal so zu tun, als sei er der Unglaubliche Hulk und Frankensteins Monster, und dann die Mutter, ihn zu umarmen und zu küssen. Anschließend wurde die Mutter gebeten, so zu tun, als habe sie selbst einen Wutanfall, und der Junge sollte *sie* umarmen und küssen. Beide wurden gebeten, dies jeden Tag zu Hause zu machen und die Vorstellung mit Milch und Keksen zu beenden.

Nach einer Sitzung verschwanden die Wutanfälle des Jungen. Mutter und Sohn hatten einander auf spielerische und liebevolle Weise geholfen, ohne daß Außenstehende sich strafend einmischten. Die Wutanfälle hatten sich in ein Spiel verwandelt, in dem Mutter und Sohn ihre Liebe zum Ausdruck bringen und sich gegenseitig beruhigen konnten.

6. Ein anderer Ansatz besteht darin, die Kinder zu veranlassen, sich auf ungewöhnliche Weise abzuwechseln. Tommy, ein 21jähriger Mann, war depressiv, kriminell und drogensüchtig. Er sagte, er sei in der Familie derjenige, der »sein Leben ruiniere«, und sein Bruder und seine Schwester seien vollkommen.

Der Therapeut meinte, es sei nicht fair, daß es in der Familie nur einen gebe, der »sein Leben ruiniere«. Wenn sein

Bruder und seine Schwester bereit wären, sich mit ihn abzuwechseln, müsse Tommy nur in einer von drei Wochen sein Leben ruinieren und hätte dadurch zwei von drei Wochen Zeit, etwas anderes zu tun – eine Arbeit finden, studieren, Spaß haben. Sein Bruder und seine Schwester waren einverstanden, obwohl die Eltern protestierten, sie hätten lieber gar keinen, der sein Leben ruiniere. Als der ältere Bruder an der Reihe war, sein Leben zu ruinieren, beschloß er, daß es Zeit sei, das Elternhaus zu verlassen. Die Eltern waren verärgert, und alte Konflikte zwischen Vater und Sohn brachen wieder auf. Es zeigte sich, daß Tommy den Zorn des Vaters auf sich gezogen hatte, um ihn so von seinem tiefsitzenden Groll gegen seinen intellektuellen, sensiblen älteren Sohn abzulenken, der auf seinen Vater, der Arbeiter war, herabsah. Nachdem der Vater und der ältere Bruder ihre alten Konflikte gelöst hatten, mußte Tommy nicht mehr sein Leben ruinieren. Er fand Arbeit und eine Freundin und bekam sein Leben in den Griff.

7. Eines der mittleren Kinder in einer Familie mit zehn Kindern, eine Tochter, rief unser Institut an, weil sie besorgt war, ihre Mutter könnte depressiv werden, wenn die Schwester das Haus verlasse, um zu heiraten. Die Mutter war Witwe und ehemalige Alkoholikerin, die durch den Tod ihres Mannes, der sie mit zehn Kindern im Alter zwischen 14 und 30 zurückgelassen hatte, aus der Bahn geworfen worden war. In den Sitzungen wurde deutlich, daß die Mutter die zentrale Rolle in ihrer aller Leben spielte und daß, soviel sie auch von sich selbst gab, es niemals genug war. Der Therapeut organisierte die Familie so, daß jedes Kind einem anderen Kind half und ihm von wiederum einem anderen Kind geholfen wurde. Diese wechselseitigen Helfer-Beziehungen wurden den Kindern ohne Ansehen des Alters zugewiesen, so daß am Ende beispielsweise das jüngste Kind der Helfer des ältesten war. Die

Idee war, daß die Kinder sich abwechselnd gegenseitig um Hilfe bitten und sich erst, wenn kein anderer Ausweg mehr blieb, an die Mutter wenden sollten. Ermutigt durch die Fähigkeiten der Kinder und ihre Liebe zueinander, konnte die Mutter sich auf ihre eigenen Bedürfnisse konzentrieren, und sie fand sogar den Mut, die Kinder einem Mann vorzustellen, den sie für eine Heirat in Erwägung zog.

8. Ganz anders kann man vorgehen, wenn eine neue Person in eine Familie eingeführt werden soll. Die Eltern eines jungen Mannes waren sehr in Sorge um ihren Sohn, weil er ständig Steroide nahm. Obwohl er auf dem College war, interessierte er sich in erster Linie für Bodybuilding und hatte über Jahre hinweg wiederholt Steroide genommen. Nichts schien ihn davon abbringen zu können. Er war gern für sich und sagte, er interessiere sich nicht sehr für Frauen und es mache ihm nichts aus, kein Sexualleben zu haben. Der Therapeut sagte ihm, er sei auf sich selbst konzentriert, weil er Angst habe, zurückgewiesen zu werden, was sein Hauptproblem sei und ihn in die Isolation treibe und unsicher mache.

Als der junge Mann zugab, daß er tatsächlich unter geringer Selbstachtung litte, sagte der Therapeut ihm, es sei ganz klar, was er zu tun habe: Er müsse sich der Zurückweisung aussetzen, um immun dagegen zu werden. Wenn er genügend Zurückweisung erfahren habe, werde er keine Angst mehr haben, und das würde seinen Charakter stählen. Der Therapeut erklärte dem jungen Mann, in den nächsten zwei Wochen müsse er sich von mindestens fünf verschiedenen Frauen bei fünf verschiedenen Gelegenheiten zurückweisen lassen. Er gab ihm noch ein paar Ratschläge mit auf den Weg, damit die Zurückweisung schnell über die Bühne gehe und den jungen Mann nicht zu viel Zeit koste. Er sollte auch nicht vergessen, daß die Aussichten, einen Korb zu bekommen, größer seien, wenn er sehr attraktive, intelligente Frauen anspreche.

Der junge Mann sagte, all dies sei viel zu schwierig für ihn, der Therapeut bestand jedoch darauf, daß er auch seinen Charakter und nicht nur seinen Körper stählen müsse. Der Therapeut wußte aber, daß es höchst unwahrscheinlich war, daß der junge Mann von irgend jemandem zurückgewiesen würde, da er sehr gut aussah und überaus charmant war.

In der nächsten Sitzung berichtete der junge Mann, er habe die Aufgabe nicht fortsetzen können, da er eine Beziehung mit einer jungen Frau angefangen habe, die er gleich nach der letzten Sitzung kennengelernt habe. Sie seien zwei Wochen zusammen gewesen, und da es eine ernste Beziehung geworden sei, habe er keine anderen Frauen mehr ansprechen können. Es stellte sich heraus, daß diese junge Frau strenge Grundsätze hatte und Ansprüche stellte und Steroide absolut mißbilligte. Der junge Mann mußte studieren und arbeiten und Geld verdienen, um ihr zu gefallen. Eine neue Person war ins Leben des jungen Mannes getreten, und sie änderte die Dinge schneller, als ein Therapeut es je gekonnt hätte.

Die 18 Schritte

Es gibt so viele Arten von Familien und so viele mögliche Strategien, daß der Therapeut gar nicht mehr weiß, welche er wählen soll. Wenn man sich jedoch vor Augen hält, daß das Ziel darin besteht, die Familien als Selbsthilfe-Netzwerke zu organisieren, dann wird klar, daß bestimmte Schritte ausgeführt werden müssen. Während ich über Selbsthilfe und die Familie als Netzwerk nachdachte, entwickelte ich ein Programm von 18 Therapieschritten. Diese Schritte sind auf alle Arten von Familien anwendbar, und ihre Befolgung stellt sicher, daß Menschen freundlich und hilfsbereit aufeinander zugehen, anstatt sich gegenseitig zu schaden.

1. Der erste Schritt besteht darin zuzuhören und Einfühlungsvermögen zu zeigen sowie Verständnis für die Position eines jeden Familienmitglieds, wenn man das Problem zu ergründen versucht. Das ist manchmal schwierig, weil die Menschen mit widersprüchlichen Meinungen über die Probleme kommen, die sie nicht lösen können. Ein Therapeut muß deutlich zeigen, daß er die Position jeder Person versteht, ohne die anderen gegen sich aufzubringen. Wenn man Familienmitglieder ermutigen will, einander zu helfen, ist Einfühlungsvermögen von grundlegender Bedeutung. Man muß in sich selbst nachempfinden können, was jede Person in der Familie erlebt. Und man muß glauben, daß man, ganz gleich, wie furchtbar das, was jemand getan hat, auch ist, unter ähnlichen Umständen das gleiche tun könnte.

2. Der zweite Schritt besteht für den Therapeuten darin, jedes Problem, das ihm präsentiert wird, umzudeuten und dabei Hoffnung auf Wandel anzudeuten. Es ist für den Therapeuten wichtig, sich optimistisch und hoffnungsvoll zu geben. Wir müssen daran glauben, daß alle Probleme von der Familie innerhalb des familiären Netzwerks gelöst werden können. Nur gegen den Tod kann man nichts ausrichten, und selbst über diese Behauptung kann man je nach geistiger Einstellung streiten. Damit man erfolgreich vermitteln kann, daß ein Problem lösbar ist, kommt es in hohem Maße darauf an, wie das Problem formuliert wird. Es ist wichtig, kleine Ziele zu haben, die erreichbar sind. Eine zurückgebliebene Person beispielsweise wird niemals Präsident der Vereinigten Staaten werden, aber sie kann ein produktives, selbständiges Leben in Harmonie mit anderen führen.

3. Der dritte Schritt besteht darin, das präsentierte Problem so zu formulieren, daß jedes Familienmitglied zur Lösung des Problems beitragen muß und wichtig ist. Damit eine Selbsthilfegruppe entsteht, muß jeder von Anfang an als Helfer des Therapeuten verpflichtet werden.

4. Der vierte Schritt besteht darin, jedes Familienmitglied zu fragen, was er oder sie getan hat, das ein Fehler war, das in bezug auf die anderen falsch war. Manchmal, wenn eine Person ein Verbrechen begangen hat, ist es besser, sich erst zu einem späteren Zeitpunkt der Therapie auf die Fehler der anderen zu konzentrieren und zunächst bei den schweren Vergehen einer Person zu bleiben. Später ist es jedoch wichtig, daß jeder seine eigenen Fehler zugibt. Um als Selbsthilfegruppe zu funktionieren, müssen die Menschen für ihre eigenen Handlungen verantwortlich sein und ihre Fehler erkennen, damit sie sie nicht wiederholen.

5. Der fünfte Schritt ist die Bitte an jede Person, sich bei den anderen für das zu entschuldigen, was er oder sie falsch gemacht hat. Auch hier kann man die Entschuldigung für eine schwere Missetat an den Anfang rücken und erst zu einem späteren Zeitpunkt der Therapie andere Familienmitglieder um ihre Entschuldigung bitten. Reue ist wichtig als Beginn der Veränderung. Je nach den Umständen können die Menschen ermutigt werden, einander zu vergeben, das Vergeben kann aber auch auf einen späteren Zeitpunkt verschoben werden. Wir wissen jedoch, daß Menschen, wenn sie als Familie weiterbestehen wollen, einander vergeben müssen.

6. Der sechste Schritt besteht darin, von allen Familienmitgliedern das Versprechen zu erhalten, daß sie zusammenbleiben werden und niemand aus der Familie ausgestoßen wird. Dieser Schritt ist notwendig, wenn die Gefahr einer Einweisung in eine Klinik oder ein Heim oder einer Verstoßung droht. Zu diesem Zeitpunkt ist es auch notwendig, auf andere professionelle Helfer einzuwirken, die möglicherweise versuchen, einen Jugendlichen in eine Klinik einzuweisen, ein Kind in ein Heim zu geben oder ein Kind unter Amtsvormundschaft zu stellen. Wenn eine Trennung nötig ist, dann ist es das Beste, Kinder zu Verwandten innerhalb des familiären Netzwerks oder zu Bezugspersonen in der Gemeinde statt zu Fremden zu geben. Es ist

immer besser, ein Problem unter Kontrolle zu bringen und innerhalb der Sippe zu lösen, als familiäre Bindungen zu durchtrennen.

7. Der siebte Schritt ist ein Nichtangriffspakt zwischen Familienmitgliedern und mit Personen außerhalb der Familie. Das schließt gegen die eigene Person gerichtete Gewalt ein. Ein Ziel jeder Therapie ist die Verhinderung von Gewalt, und wir wissen, daß Gewalt ein eskalierender Prozeß ist, der nur noch mehr Gewalt erzeugt. Der Therapeut muß diesbezüglich eine ganz klare Haltung einnehmen, so daß die Verletzung des Paktes nicht nur ein Verrat an den anderen Familienmitgliedern, sondern auch am Therapeuten ist.

8. Der achte Schritt verlangt, daß der Therapeut eine Erklärung über die Bedeutung von Toleranz, Liebe und Mitgefühl abgibt. Denn darum geht es in der Familie. Die Familie ist die Einheit für diese Eigenschaften in der Gesellschaft. Viele Leute vergessen das, und es ist notwendig, daß der Therapeut dies ständig wiederholt, um daran zu erinnern, was wirklich wichtig ist. Zu viele Menschen verlieren sich in unwichtigen und erbärmlichen Details des Alltags und verhalten sich, als sei die Familie eine Fabrik, die am Ende des Tages sauberes Geschirr zu produzieren hat. Die Familie bietet Zuflucht vor den Härten der Gesellschaft.

9. Der neunte Schritt besteht darin, soziale Kontrolle innerhalb der Familie zu erreichen. In fast jeder Therapie muß man über Regeln und die Folgen, wenn diese Regeln verletzt werden, sprechen. Es ist notwendig, Verträge zu schließen, die spezifizieren, was zwischen Eltern und Kindern und zwischen Mann und Frau erwartet wird. Wenn die Familienmitglieder ihre Probleme ohne die Einmischung sozialer Kontrollinstanzen lösen wollen, muß die soziale Kontrolle in der Familie stattfinden.

10. Der zehnte Schritt ist etwas, auf das man sich freuen kann. In jedem Leben sollte es Illusionen, Hoffnungen

und Erwartungen geben, die die Menschen lebendig erhalten und ihr Interesse am Leben festigen. Das kann eine Reise nach Kalifornien oder Europa, ein Weiterkommen im Beruf, die Möglichkeit, ein Fachdiplom zu erlangen, oder ein Besuch bei weit entfernt lebenden Verwandten sein. Besonders wichtig ist dies für Jugendliche, da diese so häufig von Selbstmordgedanken gequält werden, darüber hinaus ist es aber auch im Leben jedes Menschen von Bedeutung.

11. Der elfte Schritt gilt dem Schutz der Menschenrechte der Kinder, der Älteren, der Schwachen und der Kranken. Wir müssen die Tatsache akzeptieren, daß wir, die Therapeuten, häufig die einzigen sind, die das familiäre Netzwerk so organisieren können, daß die Menschenrechte derer geschützt werden, die nicht für sich selbst sprechen können und die vor sozialen Kontrollinstanzen und vor Mißbrauch und Mißhandlung durch bestimmte Familienmitglieder und außerhalb der Familie stehende Personen geschützt werden müssen. Wir haben das moralische Recht, nach dem Grundsatz zu handeln, daß die Wahrung der Menschenrechte des einzelnen unsere vornehmste Pflicht ist.

12. Der zwölfte Schritt besteht darin, Kindern und Jugendlichen zu helfen, sich in altersgemäßer Weise um ihre Eltern und Großeltern zu kümmern. Die Menschen sind die einzigen Lebewesen, die sich um ihre Eltern kümmern. Der Übergang von jemandem, um den sich gekümmert wird, zu jemandem, der sich um seine eigenen Eltern kümmert, ist wahrscheinlich der schwierigste im Leben. Jedes Kind träumt davon, seine Eltern glücklich zu machen. In jeder Therapie kann man so intervenieren, daß dieser Traum innerhalb der Grenzen des Kindes und ohne Schaden für die Kinder oder die Eltern oder Großeltern möglich wird. Ein Ziel der Therapie ist es, Kinder und Jugendliche zu ermutigen, in nicht destruktiver Weise Liebe und Sorge auszudrücken, und die ältere

Generation zu ermutigen, die Liebe und Sorge freundlich zu suchen und zu akzeptieren. Man ist erst dann wirklich ein reifer Erwachsener, wenn man sich um seine Eltern kümmern kann.

13. Der dreizehnte Schritt besteht darin, die Ehe der Eltern zu verbessern oder für einen alleinstehenden Elternteil einen Partner zu finden. Wie in dem Film *Zurück in die Zukunft*, in dem ein junger Mann in die Vergangenheit zurückgehen muß, um zu erreichen, daß seine Eltern sich ineinander verlieben, so daß er geboren werden kann, vermag ein junger Mensch oftmals erst dann zu reifen, wenn die Beziehung zwischen den Eltern besser wird. Wenn ein Elternteil allein ist, muß man dem jungen Menschen helfen, den Elternteil im Streben nach Glück zu unterstützen. Der Therapeut muß dieses Bedürfnis anerkennen und mit dem Jugendlichen diesbezüglich zusammenarbeiten.

14. Im vierzehnten Schritt spricht der Therapeut über Sex, Drogen und Rock 'n' Roll. In jeder Therapie muß es ein Gespräch über das geben, was sexuell sicher und angemessen und/oder was sicher und angemessen in bezug auf Drogen ist. Rock 'n' Roll steht für Möglichkeiten des Spaßhabens – ein Aspekt des Lebens, der allzu häufig vernachlässigt wird. Es ist notwendig, die Eltern daran zu erinnern, wie sie ihren Kindern Spaß bereiten können, und Familienmitglieder, wie sie miteinander und mit anderen Spaß haben können.

15. Der fünfzehnte Schritt betrifft Kummer und Enttäuschung. Jeder hat in seinem Leben Schmerz, Kummer und Enttäuschung erlebt. Wir müssen daran erinnern, daß es in der Therapie um diese wesentlichen Momente geht, andernfalls hat sie keinen Sinn. Der Therapeut muß fragen: »Was ist Ihr schlimmster Schmerz, Ihre größte Enttäuschung? Für was schämen Sie sich am meisten? Was ist das Schlimmste, das Übelste, was Sie jemals getan haben?« Der einzige Weg, jemanden wirklich kennenzu-

lernen und einen Menschen wirklich zu erreichen, ist, seinen Kummer zu erfahren.

16. Der sechzehnte Schritt gilt der Verbesserung von Beziehungen. In jeder Therapie kann man daran erinnern, daß etwas getan werden muß, um die Beziehung zwischen Vater und Sohn, Kind und Großmutter, Mutter und Tochter, Neffe und Onkel usw. zu verbessern. Eine kurze Intervention kann zu dauerhaften Ergebnissen führen und das Leben aller verbessern.

17. Der siebzehnte Schritt besteht darin, Harmonie und Ausgeglichenheit im Leben der Menschen zu fördern. Lieben und geliebt werden, Erfüllung in der Arbeit finden, spielen und Spaß haben – das alles ist Teil eines notwendigen Gleichgewichts. Ein ausgeglichenes Leben in Harmonie mit anderen ist ein wünschenswertes Ziel.

18. Der achtzehnte Schritt ist der »Weg des Helden«. Der Therapeut muß den Menschen einen Weg weisen, der vermutlich niemals zu Ende gegangen wird, auf dem jedoch die Suche nach dem, was kommen mag, dem Leben einen Sinn gibt. Es gibt heutzutage zu viele Menschen, die von den Banalitäten des Lebens eingeengt werden und kein Ziel in ihrem Leben haben. Der Therapeut kann einen Patienten auf ein Ziel hin orientieren, dessen Verfolgung das Leben transzendiert und ihm eine Zielgerichtetheit gibt, die hilft, über viele Unannehmlichkeiten und Kümmernisse hinwegzukommen.

Wissenschaft versus Kunst

Heute, da die Menschen stundenlang Schlange stehen, um die Ausstellung eines Renaissancekünstlers zu sehen, ist die Kunst überall auf der Welt eine wichtige Freizeitbeschäftigung geworden. Und mit dem neu erwachten Interesse an der Kunst gewinnt auch die Frage: »Ist die Therapie eine Kunst oder eine Wissenschaft?« wieder an Aktualität. Denn wenn allgemein anerkannt ist, daß die Kunst für jeden zugänglich ist, dann denke ich, daß wir Therapeuten den Mut haben sollten, die Tatsache zu akzeptieren, daß die Therapie eine Kunst ist, die als solche gelehrt werden kann. Sie kann mit der Vision und Kreativität des Künstlers praktiziert werden. In der Wissenschaft werden wir durch die wirkliche Welt eingeschränkt. In der Kunst gibt es mehr Komplexität und Flexibilität, die Kommunikation ist metaphorisch, und alles ist möglich.

Die Therapie ist von allen Künsten am meisten dem Drama verwandt, und die Strategien der Therapie ähneln am stärksten den Techniken des Dramenaufbaus. So wie der Stückeschreiber die Pflicht hat, das Publikum bei der Stange zu halten – sein Interesse zu wecken, wachzuhalten und zu verstärken –, so muß auch der Therapeut die Aufmerksamkeit des Patienten wachhalten, denn sonst würde die Therapie scheitern. In der Tat ist der Aufbau eines Stückes wie die Therapie die Organisation von Erkenntnissen, die aus der Beobachtung der Reaktionen des Publikums (des Patienten) gewonnen wurden.

Welche Charakteristika der Therapie ähneln der Kunst des Dramenaufbaus?

Zunächst einmal muß es eine Klimax geben, wenn möglich kombiniert mit einer Umkehrung, einer Umdeutung vielleicht oder einem Paradox, wo die Handlung um ihr Gegenteil kreist. In der Therapie zählt wie im Theater nicht die äußere Handlung; worauf es ankommt, das sind die emotionalen und mentalen Handlungen. Die Zahl der Mitspieler beschränkt sich auf diejenigen, die auf der Bühne oder im Therapieraum Platz haben. Die Zensur und die Ethik der Berufe lassen keinen großen körperlichen Kontakt zu.

Menschen kommen in die Therapie, wenn sie in einen Gegensatz schlecht zusammenpassender Kräfte verwickelt sind, die gegeneinander kämpfen. Es gibt Stress, Spannung, Kampf, bis das Problem gelöst ist. Das mag ein Konflikt individueller Willenskräfte, Vorstellungen, moralischer Entscheidungen oder zwischen dem Ziel einer Person und einer Blockierung oder einem Fehler in ihrem Wesen sein. Für den Therapeuten ist es am besten, sich vorzustellen, wie das Individuum sich bemüht, ein Ziel zu erreichen (zu herrschen, geliebt zu werden, Liebe zu geben, Reue zu zeigen), und davon durch ein Hindernis oder eine Reihe von Hindernissen abgehalten wird.

In jeder Therapie muß es eine zentrale Figur geben, die die Handlung vorantreibt, jemanden, der handelt, einen Mann der Tat, jemanden, der Dinge in Gang bringt. Das kann ein Held sein oder ein Schurke, einer, der kompetent handelt, oder jemand, der kosmische Katastrophen auslöst. Wenn die Therapie den Schwung zu verlieren droht, kann man stets die Einheit ausweiten, weitere Familienmitglieder mit einbeziehen, und ein neuer »Zugführer«kann eingeführt werden. Der Therapeut muß wie der Dramatiker die Anfänge einer spezifischen Veränderung zeigen, sie durch ihre natürlichen Turbulenzen begleiten und die widerstreitenden Kräfte in ein anderes, wenn auch nicht notwendigerweise perfektes Gleichgewicht bringen. Zuerst war es so; jetzt ist es so.

Die Kunst der Therapie ist die Kunst der Vorbereitung. Eine Familie so geschickt vorzubereiten, daß sie zu einem späteren Zeitpunkt der Therapie Vorschläge aufgreift und von ihnen weitergebracht wird, ist ein unerläßlicher Bestandteil unserer Arbeit. Atmosphäre, Ton und Stimmung sind Teile der Vorbereitung, die motivieren und den Therapeuten glaubwürdig machen. Die Vorbereitung schaltet den Unglauben für eine Weile aus und schafft die Voraussetzungen, unter denen eine entscheidende Veränderung möglich wird. Der Therapeut kann etwa zu Beginn der Sitzung jeden fragen ob er an Magie oder Wunder glaubt. Nach einem solchen Beginn ist alles möglich.

Manchmal läßt der Therapeut die Familie glauben, in der Therapie gehe es um eine bestimmte Sache, bis dann plötzlich klar wird, daß es um etwas ganz anderes geht. So versucht beispielsweise die Magersüchtige nicht, sich selbst zu zerstören, sondern ihrem alkoholsüchtigen Vater zu helfen. Der Junge, der Autos klaut, versucht nur, den Zorn des Vaters auf sich zu ziehen und dadurch die Mutter zu beschützen.

Jeder Therapeut ist ein Detektiv. Jede erfolgreiche Therapie ist eine erfolgreich abgeschlossene Ermittlung.

Die Vorbereitung ist mit Emphase verbunden. Wiederholung, Ausarbeitung und Wahl des richtigen Zeitpunkts unterstreichen einen Punkt, so daß er im Gedächtnis haften bleibt. Wiederholung ist nötig, damit sichergestellt wird, daß der Familie wichtige Punkte auch klar sind. Große Redner glauben, daß man etwas dreimal sagen müsse; Therapeuten müssen es zehnmal sagen. Therapie muß redundant sein.

Es muß eine dramatische Spannung geben. Der Therapeut muß einen Zustand der Spannung erzeugen, sie in der Schwebe halten, steigern und lösen. Er muß wissen, welcher Stoff welches dramatische Potential besitzt, das er nutzen kann. Spannung kann nicht ohne Unterbrechung ausgehalten werden; der Therapeut wird daher von Zeit zu Zeit über banale Dinge sprechen und dann wieder zur dramatischen Spannung zurückkehren.

So wie der Stückeschreiber Interesse für seine Personen zeigen muß, müssen wir Sympathie für die Menschen empfinden, mit denen wir arbeiten; andernfalls werden wir uns nicht um ihre Leiden kümmern und nicht genügend Hoffnung und Furcht haben, die uns motivieren, sie zu verändern.

Vor allem anderen aber müssen wir wissen, wie man Fragen stellt. Die Therapie bewegt sich von der Frage zur Antwort, vom Problem zur Lösung. Wie im Drama: Wird Hamlet den König töten, bevor der König ihn tötet?

Jede Therapiesitzung endet wie jede Folge einer Fernsehserie mit einer offenen Frage. Wer erschoß J.R. in *Dallas*? Wer wird den Job bekommen in *A Chorus Line*? Viele gerissene Therapeuten stellen Fragen in einem schnelleren Rhythmus, als sie beantwortet werden können. Sie bieten angenehme

Ambiguitäten, indem sie mehrere Optionen offenlassen, niemals zu explizit sind oder das Spiel aus der Hand geben und mit den Informationen haushalten, bis die Personen in der Therapie ausreichend motiviert sind, Vorschläge anzunehmen.

Sobald Erwartungen geweckt worden sind, sollten sie normalerweise auch erfüllt werden; andernfalls würde sich die Familie betrogen fühlen. Wenn bei der Familie etwa die Erwartung auf eine größere Auseinandersetzung geweckt worden ist, dann wird diese Szene praktisch obligatorisch. Wenn ein Paar erwartet, daß beide in Anwesenheit des Therapeuten ihrem Unmut über den jeweils anderen freien Lauf lassen können, dann muß der Therapeut diese Erwartung auch erfüllen.

Ein weiteres wichtiges Element ist Spannung. Der Therapeut kann eine Art Wort-für-Wort-Spannung erzeugen, bei der die Leute denken: »Was wird er dazu sagen?« oder: »Wird er sich auf meine Seite stellen?« Je besser der Therapeut ist, um so mehr Spannung ist möglich, da der Therapeut die Familie mit seiner Wortwahl überraschen kann. Ein Therapeut, der langsam und bedächtig, aber mit enormer sprachlicher Genauigkeit spricht, erzeugt eine starke Spannung. Milton Erickson war natürlich ein großer Meister auf diesem Gebiet.

Im Idealfall sollten die Patienten Einsicht entwickeln, ohne sich dessen bewußt zu werden; sie sollten Vorschläge aufgreifen, ohne unbedingt zu wissen, daß sie gemacht wurden. Die Familie wird so in die Konflikte der Gegenwart hineingezogen, daß die Vergangenheit schattenhaft bleiben kann.

Der Therapeut stellt seine Fragen so, daß die Antworten in Form eines Konflikts präsentiert werden. Wenn Ihr Vater zwischen seiner Frau und seiner Mutter zu wählen hätte, wen, denken Sie, würde er wählen? Es muß vollkommen natürlich erscheinen, daß sich die Dinge so ereignen, wie sie sich ereignen. Ein sichtbar machender Kunstgriff muß, will er erfolgreich sein, unsichtbar bleiben.

Der Therapeut stellt seine Fragen so, daß ein Konflikt geschaffen wird, der gelöst werden kann, und die Familie überzeugt ist, daß der Konflikt bereits existierte.

Ethik und Spiritualität

Ein anderer Bereich, der heute von großem Interesse ist, ist derjenige der Ethik und Spiritualität. Ethische Fragen stellen sich auf jedem Gebiet, wenn wir etwa an die Möglichkeit denken, das Leben mit Hilfe der Biotechnik zu manipulieren, oder an Insiderhandel, Bestechung und an fast schon zum Normalfall gewordenen Betrug. Philosophen werden von Krankenhäusern, Gesetzgebern, Computerherstellern und Gefängnissen als Ratgeber umworben. Ethik wird an immer mehr Schulen und Universitäten gelehrt.

Auf dem Gebiet der Therapie sind wir nicht nur aufgerufen, die Menschenrechte des Individuums zu schützen, sondern auch die Familienmitglieder dazu anzuhalten, das zu tun, was moralisch und ethisch richtig ist. Die Moral ist in die Therapie zurückgekehrt, und es entwickelt sich ein Verständnis dafür, daß das, was ethisch korrekt ist, auch therapeutischen Wert hat. Nirgendwo ist ein ethischer Ansatz so notwendig wie im Umgang mit den Fällen von Inzest und sexuellem Mißbrauch, die in unserer Gesellschaft alarmierend zugenommen haben. Kein Therapeut kommt darum herum, die Täter oder Opfer zu behandeln. Inzest und sexueller Mißbrauch werfen nicht nur ethische, sondern auch spirituelle Fragen auf. Sexualität und Spiritualität sind im Menschen miteinander verbunden, so daß ein sexueller Angriff zugleich auch ein Angriff auf den Geist der betreffenden Person ist. Ethik und Spiritualität müssen in diesen Therapien angesprochen werden. Ich habe ein Standardvorgehen entwickelt, das sicherstellt, daß keine weiteren Verletzungen geschehen, indem Metaphern für Spiritualität und Einheit eingeführt und Symbole für Mitgefühl und stärkere Emotion nachdrücklich hervorgehoben werden. Die Familienmitglieder werden Schritt für Schritt vom Mißbrauch zu Reue, Wiedergutmachung und gegenseitigem Beschützen geführt.

Das Konzept der Therapie tendiert dahin, die Familie als ein Selbsthilfe-Netzwerk zu organisieren, die Therapie als Kunstform zu lehren und Moral und Spiritualität einzubeziehen. Spiritualität schließt Humor mit ein, der uns hilft, uns weniger ernst zu nehmen und über unsere mißliche Lage in der Welt zu lachen. Humor hilft uns, den Menschen ein Gefühl der Wärme zu geben und sie von der Verbitterung zu befreien, mit der sie gewöhnlich in die Therapie kommen. Ich möchte in humorvollem Ton mit einer meiner Lieblingstherapiegeschichten enden.

Klinisches Fallbeispiel

9. Ein Paar kam mit einem ernsten Problem in die Therapie. Die Frau war schwer zuckerkrank und trank sich zu Tode. Sie trank eine halbe Flasche Wodka am Abend, hielt ihre Diät nicht ein und nahm ihre Medikamente nicht. Der Mann war nicht direkt gewalttätig, aber ein sehr großer, korpulenter Mann, der zu heftigen Wutausbrüchen neigte. Er konnte beispielsweise einen Teller Spaghetti nehmen und gegen die Wand schleudern. Seine Frau war groß und aufgedunsen und kam in Shorts und mit Lockenwicklern im Haar zu den Sitzungen. Sie ließen sich endlos über Alltagsprobleme aus: den Speicher, die Garage, die Plage, hinter dem Hund her zu putzen, den Mülleimer hinauszutragen.

Der Therapeut war ein netter junger Mann. Während er sich mit diesem Paar abmühte, schien er immer deprimierter zu werden. Die beiden gehörten zu den Menschen, die den engagiertesten Therapeuten dazu bringen, sich zu fragen: »Habe ich dafür all die Mühen der Ausbildung und der Promotion auf mich genommen?« Als Supervisor war es meine Aufgabe, den Therapeuten zu motivieren, ein stärkeres Interesse für das Paar aufzubringen.

Nach mehreren Sitzungen sagte ich eines Tages zu ihm: »Heute möchte ich, daß Sie hinein gehen und die Frau fragen, ob sie *Vom Winde verweht* gesehen oder gelesen hat. Sie wird fragen: ›Warum fragen Sie?‹ Sagen Sie ihr, daß sie und ihr Mann Sie an Rhett Butler und Scarlett O'Hara erinnern. Sie hatten ebenfalls eine leidenschaftliche Beziehung und kämpften dauernd miteinander. Wie Rhett steht der Mann immer kurz vor einem Gewaltausbruch. Wie Scarlett versucht die Frau ständig, ihren Mann zu ändern, aber es gelingt ihr nie; sie wird ihn niemals ändern.«

Als der Therapeut die Frage stellte, betrachtete der Mann sich sofort im Spiegel. Seine einzige Ähnlichkeit mit Clark Gable war sein Schnurrbart, aber er begann ihn zu streicheln. Die Frau sagte: »*Vom Winde verweht* ist mein Lieblingsroman! Ich habe das Buch fünfmal gelesen. Den Film habe ich wahrscheinlich acht- oder neunmal gesehen. Und Scarlett änderte Rhett *doch*.«

Der Therapeut sagte: »Nein, das tat sie nicht. Ich wette mit Ihnen um $ 10, daß Sie in dem Buch keine Passage finden, die zeigt, daß sie ihn geändert hat. Ich bin überrascht, daß Sie, wenn Sie den Roman so gut kennen und Scarlett so sehr ähneln, dennoch weiterhin versuchen, Ihren Mann zu ändern, anstatt seine Unberechenbarkeit und die leidenschaftliche Beziehung, die Sie mit ihm haben, zu genießen.« Die Frau sagte, sie würde das Buch noch einmal lesen, doch die Fragen hatten bereits den Kontext für eine andere Art von Interaktion vorbereitet. Sie identifizierten sich mit dem kulturellen Stereotyp eines romantischen, leidenschaftlichen Paares. Der Therapeut hatte sie für einen Augenblick auf eine höhere Daseinsstufe gehoben.

Der Therapeut fuhr fort: »Ich möchte, daß Sie mir Ihre besten Erinnerungen an Ihr gemeinsames Leben schildern. Gehen Sie in die Vergangenheit zurück bis zu dem Zeitpunkt, an dem Sie sich zum ersten Mal trafen. Was waren die besten Zeiten, die Sie zusammen hatten?« Zuerst konnten sie sich an überhaupt keine guten Zeiten erinnern. Der Therapeut ließ nicht locker: »Es muß gute Zeiten gegeben haben. Ihre Flitterwochen vielleicht oder die Geburt Ihres ersten Kindes.« Allmählich begannen sie sich zu erinnern. Der Ehemann erzählte, daß sie während ihrer Flitterwochen einen Ort in Florida besucht hatten, wo es Delphine gab. Eines Tages ging er allein zu der Lagune mit den Delphinen und lernte die Zeichen, die der Trainer den Delphinen für die Show gab. Am nächsten Morgen machte er mit seiner Frau einen Spaziergang zu der Lagune, gab die Zeichen, und die Delphine tauchten aus dem Wasser hervor und gaben eine Show allein für sie. Als der Therapeut das hörte, begann er sich für den Mann zu interessieren. Die Frau war gerührt, als sie sich an die Episode erinnerte.

Dann erinnerten sie sich an ein paar andere bezaubernde Begebenheiten. Der Therapeut sagte ihnen, in den nächsten zwei Wochen sollten sie nur eines tun – ein schönes Erlebnis haben, an das sie sich noch zehn Jahre später erinnern würden. Wer das Geschirr abgewaschen, wer den Mülleimer hinausgetragen oder wer den Speicher saubergemacht hat, daran würden sie sich in zehn Jahren nicht mehr erinnern, aber an ein ungewöhnliches Ereignis wie das mit den Delphinen würden sie sich immer erinnern.

An jenem Tag fiel der erste Schnee. Als das Paar die Sitzung verließ, baute der Ehemann einen großen Schneemann direkt an der Tür des Instituts, was etwas ist, an das *wir* uns stets erinnern. Dieses Paar entdeckte wunderbare Dinge, die man in Washington tun konnte. Zwei Monate lang lautete die einzige Anweisung, schöne Erinnerungen zu schaffen. Jedes Gespräch über die Beziehung und ihren Diabetes verstummte, es sei denn, es bezog sich auf die schönen Erinnerungen, die sie sich schufen. In weniger als drei Monaten besserte sich der Gesundheitszustand der Frau erheblich. Sie hatte aufgehört zu trinken, obwohl der

Therapeut das Trinken niemals erwähnt hatte, und sie hielt sich an ihre Diät. Sie dankten dem Therapeuten, und die Therapie war beendet.

Das Schaffen schöner Erinnerungen ist eine meiner Lieblingsstrategien in der Therapiearbeit und eine, die wir auch in unserem eigenen Leben anwenden sollten. Ich hoffe, daß dieser Beitrag über die Entwicklung der Psychotherapie schöne Erinnerungen für alle schaffen wird.

13. Kapitel

GIORGIO NARDONE

Von den allgemeinen Modellen zu den spezifischen Behandlungsprotokollen: die moderne strategische Kurzzeittherapie

Um zurückzukehren, muß man fortgehen, das Stillstehen braucht Bewegung, dem Loslassen folgt das Zurückhalten, denn jeder wird aus dem anderen geboren, also sprecht durch das Schweigen, wandelt euch, um das Unwandelbare kennenzulernen, leert euch, um voll zu werden. Von Augenblick zu Augenblick täuscht der Geist den Geist, und die Gedanken weisen auf das Denken im Kreis. Der Weg hinaus ist innen, der Weg hinein ist außen. Hindurch ist in der Mitte. Klammert euch an beide Hälften und reißt die Türen des Geistes auf oder schließt sie.

RAY GRIGG,
Das Tao der Beziehungen

Wie bereits im Essay über den Einsatz der modernen strategischen und parakonsistenten Logik bei der Konstruktion spezifischer Modelle therapeutischer Intervention angedeutet, zeichnet sich meine eigene Arbeit als Forscher und Therapeut durch die Absicht aus, die Kurzzeittherapie von einem allgemeinen Modell und seinen Varianten der verschiedenen Schulen hin zu spezifischen Interventionsmodellen weiterzuentwickeln, die »ad hoc« für bestimmte Typologien von Problemen konstruiert werden. Mit anderen Worten, es handelt sich um einen Übergang von Problemlösungsmodellen, die die einzelne Intervention auf der Grundlage der beherrschenden theoretisch-epistemologischen und erkenntnisoperativen logischen Ebenen konstruieren, zu therapeutischen Modellen, die vorrangig auf der Grundlage der operativ-erkenntnistheoretischen logischen Ebene konstruiert und nach der entsprechenden empirischen Erprobung erkenntnisoperative Modelle werden. Das übliche Verfahren der Modellkonstituierung wird, wie bereits angedeutet, umgekehrt, indem zuerst die konstitutiv-deduktive Logik privilegiert wird, um dann zur hypothetisch-deduktiven Logik hinüberzuwechseln und so die Intervention buchstäblich dem Problem anzupassen.

Auf der Grundlage dieser Prämissen sind seit 1985 am Centro di terapia strategica in Arezzo spezielle Forschungen durchgeführt worden, deren Ziel die Entwicklung moderner Modelle strategischer Kurzzeittherapie war. Dabei wurde eine empirisch-experimentelle Methodologie benutzt, die das unmittelbare Erproben der Techniken an Hunderten von Fällen vorsah und schließlich zu Modellen führen sollte, die die Kriterien therapeutischer Wirksamkeit und Leistungsfähigkeit erfüllen würden. Dieses mühevolle Vorgehen hat zur Formulierung spezifischer Kurzzeittherapieprotokolle für besondere und relevante Formen psychischer Störungen wie phobisch-obsessive Störungen und Eßstörungen geführt.

Die unseren Forschungen (Nardone, Watzlawick, 1990; Nardone, 1993, 1995; Nardone, Verbitz, Milanese, 1997) zugrundeliegende Methodologie mag simpel erscheinen, sie ist jedoch diejenige, die auch fortschrittliche Wissenschaften wie die Physik oder die Biologie für die Entwicklung von Systemen der Wirklichkeitsbeherrschung verwendet.

Die dreiphasige Struktur der Methode scheint einfach, ihre Durchführung ist jedoch schwierig und mühselig:

1. Phase: die Merkmale eines Problems oder einer Klasse von Problemen studieren;

2. Phase: die Lösungen eruieren, die bereits versucht wurden, um es/sie zu lösen;

3. Phase: die dysfunktionalen Lösungen, die das Problem, anstatt es zu lösen, noch verstärken, gegen andere experimentelle auszutauschen, die die erwünschten Wirkungen zeitigen.

Dies ist das Verfahren, das Popper (1972) als das Verfahren des wissenschaftlichen Fortschritts bezeichnet. Er behauptet, daß wissenschaftliche Innovationen durch das Studium der Lösungen hervorgebracht werden, die bei ihrer Anwendung auf ein spezifisches Problem nicht funktioniert haben. Dieser ersten Phase systematischer Analyse muß die Substitution dieser als nicht funktional erkannten Lösungen durch andere, funktionierende, folgen, die das Ergebnis einer direkten experimentellen Anwendung sind.

Bevor ich nun zur Beschreibung der typischen Phasen eines spezifischen Ansatzes der Kurzzeittherapie komme, möchte ich, um den Leser nicht mit Wiederholungen zu langweilen, lediglich eines nochmals betonen: Die Strategien, die ich hier vorstellen werde, sind das Ergebnis eines aufmerksamen Studiums der spezifischen Merkmale des Fortbestehens bestimmter Formen von psychischen Störungen, ihrer wirkungsvollsten Lösungen in Form von spezifischen Taktiken und einzelnen Maßnahmen und der Formen therapeutischer Kommunikation, die für jede Technik und jede Phase der Therapie am geeignetsten sind. Es ist jedoch wichtig, noch einmal ganz deutlich zu sagen, daß auch die Strategie, die aus spezifischen Taktiken und Maßnahmen besteht, für alle Fälle, die die gleiche Typologie der Störung mit den üblichen »versuchten Lösungen«, die das Problem aufrechterhalten, aufweisen, immer die gleiche bleibt; was sich dagegen bei jedem Einzelfall ändert, sind die Kommunikation und die Typologie der therapeutischen Beziehung, die sich der Einzigartigkeit und Unwiederholbarkeit jedes einzelnen menschlichen Systems und seines situativen Kontextes anpassen und anschmiegen muß.

Das Therapieprotokoll einer spezifischen Intervention kann in vier Phasen untergliedert werden:

1. Phase: a) suggestives Gefangennehmen; b) Erhebung der Typologie des Fortbestehens des Problems; c) Erhebung der Typologie des Widerstands gegen den Wandel.

In dieser Phase muß der Therapeut durch den Einsatz der im ersten Kapitel dieses Teils beschriebenen Techniken der strategischen Kommunikation eine für die therapeutische Intervention förderliche therapeutische Atmosphäre schaffen. In der Zwischenzeit führt er die Erhebung der versuchten Lösungen, die das Problem aufrechterhalten, und der Besonderheit seines Fortbestehens durch.

Gewöhnlich geschieht dies in der ersten Sitzung, an deren Ende man, falls die präsentierte Typologie der Pathologie zu denen gehört, für die ein spezifisches Behandlungsprotokoll ausgearbeitet worden ist, zur zweiten Phase der Therapie übergeht: der Phase direkter Maßnahmen und Anweisungen.

2. Phase: a) Bestimmung der spezifischen Strategie; b) Anwendung erster Taktiken und Maßnahmen; c) Durchbrechen des Circulus vitiosus der versuchten Lösungen, die das Problem aufrechterhalten, mit Hilfe bestimmter Maßnahmen, oder: Auslösen der ersten korrigierenden emotionalen Erfahrung.

Sobald die spezifische Art des Fortbestehens der Störung und die Typologie des Widerstands gegen die Veränderung, die der Patient zeigt, bestimmt sind, führt der Therapeut die spezifische strategische Intervention durch, die er auf der Ebene der Kommunikation den Bedürfnissen des Falles anpaßt. Ziel dieser Phase der Therapie ist es, die erste wichtige Veränderung in die vom Patienten erlebte symptomatische Situation einzuführen, das heißt, dafür zu sorgen, daß der Patient zum ersten Mal konkret eine andere Erfahrung im Umgang mit seiner Pathologie macht. Diese korrigierende emotionale Erfahrung wird ihn zu einer anderen Wahrnehmung der Wirklichkeit führen, die er bis dahin als unkontrollierbar und unbeherrschbar erlebt hat und die er jetzt als kontrollierbar und beherrschbar erfährt.

Natürlich ist das noch nicht die vollständige Heilung, aber es wird dadurch ein Fenster auf eine neue störungsfreie Wirklichkeit geöffnet, die natürlich konstruiert werden muß.

3. Phase: a) Umdeutungen der Veränderungen; b) Festigung der Ergebnisse und weitere schrittweise Erfahrungen von Veränderungen mit Hilfe direkter Anweisungen.

Die dritte Phase ist diejenige, die am meisten Zeit braucht, da sie das Stadium ist, in dem der Patient nach der rasch eingetretenen Veränderung weitere gelenkte Veränderungen in Angriff nimmt, bis das präsentierte Problem endgültig gelöst ist. All dies verlangt, daß der Therapeut mit Hilfe fortlaufender Anweisungen und Umdeutungen der Veränderungen, die immer weniger suggestiv gegeben werden, so daß ein indirekter Erwerb von Selbständigkeit erleichtert wird, den Patienten dazu führt, daß er ein neues Gleichgewicht konstruiert, das auf alternativen Wahrnehmungen der Wirklichkeit und Reaktionen auf sie auf der Grundlage seiner eigenen Fähigkeiten beruht.

4. Phase: a) Umdeutungen des neuen Gleichgewichts; b) Abschluß der Therapie: Ermutigung zu Selbständigkeit.

Die letzte Phase der Therapie, die letzte Sitzung, ist der Erklärung all dessen gewidmet, was während der Therapie getan wurde, wozu auch die Erklärung der benutzten therapeutischen Stratageme gehört; dadurch wird betont, daß nicht irgendein »Zauber« angewandt worden ist, sondern daß spezifische Techniken benutzt wurden, um die bislang blockierten Fähigkeiten des Patienten zu mobilisieren. Ein strategischer Therapeut gibt die Verantwortung für den Erfolg der Therapie stets dem Patienten, während er sich selbst für den eventuellen Mißerfolg verantwortlich macht; auf diese Weise läßt er dem Patienten die Möglichkeit, sich mit dem Problem im Rahmen einer anderen Therapie weiter auseinanderzusetzen.

Im Unterschied zu einem aspezifischen Kurzzeittherapiemodell werden hier spezifische, zielgerichtete und wiederhol-
bare Maßnahmen ausgearbeitet, mit deren Hilfe es möglich
ist, eine Veränderung der spezifischen redundanten Formen
des Fortbestehens der wichtigsten Pathologieformen herbeizuführen. Dieser Übergang von der operativ-erkenntnistheoretischen logischen Ebene zur erkenntnisoperativen hat zu
einer beträchtlichen Erhöhung der Wirksamkeit und Leistungsfähigkeit der Therapie geführt.

In der Behandlung der phobischen und obsessiven Syndrome beispielsweise – das erste Gebiet, auf dem spezifische Protokolle ausgearbeitet wurden – sind wirklich erstaunliche
Ergebnisse erzielt worden: 87% der Fälle wurden in durchschnittlich 11 Sitzungen erfolgreich behandelt (Nardone,
1993; Sirigatti, 1994). In der überwältigenden Mehrheit der
Fälle (81%) wird die Beseitigung der Symptome innerhalb
der ersten 5 Sitzungen erreicht; in 27% dieser Fälle verschwinden die Symptome bereits nach der ersten Sitzung.

In der Behandlung der Eßstörungen – das letzte Gebiet,
auf dem spezifische Therapieprotokolle ausgearbeitet worden
sind – sind ebenfalls zufriedenstellende Ergebnisse erzielt
worden (Nardone, Verbitz, Milanese, 1997).

Man darf die Bedeutung dieser Entwicklung der Kurzzeittherapie auf der Ebene der Ausbildung der Therapeuten
nicht unterschätzen; diese haben dadurch präzise Leitlinien
zu ihrer Verfügung, die ihre Arbeit mit spezifischen Formen von Störungen, die in der klinischen Arbeit ständig
wiederkehren, von Anfang bis Ende der Behandlung orientieren. Interessant ist in diesem Zusammenhang, daß die
Auswertung der Ergebnisse, die von mehr als 50 am C.T.S.
von Arezzo ausgebildeten Therapeuten erzielt wurden,
anhand der spezifischen Behandlungsprotokolle eine Wirksamkeit und Leistungsfähigkeit erkennen läßt, die nicht
weit entfernt sind von den Ergebnissen, die der Autor bei
den Behandlungen erzielt hat, die er direkt am Zentrum in
Arezzo durchgeführt hat. Das beweist die gegenüber allge-

meinen aspezifischen Modellen höhere didaktische Vermittelbarkeit strukturierter Modelle spezifischer Behandlung.

Um dies zu verdeutlichen, möchte ich einige konkrete Beispiele spezifischer Strategien für bestimmte Formen klinischer Probleme vorstellen. Um jedoch zu vermeiden, Dinge zu wiederholen, die ich bereits in anderen Texten (Nardone, Watzlawick, 1990; Nardone, 1991, 1993, 1995, 1996) veröffentlicht habe, wähle ich eine Reihe spezifischer therapeutischer Maßnahmen, die geeignet sind, direkt die für einen radikalen Wandel wesentliche erste korrigierende emotionale Erfahrung hinsichtlich der präsentierten Störungen auszulösen. Mit anderen Worten, im folgenden werden die Taktiken und Techniken der 2. Behandlungsphase vorgestellt, das heißt der Abschnitt, in dem die Symptomatologie beseitigt wird. Ich denke, daß diese Wahl sowohl die Systematik als auch die Originalität der Arbeit deutlich macht sowie die Tatsache, daß sie sich dadurch auszeichnet, daß sie »ad hoc« für die jeweilige Spezifizität des Fortbestehens der Probleme konstruiert wird, deren Struktur die therapeutische Intervention durchpaust, deren Sinn sie jedoch umkehrt, indem sie die Kraft des Fortbestehens der Pathologie für den Wandel benutzt. All dies hat, wie der Leser bereits an anderen Stellen dieses Buchs festgestellt haben mag, viel mit der alten chinesischen Kunst des Stratagems und mit den Techniken der Überzeugungsrhetorik gemeinsam, gelehrten Techniken, die auf dem Gedanken beruhen, daß man, um eine rasche und tatsächliche Veränderung zu erreichen, die betreffende Person zuerst dazu bringen muß, ihre perzeptiven und reaktiven Dispositionen zu ändern, ohne daß sie es bemerkt, um erst, nachdem die Veränderung vollzogen ist, die benutzten Kunstgriffe zu erklären. Um diesen unbewußten »Sprung« herbeizuführen, benutzen sowohl die antiken Künste als auch unser Ansatz der Kurzzeittherapie die Möglichkeiten, die der Wirklichkeit innewohnen, die verändert werden soll, wobei sie spezifische Maßnahmen ergreifen, die sie in der Weise mobilisieren, daß ein Prozeß in Gang gesetzt wird, der unvermeidlich zur Veränderung führt.

Die Kunst der Therapie besteht meiner Meinung nach in der Tat darin, den Patienten dazu zu bringen, eine Situation zu konstruieren, in der die Veränderung seiner Wahrnehmungen und Reaktionen nicht nur wünschenswert, sondern auch unvermeidlich ist.

Beispiele für Behandlungsstrategien

1. Fall: Panikattacken

Diese Typologie einer generalisierten phobischen Störung wird über die versuchten Lösungen der »Vermeidung« und der »Hilfesuche« aufrechterhalten. Das heißt, die Personen, die unter dieser Störung leiden, vermeiden es ständig, sich einer vermuteten Gefahr auszusetzen, bis sie nichts mehr allein tun können, ohne von Panik ergriffen zu werden. All dies führt sie dazu, ständig die Anwesenheit und die Hilfe einer Person zu erbitten, der sie vertrauen. Wie die Interventionsforschung über die phobisch-obsessiven Störungen (Nardone, 1993) gezeigt hat, wird diese realisierte und konkretisierte Hilfesuche zur grundlegenden versuchten Lösung, die das Problem bestätigt und festigt. Um diesen Circulus vitiosus schnell zu durchbrechen, ist eine spezifische klar strukturierte Umdeutung entwickelt worden:

»Gut, also ich möchte zu einer ersten Überlegung kommen, die ich Sie bitte, während der nächsten Woche anzustellen. Ich möchte, daß Sie denken, daß Sie jedesmal, wenn Sie um Hilfe bitten und sie erhalten, gleichzeitig zwei Botschaften erhalten. Die eine lautet natürlich: ›Ich habe dich gern, ich helfe dir und beschütze dich.‹ Die zweite, weniger offensichtliche, aber subtilere und stärkere, lautet: ›Ich helfe dir, weil du es allein nicht schaffst, weil du allein krank bist.‹ Doch passen Sie gut auf, ich bitte Sie nicht, nicht mehr um Hilfe zu bitten, weil Sie jetzt nicht in der Lage sind, nicht um Hilfe zu bitten. Ich bitte Sie lediglich zu denken, daß jedesmal, wenn Sie um Hilfe bitten und sie erhalten, dies dazu beiträgt, Ihre Probleme aufrechtzuerhalten und zu verschlimmern. Doch bitte, zwingen Sie sich nicht, nicht um Hilfe zu bitten, denn Sie sind nicht in der Lage, nicht um Hilfe zu bitten. Denken Sie nur, daß Sie jedesmal, wenn Sie darum bitten und sie erhalten, die Dinge nur verschlimmern.«

Mit anderen Worten, es wird behauptet, daß das Problem des Patienten ohne Zweifel die Hilfe der anderen verlangt. Daß dies jedoch nach einer ersten positiven Wirkung zur Verschlimmerung der Störung führt, da auf diese Weise die Angst gegen die Angst gesetzt wird. Daß aber die Angst vor einer weiteren und weitaus stärkeren Verschlimmerung der einzelnen Angstzustände die Person dazu führt, ständig um Hilfe zu bitten.

Die Grenze jeder Angst ist eine noch größere Angst, oder wie die Lateiner sagen: »Ubi maior minor cessat.«

Darüber hinaus wird nicht direkt verlangt, daß man aufhört, um Hilfe zu bitten, es wird im Gegenteil mit Hilfe einer paradoxen Kommunikation die Unfähigkeit des Patienten betont, es nicht zu tun. Mit anderen Worten, er wird dazu gebracht, es zu tun, ohne daß man verlangt, daß er es tut.

In der Regel wird diese Verhaltensverschreibung am Ende der ersten Sitzung gegeben. Gewöhnlich erklären die Patienten, wenn sie in die zweite Sitzung kommen, daß sie nicht mehr um Hilfe gebeten haben, meist erklären sie sogar, daß sie angefangen hätten, Dinge allein zu tun, und da sie festgestellt hätten, daß nichts passiert sei, hätten sie damit weitergemacht, bis sie Dinge, die sie seit langem vermieden hätten, getan hätten, ohne dabei Angst zu verspüren.

Wie der »Schmetterlingseffekt« in der Katastrophentheorie (Thom, 1990) setzt eine kleine Veränderung eine Kette großer Veränderungen in Gang, die zur Katastrophe führen. In diesem Fall führt die Blockierung der versuchten Lösung der Hilfesuche zu einer Reihe von Reaktionen, die den Patienten entdecken lassen, daß er ohne Angst leben kann.

Diese Maßnahme ist von ihrer ersten Formulierung an auf mehr als 1500 Fälle von Patienten mit Agoraphobie und Panikattacken angewandt worden und hat in mehr als 70% der Fälle zur Beseitigung der Störung geführt. Natürlich ist nach dieser ersten wichtigen Veränderung eine ganze Reihe weiterer therapeutischer Maßnahmen und Verschreibungen notwendig, um das Problem endgültig zu lösen. Daher bedeutet die fast magische Wirkung dieser Umdeutung nicht die Beseitigung der Störung, aber doch die erste konkrete Erfahrung, die den Prozeß der Wiedererlangung der eigenen Fähigkeiten durch den Patienten einleitet. Wenn man jedoch bedenkt, daß die Literatur zur Behandlung der Syndrome der Agoraphobie und Panikanfälle betont, wie schwierig es sei, konkrete und tatsächliche Resultate zu erziehen, kann man die therapeutische Relevanz dieser spezifischen Technik besser ermessen.

2. Fall: Kompulsive Obsessionen

Dieser Typ von psychischer Störung wird über die versuchte Lösung einer Kontrolle der phobischen Fixiertheit durch die Ausführung von Schutz- oder Sühneritualen aufrechterhalten (dabei kommen die unterschiedlichsten Rituale zum Einsatz: desinfizierende Waschungen, wiederholte mentale Formeln, unkontrollierbare ungewöhnliche Verhaltensweisen usw). Die spezifische Technik, die entwickelt wurde, um diesen pathogenen Circulus vitiosus zu durchbrechen, ist die folgende Verhaltensverschreibung:

»Jedesmal, wenn Sie in der Zeit bis zur nächsten Sitzung ein Ritual ausführen und wenn Sie es einmal machen, dann machen Sie es fünfmal, keinmal mehr und keinmal weniger; Sie können es auch nicht machen; aber wenn Sie es einmal machen, machen Sie es fünfmal, keinmal mehr und keinmal weniger; Sie können es nicht machen, aber wenn Sie es einmal machen, machen Sie es fünfmal, keinmal mehr und keinmal weniger.« Das verschriebene Verhalten wird mehrmals wiederholt.

Wie bereits erklärt, erlaubt diese scheinbar einfache Verhaltensverschreibung auf der Ebene der logischen Struktur, »den Feind auf den Dachboden hinaufsteigen zu lassen und dann die Leiter wegzunehmen«, da sie sich des kompulsiven Symtoms bemächtigt, indem sie es in etwas Freiwilliges verwandelt, so daß es sich selbst aufhebt. Von großer Bedeutung ist in diesem Fall die Formulierung der Kommunikation, die auf einer hypnotischen sprachlichen Assonanz beruht, die auf redundante Weise wiederholt wird, und einer posthyptnotischen Botschaft, die mit erhobener Stimme gesprochen wird.

Die Maßnahme hat folgende Struktur: Wenn du es einmal machst, mach es fünfmal, eine paradoxe Steigerung; die Zahl der Wiederholungen bestimme ich, auf diese Weise bemächtige ich mich deines Symptoms; und dann gebe ich dir die »injunktive« Erlaubnis, es nicht zu machen.

Die meisten Patienten mit dieser Pathologie reagieren auf diese Verschreibung, indem sie sie zunächst buchstabengetreu ausführen, nach wenigen Tagen die Rituale jedoch unterbrechen. In der Regel haben sie dafür keine Erklärung, sie sagen lediglich: »Es langweilte mich, es fünfmal zu machen, also habe ich es lieber gar nicht mehr gemacht.« Die Verhaltensverschreibung führt dazu, daß der Patient seine Aufmerksamkeit auf die Aufgabe statt auf das Symptom richtet, so daß dieses allmählich verschwindet.

Dieser Verhaltensverschreibung gehen im Protokoll für die Behandlung der obsessiv-kompulsiven Syndrome andere vorbereitende Maßnahmen voraus, und gewöhnlich folgen ihr einige weitere spezifische Verschreibungen, die den Patienten dazu bringen, der Wirkung dieser korrigierenden emotionalen Erfahrung Dauer zu verleihen (Nardone, 1993). Die nachgeschalteten Maßnahmen sind nicht weniger wichtig als die beschriebene, den Circulus vitiosus durchbrechende Verhaltensverschreibung, da sie den Patienten dazu führen sollen, ein neues perzeptiv-reaktives Gleichgewicht zu konstruieren.

3. Fall: Depression

Die üblichen versuchten Lösungen sind in diesem Fall die Neigung des depressiven Patienten, zu jammern und das Opfer zu spielen, und, als Ausgleich hierzu, die ermutigende, tröstende und beschützende Haltung der Angehörigen. Die für diesen Fall spezifische Intervention ist daher eine familienbezogen-systemische. Wir rufen die ganze Familie zusammen und geben die folgende Verhaltensverschreibung:

»Bis zur nächsten Sitzung müssen Sie jeden Abend vor oder nach dem Abendessen etwas sehr Wichtiges machen: Sie müssen sich alle versammeln. Sie setzen sich alle ins Wohnzimmer, er/sie steht. Sie nehmen einen Wecker und stellen ihn so, daß er eine halbe Stunde später klingelt. Sie müssen alle in andachtsvollem Schweigen verharren und zuhören. Sie [an den Patienten gewandt] haben eine halbe Stunde, um zu jammern, soviel Sie wollen, und Sie müssen über alles jammern, worüber Sie wollen, und die anderen hören Ihnen zu. Sie können den anderen klarmachen, wie schlecht es Ihnen geht, und sie müssen Ihnen in andachtsvollem Schweigen zuhören. Wenn der Wecker klingelt: STOP! Fortsetzung folgt am nächsten Abend. Den ganzen Tag über müssen Sie es vermeiden, über das Problem zu sprechen, dafür ist der Abend da.«

Meist wird in der nächsten Sitzung erklärt: »Ja, an den ersten Abenden hat er sehr gejammert; nach einer Weile hat er dann nichts mehr gehabt, worüber er hätte jammern können.« Das Interessanteste ist jedoch, daß diese Patienten tagsüber gewöhnlich nicht mehr jammern und anfangen, andere Dinge zu tun.

Die Depression ist vollständig in die halbe Stunde gesperrt worden. Dies ist das alte Stratagem: »Das Feuer löschen, indem man Holz nachlegt«.

Auch in diesem Fall erfolgt nach dieser ersten grundlegenden korrigierenden emotionalen Erfahrung eine schrittweise

Umdeutung der perzeptiv-reaktiven Modalitäten des Patienten, die ihn mit Hilfe weiterer spezifischer Maßnahmen zur Konstituierung eines neuen und funktionalen persönlichen Gleichgewichts führt.

4. Fall: Obsessiv-paranoide Zweifel

In diesen Fällen besteht die grundlegende dysfunktionale versuchte Lösung darin, daß man versucht, auf die unvernünftigen Zweifel vernünftige und beruhigende Antworten zu geben, und je unlogischer der Zweifel ist, um so mehr wird versucht, eine logische Antwort darauf zu geben. Dadurch verstrickt man sich immer stärker in komplizierte und leidvolle Versuche, rationale Antworten auf irrationale Probleme zu geben.

Diese Personen werden mit der folgenden Art von Umdeutung konfrontiert:

»Wissen Sie ... es gibt keine intelligenten Antworten auf dumme Fragen. Doch wenn Ihnen diese Fragen kommen, können Sie sie nicht abwehren. Ja, je mehr Sie versuchen, sie abzuwehren, um so mehr werden sie sich einstellen. Wenn Sie versuchen, nicht daran zu denken, denken Sie um so mehr daran, denn schon die Alten wußten, daß denken, daß man nicht denkt, bereits denken ist. Sie müßten es schaffen, nicht zu denken, daß Sie denken, daß Sie nicht denken, um nicht zu denken. Sie können aber die Frage nicht blockieren, weil sie zu Ihnen kommt. Aber Sie können die Antwort blockieren, und wenn Sie die Antwort blockieren, werden Sie schrittweise die Frage verhindern. Die Antwort können Sie jedoch nicht einfach so blockieren, indem Sie sich bemühen. Ich schlage Ihnen daher vor zu denken, daß jedesmal, wenn Sie versuchen, auf eine dumme Frage mit einer intelligenten Antwort zu antworten, die Frage dadurch intelligent und immer stärker wird. Dadurch stärken Sie die Kette der Zweifel. Jedesmal, wenn Sie eine Antwort geben, nähren Sie damit also in Wirklichkeit neue Zweifel, und alles wird nicht nur so bleiben, sondern sogar immer noch schlimmer. Jedesmal, wenn Sie auf einen dummen Zweifel mit einer intelligenten Antwort antworten, stärken Sie also die Kette. Denken Sie daran, und es wird Ihnen gelingen, die Antwort zu blockieren.«

Auch in diesem Fall achte man auf die sprachliche Strukturierung der Maßnahme, die auf einer dynamischen Hyperlogik beruht, die aber auf hypnotische Weise mit redundanter Wiederholung durchsetzt wird und eine »Wirklichkeit« konstruiert, in der die Kraft des obsessiven Symptoms gegen sich selbst gerichtet wird. Das ist das alte Stratagem: »Das Wasser trüben, damit die Fische an die Oberfläche kommen«.

In den ersten Tagen müssen diese Personen sich ziemlich anstrengen, aber dann gelingt es ihnen, die Antwort zu blockieren; wenn sie die Antworten aber blockieren, gehen die obsessiven Fragen zurück, bis sie ganz verschwinden, da sie nicht mehr genährt werden. Die Folge ist, daß diese Patienten tagsüber keine obsessiven Zweifel mehr haben.

5. Fall: Erbrechen

Dieser Typ einer epidemisch auftretenden Eßstörung, die sich auf der Grundlage der Symptome einer vorherigen Anorexie oder Bulimie ausbildet, besitzt ganz eigene Merkmale des Fortbestehens und erfordert eine andere Art der Intervention als die Anorexie und die Bulimie (Nardone, Verbitz, Milanese, 1997).

Die üblichen versuchten Lösungen, die das Problem aufrechterhalten, sind die Versuche, die Freß- und Brechanfälle zu reduzieren oder zu kontrollieren, was dazu führt, daß dieses Ritual gesteigert wird, bis es häufig die tägliche Haupttätigkeit der Personen wird, die darunter leiden. Diese Störung gründet ihre unbezähmbare Kompulsivität auf die Lust, die sie den betroffenen Personen verschafft; jeder Versuch der Kontrolle oder Unterdrückung steigert daher das Verlangen nur noch mehr. Aufgrund dieser Feststellung ist eine Taktik entwickelt worden, die, anstatt sich auf die Kontrolle des Symptoms zu stützen, die lustvolle Wahrnehmung verändert, die den Drang zu essen und zu erbrechen unwiderstehlich macht.

In mehr als 50 % der Fälle haben wir festgestellt, daß diese Wirkung durch folgende Verhaltensverschreibung erreicht wird:

»Bist du jetzt wirklich bereit, alles zu tun, um nicht mehr von diesem Dämon besessen zu sein? Gut, dann werde ich dich bis zum nächsten Mal nicht bitten, daß du dich bemühst, nicht zu essen und zu erbrechen; solange du das nicht schaffst, tu es immer, wenn du das Verlangen hast. Aber tu es so, wie ich dir sage. Von jetzt ab bis zur nächsten Sitzung. Jedesmal, wenn du ißt und erbrichst, iß ... iß ... iß, wie du es so gern tust. Wenn du mit dem Essen fertig bist und der Moment kommt, wo du gewöhnlich erbrechen mußt, halte inne, nimm einen Wecker und stell ihn so ein, daß er nach einer Stunde klingelt, und dann warte eine Stunde, ohne etwas zu tun, ohne irgend etwas in den Mund zu stecken. Wenn der Wecker klingelt, lauf los und erbreche, nicht eine Minute früher und nicht eine Minute später.«

In der Regel erklären die Patienten, wenn sie zurückkehren: »Sie haben mir alles verdorben, ich habe alle Freude daran verloren.« Dadurch, daß die zeitliche Sequenz des Rituals Essen–Erbrechen durchbrochen wurde, ändert sich tatsächlich das unbezähmbare Lustgefühl. Um eine brutale, aber wirksame Analogie zu bemühen, es ist, als unterbräche eine Person, die gerade Geschlechtsverkehr hat, im Augenblick des Orgasmus mit den Worten: »Warte, ich unterbreche für eine Stunde, und dann mach ich weiter.« Es ist nicht mehr dasselbe.

In der Regel dehnt man die Unterbrechung von einer Stunde auf zwei und dann auf drei Stunden aus. Nach der dreistündigen Unterbrechung erbrechen die Patienten nicht mehr.

Ein weiteres Mal bemächtigt man sich des Symptoms mit Hilfe einer therapeutischen Maßnahme, die sich seiner Struktur anpaßt, gleichzeitig aber seinen Sinn umdeutet und so zu seiner Selbstzerstörung führt.

6. Fall: Bulimie

Im Fall der Störung der Bulimie besteht die grundlegende versuchte Lösung, die dafür sorgt, daß das Problem fortbesteht, in dem Versuch, den Heißhunger durch eine ganze Reihe von Zwängen zu kontrollieren. Die Palette reicht von der Diät bis zum Einschließen der Nahrung oder zur Vermeidung jeder Situation, die einen in Versuchung bringen könnte. Das Ergebnis ist, daß der Heißhunger immer unbezähmbarer wird und immer weniger kontrolliert werden kann.

Die für diese Störung entwickelte strategische Intervention beruht im wesentlichen auf der Logik des chinesischen Stratagems: »Das Feuer löschen, indem man Holz nachlegt«. Gewöhnlich wird in der dritten Sitzung die folgende Verhaltensverschreibung gegeben:

»Wählen Sie eine der tausend Diäten, die Sie kennen, vorausgesetzt, sie verlangt keine zu großen Einschränkungen. Außerdem: Immer, wenn Sie etwas essen, das nicht in der Diät enthalten ist, müssen Sie es fünfmal essen. Ich erkläre es deutlicher: Wenn Sie eine Tafel Schokolade essen, müssen Sie fünf essen, wenn Sie ein Stück Torte essen, müssen Sie fünf essen. Entweder essen Sie es nicht, oder Sie essen es fünfmal.«

Das Ergebnis dieser Verschreibung ist, daß die Patienten gewöhnlich berichten, sie hätten nie etwas fünfmal gegessen, weil sie nie etwas gegessen hätten, das nicht in der gewählten Diät enthalten gewesen sei; oder sie hätten ein paarmal etwas fünfmal gegessen, merkwürdigerweise sei das aber nicht mehr dasselbe gewesen, und so hätten sie aufgehört.

7. Fall: Blockierung der Leistung

Hierunter fallen jene Patienten, die sich mit einer Blockierung hinsichtlich einer bestimmten Leistung vorstellen. Beispielsweise der Student, der keine Prüfungen mehr ablegen kann, oder der Manager, der nicht vor einer Versammlung sprechen kann, oder der Athlet, der nicht mehr an einem Wettkampf teilnehmen kann.

Gewöhnlich besteht das Problem fort und verkompliziert sich, wenn der Versuch unternommen wird, sich immer mehr und besser auf die Leistung vorzubreiten, was dazu führt, daß man sich nie genügend vorbereitet fühlt und der Prüfung schließlich aus dem Weg geht.

In diesem Fall besteht die Intervention aus zwei Verhaltensverschreibungen: Die eine zielt darauf ab, die antizipatorische Angst zu verringern, die andere konzentriert sich darauf, die übermäßige Neigung zu blockieren, sich während der Leistung zu kontrollieren.

Die erste Verhaltensverschreibung lautet:

»Ich nehme an, Sie haben einen Wecker zu Hause, wissen Sie, so einen, der so unangenehm schrillt. Gut, also jeden Tag müssen Sie zur selben Zeit, die wir jetzt gleich festlegen werden, diesen Wecker nehmen und so einstellen, daß er eine halbe Stunde später klingelt. In dieser halben Stunde werden Sie sich in ein Zimmer in ihrer Wohnung einschließen, sich in einen Sessel setzen und sich bemühen, sich schlecht zu fühlen, während Sie an die Prüfung denken, der man Sie unterziehen wird; Sie werden sich auf die schlimmsten Phantasien hinsichtlich Ihres Problems konzentrieren. Sie werden denken, daß alles schiefgehen wird, daß Sie eine schlechte Figur machen werden. Stellen Sie sich Ihre schlimmsten Ängste vor, bis Sie sich aus freien Stücken in Angst, in Panik versetzt haben, und verharren Sie die ganze halbe Stunde in diesem Zustand. Tun Sie alles, was Ihnen einfällt, weinen Sie, jammern Sie, fluchen Sie ... Sobald der Wecker klingelt, werden Sie ihn abstellen und die Aufgabe abbrechen, die Gedanken und die Empfindungen, die ausgelöst wurden, abschütteln, sich das Gesicht waschen und Ihre normale Tagesbeschäftigung wieder aufnehmen.«

Die zweite Verhaltensverschreibung lautet:

»Sie werden zu Ihrer Prüfung gehen (zum Examen oder zum Vortrag vor vielen Menschen usw.); in dem Moment, wo Sie anfangen müssen zu sprechen, müssen Sie sagen: ›Ich bitte Sie im voraus um Entschuldigung, weil ich sehr wahrscheinlich gezwungen sein werde, mich zu unterbrechen, da ich mich sicher errege und den Faden verlieren werde.‹ Da Sie die Entschuldigung damit vorweggenommen haben, fahren Sie einfach fort, und wir werden sehen, was geschieht.«

Gewöhnlich führt das dazu, daß der Patient, wenn er das nächste Mal kommt, sagt, daß es ihm in der »halben Stunde der Leidenschaft« nicht nur gelungen sei, sich schlecht zu fühlen, sondern daß ihm auch die Prüfung gar nicht mehr so furchtbar vorgekommen sei. Was die Leistung betrifft, so gibt es in der Regel mehrere mögliche Antworten. Die erste lautet: »Wissen Sie, ich fühlte mich sicher, und daher ist es nicht nötig gewesen zu erklären, was Sie von mir verlangt haben.« Eine andere lautet: »Ich habe getan, was Sie von mir verlangt haben, und das hat mich ruhig gemacht. Wissen Sie, nach der Prüfung hat man mich sogar gefragt, ob das, was ich gesagt habe, ein rhetorischer Trick gewesen sei.«

In beiden Fällen wird die Blockade dadurch überwunden, daß die beiden Verschreibungen die vorhergehenden dysfunktionalen versuchten Lösungen dieser Patienten blockieren. »Abfließen lassen, statt einzudämmen«, und: »Öffentlich machen, statt zu verbergen«, lauten die beiden Stratageme, die diese Intervention bilden, die in einer einzigen Sitzung durchgeführt wird. Mit entsprechenden Anpassungen und Varianten ist dieser Typ beinahe »wundertätiger« Intervention erfolgreich auf Studenten, Künstler, Manager, Athleten usw. angewandt worden.

8. Fall: Agoraphobie

Die therapeutische Intervention, die meine eigene Arbeit als Kliniker und Forscher zweifellos am stärksten bekannt gemacht hat, ist die Verhaltensverschreibung, die »ad hoc« konstruiert wurde, um schwere und häufig als chronisch definierte Formen von Agoraphobie zum Verschwinden zu bringen. Das liegt, glaube ich, daran, daß diese Intervention ziemlich spektakulär ist und etwas »Magisches« hat, wenn sie Kollegen per Video vorgeführt wird. In ihrer logischen Konstruktion ist diese Intervention bereits im letzten Kapitel des ersten Teils dieses Buches beschrieben worden, ich halte es aber dennoch für sinnvoll, sie hier noch einmal aus der Sicht der rein klinischen Praxis vorzustellen.

Die unter schwerer Agoraphobie leidenden Patienten haben es seit Jahren nicht mehr geschafft, allein das Haus auch nur für kürzeste Zeit zu verlassen. In der dritten Sitzung wird, nachdem einige bereits beschriebene Maßnahmen ergriffen worden sind (Umdeutung der Angst, der Hilfe und die halbe Stunde der schlimmsten Phantasien), wird die folgende suggestive Verhaltensverschreibung gegeben:

»Sie müssen jetzt etwas sehr Wichtiges machen. Gehen Sie zur Tür und drehen Sie eine Pirouette; öffnen Sie die Tür und drehen Sie wieder eine Pirouette; gehen Sie dann die Stufen vor der Eingangstür hinunter und drehen Sie eine Pirouette, bevor Sie hinausgehen, und eine, nachdem Sie hinausgegangen sind; gehen Sie nach links und drehen Sie alle fünfzig Schritte eine Pirouette, bis Sie ein Obstgeschäft finden; gehen Sie hinein, drehen Sie zuvor eine Pirouette, kaufen Sie dann den größten und reifsten Apfel, den Sie finden; gehen Sie dann mit dem Apfel in der Hand zurück, drehen Sie weiterhin alle fünfzig Schritte eine Pirouette und eine, bevor Sie ins Haus gehen, und eine, nachdem Sie hineingegangen sind. Ich werde hier auf Sie warten.« (Nardone, 1993)

Diese Verhaltensverschreibung habe ich selbst in den letzten zehn Jahren in mehr als tausend Fällen gegeben, und nie hat sich jemand geweigert, sie zu befolgen.

Es wird eine suggestive Situation konstruiert, in der das Drehen von Pirouetten als Magie erscheint, vor allem jedoch wird das Stratagem: »Das Meer ohne Wissen des Himmels durchpflügen« in die Praxis umgesetzt. Die Aufmerksamkeit des Patienten wird vom Hören auf sich selbst auf die Ausführung der so merkwürdigen Aufgabe verlagert, so daß er all dies tut, ohne zu bemerken, daß er die bis dahin unbezwingbare Angst zu überwinden im Begriff ist.

Nach dieser ersten unzweideutigen konkreten Erfahrung genügt es, den Patienten durch eine Reihe weiterer mit der gleichen Logik konstruierter Verschreibungen dazu zu bringen, den Raum und die Zeit seiner Ausflüge auszudehnen, bis er seine Selbständigkeit vollständig wiedergewonnen hat. Bei dieser Störung hat man eine wahrhaft erstaunliche Quote von 93% erfolgreich innerhalb von sieben Sitzungen behandelter Fälle erzielt.

Dieses Ergebnis zeigt ganz deutlich, daß der Übergang von allgemeinen therapeutischen Modellen zu spezifischen Kurzzeittherapieprotokollen eine wesentliche Steigerung der Wirksamkeit und Leistungsfähigkeit der Intervention ermöglicht.

Wenn wir abschließend die tatsächlichen Ergebnisse betrachten, die die entwickelten Formen der strategischen Kurzzeittherapie in ihrer spezifischen Anwendung auf besondere Probleme in den letzten zehn Jahren erzielt haben, dann wird deutlich, daß die Wirksamkeit und Leistungsfähigkeit des Ansatzes im Vergleich zu den bereits zufriedenstellenden Ergebnissen der historischen Modelle entschieden gesteigert werden konnten. Diese Steigerung kann auf der Ebene der Wirksamkeit auf zirka 10% beziffert werden, denn die Wirksamkeit hat sich von durchschnittlich 70–75% Mitte der achtziger Jahre (Weakland, Fisch, Watzlawick, Bodin, 1974; Butcher, Koss, 1986; Gurman, Kniskern, 1986) auf

80–85 % in den letzten zehn Jahren (Montezuma, 1996; Berg, 1994; Bloom, 1995; Nardone, Watzlawick, 1990) erhöht, mit Spitzen der Wirksamkeit von über 90 % bei bestimmten Formen von psychischen Störungen (Madanes, 1990; Nardone, 1993). Was die Leistungfähigkeit betrifft, so hat sich die Anzahl der Sitzungen, die notwendig sind, um die Lösung der von Patienten präsentierten Probleme zu erreichen, auf eine Behandlungsdauer von durchschnittlich 5–6 Sitzungen verkürzt (de Shazer, 1988, 1991; Gustafson, 1986) mit einer wachsenden Zahl von Situationen, in denen die Symptome schon nach den ersten Sitzungen, häufig nach der ersten Sitzung verschwinden (Talmon, 1990; Bloom, 1995; Nardone, 1991, 1993).

Wenn man diese Ergebnisse mit denen vergleicht, die in den verschiedenen Formen der Psychotherapie erzielt werden (Sirigatti, 1988, 1994), dann kommt man zu dem eindeutigen Schluß, daß die strategischen Ansätze besser und mit weniger finanziellem und existentiellem Aufwand in der Lage sind, die meisten psychischen Krankheiten und Verhaltensstörungen zu beheben. Nach einer ersten, fast ausschließlich »künstlerischen« (insofern sie vor allem auf den genialen Intuitionen einiger großer Therapeuten beruhte) historischen Phase ist die strategische Kurzzeittherapie zu einem strengen Modell geworden, das auf ständigen technologischen Fortschritten beruht, die sich aus der empirischen klinischen Praxis sowie der angewandten Forschung und den modernsten theoretisch-epistemologischen Formulierungen ergeben.

Im übrigen darf man nicht vergessen, daß auch für diesen faszinierenden und allzu häufig geheimnisumwitterten Bereich gilt, was – eigentlich selbstverständlich, aber häufig vergessen – im 18. Jahrhundert der Gelehrte Georg Christoph Lichtenberg gesagt hat: »Der beste Beweis einer Theorie ist ihre Anwendung.« Und man sollte sich auch daran erinnern, daß es, mit Gregory Batesons Worten, »nichts Praktischeres gibt als eine gute Theorie«.

Epilog

Wie T.S. Eliot sagte: »Am Ende der Reise angekommen, werden wir uns am Ausgangspunkt wiederfinden«. Nach dieser langen Reise in die Welt des strategischen Ansatzes der Kurzzeittherapie sind wir tatsächlich wieder bei dem angelangt, was wir eingangs gesagt haben:

Daß nämlich die strategische Kurzzeittherapie ein origineller Ansatz zur Ausbildung und zur Lösung der menschlichen Probleme ist, mit eigenen theoretisch-epistemologischen Grundlagen, mit eigenen spezifischen praktischen Anwendungen und in ständiger Weiterentwicklung auf der Grundlage empirischer Forschung.

Diese Sichtweise bietet keine »Wahrheiten«, sondern lediglich »Schlüssel« für die Lösung der Probleme. An die Stelle des »Dogmas« und der »Orthodoxie« treten das »operative Wissen und das operative Bewußtsein«. Im übrigen gilt, was Bateson feststellte: »Aufgabe der Wissenschaft ist es, Lösungen für spezifische Probleme zu konstruieren.«

Dem Zen-Buddhismus zufolge gibt es zwei Arten von Wahrheiten: »die Wahrheiten der Essenz« und die »Wahrheiten des Irrtums«.

Zu ersteren gelangt man nur über die »Erleuchtung«, und daher ist man, wenn man zu ihnen gelangt ist, nicht mehr in dieser Welt, da die »Essenz« »Transzendenz« ist. Letztere sind »instrumentelle Wahrheiten«, die dazu dienen, Projekte in der Welt der Dinge und der Erscheinungen zu konstruieren und zu verwirklichen. Jede »Wahrheit des Irrtums« zerbricht, nachdem sie benutzt worden ist, und muß durch andere »Wahrheiten des Irrtums« ersetzt werden, die jeweils für die Wirklichkeiten geeignet sind, mit denen der Mensch konfrontiert wird.

Der strategische Ansatz bemüht sich, »Wahrheiten des Irrtums« zu konstruieren, die den Menschen eine bessere Beherrschung der Wirklichkeit erlauben, die sie unweigerlich konstruieren und dann erfahren.

Bibliographie

ALEXANDER, F. (1956), *Psychoanalysis and Psychotherapy*, Norton, New York

ALEXANDER, F. FRENCH, T.M. (1946), *Psychoanalytic Therapy*, Ronald Press, New York

ANONYMUS (1990), *I 36 stratagemmi: l'arte cinese di vincere*, Guida Editori, Napoli

ARCURI, L. (1994), »Giudizio e diagnosi clinica: analisi degli errori«, in: *Scienze dell'Interazione*, 1, 1, S. 107–116

ASHBY, W.R. (1954), *Design for a Brain*, Wiley, New York

ASHBY, W.R. (1956), *An Introduction to Cybernetics*, Methuen, London; dt.: *Einführung in die Kybernetik*, Suhrkamp, Frankfurt/M. 1974

AUSTIN, J.L. (1962), *How to do things with words*, Oxford; dt.: *Zur Theorie der Sprechakte*, Stuttgart 1972

BARTLETT, F.C. (1932), *Remembering: A Study in Experimental and Social Psychology*, Cambridge University Press, Cambridge

BATESON, G. (1961), *Perceval's Narrative – A Patient's Account of His Psychosis*, Stanford University Press, Stanford, CA.

BATESON, G. (1967), »Cybernetic Explanation«, in: *American Behavioral Scientist* 10, 8, S. 29–32

BATESON, G. (1972), *Steps to an Ecology of Mind*, Ballantine Books, New York; dt.: *Ökologie des Geistes*, Suhrkamp, Frankfurt/M. 1972

BATESON, G. (1979), *Mind and Nature: A Necessary Unity*, Dutton, New York; dt.: *Geist und Natur*, Suhrkamp, Frankfurt/M. 1979

BATESON, G., JACKSON, DON D. (1964), »Some Varieties of Pathogenic Organization«, in: RIOCH, D.McK. (Ed.), *Disorders of Communication* Vol. 42, Research publications, Association for Research in Nervous and Mental Disease, S. 270–283

BATESON, G., JACKSON, DON D., HALEY, J., WEAKLAND, J.H. (1956), »Toward a Theory of Schizophrenia«, in: *Behavioral Science* 1, S. 251-264; dt.: »Auf dem Wege zu einer Schizophrenie-Theorie«, in: HABERMAS, J., HENRICH, D., TAUBES, J. (Eds.), *Schizophrenie und Familie*, Suhrkamp, Frankfurt/M. 1969, S. 11–43

BERG, I.K. (1985), »Helping Referral Sources Help«, in: *Family Therapy Networker* 9, 3, S. 59–62

BERG, I.K. (1994), *Family-Based Services: A Solution-Focused Approach*, Norton, New York

BERG, I.K., SHAZER, S. DE (1993), »Wie man Zahlen zum Sprechen bringt: Die Sprache in der Therapie«, in: *Familiendynamik*

BERKELEY, G. (1710), *A Treatise Concerning the Principles of Human Knowledge;* dt. *Eine Abhandlung über die Prinzipien der menschlichen Erkenntnis,* nach der Übersetzung von F. Überweg neu herausgegeben von A. Klemmt, Felix Meiner, Hamburg 1957

BERTALANFFY, L. VON (1956), »General System Theory«, in: *General Systems Yearbook* 1, S. 1–10

BERTALANFFY, L. VON (1962), »General System Theory. A Critical Review«, in: *General Systems Yearbook* 7, S. 1–20

BLOOM, B. (1995), *Planned Short-Term Therapy,* Allyn & Bacon, Needham Heights

BOHM, D. (1981); *Wholeness and the Implicate Order,* Routledge & Kegan Paul, London; dt.: *Grundlagen eines dynamischen Holismus,* Dianus-Trikont, München 1985

BUBER, M. (1961), *Das Problem des Menschen,* Lambert Schneider, Heidelberg

BUTCHER, J.N., KOSS, M.P. (1986), »Research on Brief and Crisis-Oriented Therapies«, in: GARFIELD, S.L., BERGIN, A.E. (Eds.), *Handbook of Psychotherapy and Behavior Change: An Empirical Analysis,* Wiley, New York, 3. Aufl.

CADE, B. (1992), »I am an Unashamed ›Expert‹«, in: *Context: A New Magazine of Family Therapy* 11, S. 30/31

CADE, B., O'HANLON, W.H. (1993), *A Brief Guide to Brief Theory,* Norton, New York

CANESTRARI, R., CIPOLLI, C. (1991), »L'interazione medico-paziente«, in: CIPOLLI, C., MOJA, E. (Eds.), *Psicologia medica,* Armando, Bologna

CAPRA, F. (1982), *The Turning Point,* Simon and Schuster, New York

CERTEAU, M., GIARD, L., MAYORI, L. (1994), *L'invention du quotidien,* Gallimard, Paris

CHANG, J., PHILLIPS, M. (1993), »Michael White and Steve de Shazer: New Directions in Family Therapy«, in: GILLIGAN, S., PRICE, R. (Eds.), *Therapeutic Conversations,* Norton, New York

CIALDINI, R.B. (1984), *Influence: How and Why People Agree to Things,* Morrow, New York; dt.: *Einfluß: Wie und warum sich Menschen überzeugen lassen?,* mvg, München 1987

COSTA, N. DA (1989a), »On the Logic of Belief«, in: *Philosophical and Phenomenological Research* 2

COSTA, N. DA (1989b), »The Logic of Self-Deception«, in: *American Philosophical Quarterly* 1

DERRIDA, J. (1967), *L'Ecriture et la différence,* Editions du Seuil, Paris; dt.: *Die Schrift und die Differenz,* Suhrkamp, Frankfurt/M. 1972

DOLAN, Y. (1985), *A Path with a Heart: Utilization with Resistant and Chronic Patients*, Brunner/Mazel, New York

DOMENELLA, R.G. (1991), »Logica e psicologia della decisione«, in: *Annali dell'Università di Ferrara*, Ferrara

DURRANT, M., COLES, D. (1991), »The Michael White Approach«, in: TODD, T.C., SELEKMAN, M.D. (Eds.), *Family Therapy Approaches with Adolescent Substance Abusers*, Allyn & Bacon, Needham Heights

ELSTER, J. (1979), *Ulysses and the Sirens*, Cambridge University Press, Cambridge

ELSTER, J. (Ed.) (1986), *The Multiple Self*, Cambridge University Press, Cambridge

EPSTON, S. (1993), »Internalizing Discourses Versus Externalizing Discourses«, in: GILLIGAN, S., PRICE, R. (Eds.), *Therapeutic Conversations*, Norton, New York, S. 161–177

ERICKSON, M.H. (1952), »Deep Hypnosis and its Induction«, in: LECRON, L.M. (Ed.), *Experimental Hypnosis*, Macmillan, New York, S. 70–114

ERICKSON, M.H. (1954a), »Special Techniques of Brief Hypnotherapy«, in: *Journal of Clinical and Experimental Hypnosis* 2, S. 109–129

ERICKSON, M.H. (1954b), »Pseudo-orientation in Time as a Hypnotic Procedure«, in: *Journal of Clinical and Experimental Hypnosis* 2, S. 161–238

ERICKSON, M.H. (1958), »Naturalistic Techniques of Hypnosis«, in: *The American Journal of Clinical Hypnosis* 1, S. 3–8

ERICKSON, M.H. (1964), »The Confusion Technique in Hypnosis«, in: *American Journal of Clinical Hypnosis* 6, S. 183–207

ERICKSON, M.H. (1965), The Use of Symptoms as an Integral Part of Hypnotherapy«, in: *The American Journal of Clinical Hypnosis* 8, S. 57–65

[ERICKSON (1980)] E.L. Rossi (Ed.), *The Collected Papers of Milton H. Erickson on Hypnosis*, Vol. I, II, III, IV, Irvington, New York; dt.: *Gesammelte Schriften*, 4 Bde., Carl-Auer Systeme, Verlag und Verlagsbuchhandlung, Heidelberg 1995–1997

ERICKSON, M.H., ROSSI, E.L. (1975), »Varieties of Double Bind«, in: *The American Journal of Clinical Hypnosis* 17, S. 143–157

ERICKSON, M.H., ROSSI, E.L. (1977), »Autohypnotic Experiences of Milton H. Erickson«, in: *The American Journal of Clinical Hypnosis* 20, S. 36–54

ERICKSON, M.H., ROSSI, E.L. (1979), *Hypnotherapy: An Exploratory Casebook*, Irvington, New York; dt.: *Hypnotherapie: Aufbau – Beispiele – Forschungen*, J. Pfeiffer, München 1981

ERICKSON, M.H., ROSSI, E.L. (1983), *Healing in Hypnosis*, Irvington, New York

ERICKSON, M.H., ROSSI, E.L., ROSSI, S.I. (1976), *Hypnotic Realities: The Induction of Clinical Hypnosis and Forms of Indirect Suggestion*, Irvington, New York; dt.: *Hypnose: Induktion – psychotherapeutische Anwendung – Beispiele*, Pfeiffer, München 1991

ERON, J.B., LUND, T.W. (1993), »How Problems Evolve and Dissolve: Integrating Narrative and Strategic Concepts«, in: *Family Process 32*, S. 291–309

FISCH, R., WEAKLAND, J.H., SEGAL, L. (1982), *The Tacticts of Change: Doing Therapy Briefly*, Jossey-Bass, San Francisco; dt.: *Strategien der Veränderung*, Klett-Cotta, Stuttgart 1987

FISHER, S.G. (1984), »Time-Limited Brief Therapy with Families: A One-Year-Follow-Up Study«, in: *Family Process 23*, S. 101–106

FOERSTER, H. VON (1973), »On Constructing a Reality«, in: W.F.E. Preiser (Ed.), *Environmental Design Research*, Vol. 2, Dowden, Hutchinson & Ross, Stroudsburg, S. 35-46; dt.: »Das Konstruieren einer Wirklichkeit«, in: WATZLAWICK, P. (Ed.), *Die erfundene Wirklichkeit*, Piper, München 1985, S. 39–60 (im Einverständnis zwischen Verfasser und Herausgeber abgeänderte und erweiterte Fassung)

FOERSTER, H. VON (1974), »Notes pour une épistémologie des objets vivants«, in: MORIN, E., PIATELLI-PALMARINI, M. (Eds.), *L'Unité de l'homme*, Le Seuil, Paris

FOERSTER, H. VON (1981), *Observing Systems*, Intersistems Publications, Seaside, CA.

FOERSTER, H. VON (1991), »Las semillas de la cibernética.«, in: PAKMAN, M. (Ed.), *Obras escogidas*, Gedisa, Barcelona, S. 9–11

FOUCAULT, M. (1969), *Archéologie du savoir*, Gallimard, Paris; dt.: *Archäologie des Wissens*, Suhrkamp, Frankfurt/M. 1973

FRANK, J.D. (1973), *Persuasion and Healing*, John Hopkins University Press, Baltimore; dt.: *Die Heiler: Über psychotherapeutische Wirkungsweisen vom Schamanismus bis zu den modernen Therapien*, dtv, München 1985

GARFIELD, S.L. (1978), »Research on Client Variables in Psychotherapy«, in: GARFIELD, S.L., BERGIN, A.E. (Eds.), *Handbook of Psychotherapy and Behavior Change: An Empirical Analysis*, Wiley, New York, 2. Aufl.

GARFIELD, S.L. (1981), »Psychotherapy: A 40 Years Appraisal«, in: *American Psychologist 2*, S. 174–183

GARFIELD, S.L., PRAGER, R.A., BERGIN, A.E. (1971), »Evaluation of Outcome in Psychotherapy«, in: *Journal of Consulting and Clinical Psychology 37, 3*, S. 307–313

GELLNER, E. (1985), *The Psychoanalytic Movement.*

GEYERHOFER, S., KOMORI, Y. (1995), »Bringing Forth Family Resources in Therapy«, in: *Zeitschrift für Sozialpsychologie und Gruppendynamik,* 20, 3

GILLIGAN, S. (1987), *Therapeutic Trances: The Cooperation Principle in Ericksonian Hypnotherapy,* Brunner/Mazel, New York; dt.: *Therapeutische Trance: Das Prinzip Kooperation in der Ericksonschen Hypnotherapie,* Auer, Heidelberg 1991

GINGERICH, W., SHAZER, S. DE (1991), »The Briefer Project: Using Expert Systems as Theory Construction Tools«, in: *Family Process* 30, S. 241–249

GINGERICH, W., SHAZER, S. DE, WEINER-DAVIS, M. (1988), »Constructing Change: A Research View of Interviewing«, in: LIPCHIK, E. (Ed.), *Interviewing,* Rockville, Aspen, S. 21–32

GLASERSFELD, E. von (1984), »An Introduction to Radical Constructivism«, in: WATZLAWICK, P. (Ed.), *The Invented Reality,* Norton, New York; dt.: »Einführung in den radikalen Konstruktivismus«, in: WATZLAWICK, P. (Ed.), *Die erfundene Wirklichkeit,* Piper, München 1985, S. 16–38

GLASERSFELD, E. von (1995), *Radical Constructivism,* The Falmer Press, London; dt.: *Radikaler Konstruktivismus,* Suhrkamp, Frankfurt/M. 1996

GLEICK, J. (1987), *Chaos: Making a New Science,* Viking Penguin Inc., New York; dt.: *Chaos – die Ordnung des Universums: Vorstoß in Grenzbereiche der modernen Physik,* Droemer Knaur, München 1988

GÖDEL, K. (1931), »Über formal unentscheidbare Sätze der *Principia Mathematica* und verwandter Systeme«, in: *Monatshefte für Mathematik und Physik* 38

GORDON, D., MEYERS-ANDERSON, M. (1981), *Phoenix: Therapeutic Patterns of Milton H. Erickson,* Meta, Cupertino

GRANA, N. (1990), *Contraddizione e incompletezza,* Liguori, Napoli

GRÜNBAUM, A. (1984), *The Foundations of Psychoanalysis: A Philosophical Critique,* University Press of California, Berkeley; dt.: *Die Grundlagen der Psychoanalyse: Eine philosophische Kritik,* Reclam, Stuttgart 1988

GRÜNBAUM, A. (1993), *Validation in the Clinical Theory of Psychoanalysis: A Study in the Philosophy of Psychoanalysis,* International University Press, New York

GUIDANO, V.F. (1987), *Complexity of the Self: A Developmental Approach to Psychopathology and Therapy,* Guilford Press, New York

GUIDANO, V.F., LIOTTI, G. (1983), *Cognitive Processes and Emotional Disorders,* Guilford Press, New York

GURMAN, A.S. (1981), »Integrative Marital Therapy: Toward the Development of an Interpersonal Approach«, in: BUDMAN, S. (Ed.), *Forms of Brief Therapy*, Guilford, New York

GURMAN, A.S., KNISKERN, D.P. (1986), »Research on Marital and Family Therapy«, in: GARFIELD, S.L., BERGIN, A.E. (Eds.), *Handbook of Psychotherapy and Behavior Change: An Empirical Analysis*, Wiley, New York, 3. Aufl.

GUSTAFSON, J.P. (1986), *The Complex Secret of Brief Psychotherapy*, Norton, New York

HABERMAS, J. (1991), *Erläuterungen zur Diskursethik*, Suhrkamp, Frankfurt/M.

HABERMAS, J. (1981), *Theorie des kommunikativen Handelns*, 2 Bde, Suhrkamp, Frankfurt/M.

HALEY, J. (1963), *Strategies of Psychotherapy*, Grune & Stratton, New York; dt.: *Gemeinsamer Nenner Interaktion: Strategien der Psychotherapie*, J. Pfeiffer, München 1978

HALEY, J. (Ed.) (1967), *Advanced Techniques of Hypnosis and Therapy: Selected Papers of Milton H. Erickson, M.D.*, Grune & Stratton, New York

HALEY, J. (1973), *Uncommon Therapy: The Psychiatric Techniques of Milton H. Erickson, M.D.*, Norton, New York; dt.: *Die Psychotherapie Milton H. Ericksons*, J. Pfeiffer, München 1991

HALEY, J. (1976), *Problem Solving Therapy*, Jossey-Bass, San Francisco

HALEY, J. (1982), »The Contributions of Therapy of Milton H. Erickson, M.D.«, in: ZEIG, J.K. (Ed.), *Ericksonian Approaches to Hypnosis and Psychotherapy*, Brunner/Mazel, New York, S. 5–25

HALEY, J. (1984), *Ordeal Therapy: Unusual Ways to Change Behavior*, Jossey-Bass, San Francisco; dt.: *Ordeal-Therapie: Ungewöhnliche Wege der Verhaltensänderung*, Isko Press, Hamburg 1989

HALEY, J. (1985), *Conversation with Milton Erickson, M.D.*, Vol. I: *Changing Individuals*, Vol. II: *Changing Couples*, Vol. III: *Changing Families and Children*, Triangle Press, Washington

HAMMOND, D.C. (1990), *Improving Therapeutic Communication*, Jossey-Bass, San Francisco

HARLAND, R. (1987), *Superstructuralism: The Philosophy of Structuralism and Post-Structuralism*, Methuen, London

HEIDEGGER, M. (1927), *Sein und Zeit*, Niemeyer, Tübingen 1977

HEIDEGGER, M. (1950), *Holzwege*, Vittorio Klostermann, Frankfurt/M. [5]1972

HEIDEGGER, M. (1954), *Vorträge und Aufsätze*, Neske, Pfullingen

HEIDEGGER, M. (1959), *Der Weg zur Sprache*, in: *Unterwegs zur Sprache*, Neske, Pfullingen

HEISENBERG, W. (1958), *Physics and Philosophy*, Harper, New York; dt.: *Physik und Philosophie*, S. Hirzel, Stuttgart 1990

HERR, J.J., WEAKLAND, J.H. (1979), *Counseling Elders and Their Families; Practical Techniques for Applied Gerontology*, Springer, New York; dt.: *Beratung älterer Menschen und ihrer Familien: Die Praxis der angewandten Gerontologie*, Hans Huber, Bern 1988

HIRSCH, H. (1992), »Existe la vida más allá de la muerte?«, in OPAZO, R. (Ed.), *Integración en psicoterapia«*, CECIDEP, Santiago de Chile

HOFFMAN, L. (1981), *Foundations of Family Therapy*, Basic Books, New York; dt.: *Grundlagen der Familientherapie: Konzepte für die Entwicklung von Systemen*, Isko Press, Salzhausen 1987

JACKSON, DON D., WEAKLAND, J.H. (1961), »Familiy Therapy: Some Considerations on Theory, Technique, and Results«, in: *Psychiatry* 24 (Supplement zur Nr. 2), S. 30–45

JONES, R.A. (1974), *Self-Fulfilling Prophecies*, Halsted, New York

KEENEY, B. (1987), *Ästhetik des Wandels*, Isko Press, Salzhausen

KOMORI, Y., GEYERHOFER, S. (1993), »Reading Success Stories: Chief Complaints and Therapeutic Goals«, in: *Japanese Journal of Family Psychology* 7

KORZYBSKI, A. (1933), *Science and Sanity: An Introduction to Non-Aristotelian Systems and General Semantics*, International Non-Aristotelian Library, Lancaster

KOSS, M. (1979), »Length of Psychotherapy for Clients Seen in Private Practice«« in: *Journal of Consulting and Clinical Psychology* 47, 1, S. 210–212

LAING, R.D. (1970), *Knots*, Pantheon Books, New York; dt.: *Knoten*, Rowohlt, Reinbek 1972

LANKTON, S., LANKTON, C.H. (1983), *The Answer Within: A Clinical Framework of Ericksonian Hypnotherapy*, Brunner/Mazel, New York

LOCKE (1690) *An Essay Concerning Human Understanding*; dt.: *Versuch über den menschlichen Verstand*, Bd. I, II, übersetzt von Carl Winckler, Felix Meiner, Hamburg 1981

LUHMANN, N. (1982), *Macht*, Suhrkamp, Frankfurt/M., 2. durchges. Aufl., 1988

LUHMANN, N. (1980–1995), *Gesellschaftsstruktur und Semantik*, 4 Bde, Suhrkamp, Frankfurt/M.

MACDONALD, A.J. (1994), »Brief Therapy in Adult Psychiatry«, in: *Journal of Family Therapy* 16, 4, S. 415–426

MADANES, C. (1981), *Strategic Family Therapy*, Jossey-Bass, San Francisco

MADANES, C. (1984), *Behind the One-Way Mirror*, Jossey-Bass, San Francisco; dt.: *Hinter dem Einwegspiegel*, Isko Press, Salzhausen 1989

MADANES, C. (1990), *Sex, Love and Violence*, Norton, New York

MADANES, C. (1995), *The Violence of Man*, Jossey-Bass, San Francisco

MAHONEY, M.J. (1991), *Human Change Processes*, Basic Books, New York

MAN, P. DE (1979), *Allegories of Reading*, Yale, New Haven; dt.: *Allegorien des Lesens*, Suhrkamp, Frankfurt/M. 1988

MASSEY, M. (1979), *The People Puzzle: Understanding Yourself and Others*, Reston Publishing, Reston, VA.

MATURANA, H.R., VARELA, F.J. (1980), *Autopoiesis and Cognition: The Realization of the Living*, Reidel, Dordrecht, Holland

MATURANA, H.R., URIBE, G., FRENK, S.G. (1968), »A Biological Theory of Relativistic Colour Coding in the Primate Retina«, in: *Archivos de Biología y Medicina Experimentales*, Supplemento 1, S. 1–30

MONTEZUMA, C. (1996), Vortrag auf der Tagung *Global Reach of Brief Therapy*, Wien, Juni 1996

MORIN, E. (1985), »Le vie della complessità«, in: BOCCHI, G., CERUTTI, M. (Eds.), *La sfida della complessità*, Feltrinelli, Milano

MORIN, E. (1993), *Introduzione al pensiero complesso*, Sperling e Kupfer, Milano

MOSCOVICI, S. (1967), »Communication Processes and Properties of Language«, in: BERKOWITZ, L. (Ed.), *Advances in Experimental Social Psychology*, Academic Press, New York, Bd. 3, S. 225–270

MOSCOVICI, S. (1972), *The Psychosociology of Language*, Markham, Chicago

MOSCOVICI, S. (1976), *Social Influence and Social Change*, Academic Press, New York; dt.: *Sozialer Wandel durch Minoritäten*, Urban & Schwarzenberg, München 1979

NARDONE, G. (1991), *Suggestione → Ristruturazione = Cambiamento: L'approccio strategico e costruttivista alla psicoterapia breve*, Guiffrè, Mailand

NARDONE, G. (1993), *Paura, Panico, Fobie*, Ponte alle Grazie, Florenz

NARDONE, G. (1993), *Brief Strategic Solution-Oriented Therapy of Phobic and Obsessive Disorders*, Aronson, Northway; dt.: *Systemische Kurztherapie bei Zwängen und Phobie*, Hans Huber, Bern 1997

NARDONE, G. (1994a), *Manuale di sopravvivenza per psicopazienti*, Ponte alle Grazie, Florenz

NARDONE, G. (1994b), »La prescrizione medica: strategie di comunicazione ingiuntiva«, in: *Scienze dell'Interazione* 1, 1, S. 81–90

NARDONE, G. (1995), »Brief Strategic Therapy of Phobic Disorders: A Model of Therapy and Evaluation Research«, in: WEAKLAND, J.H., RAY, W.A. (Eds.) (1995), *Propagations: Thirty Years of Influence from the Mental Research Institute*, Haworth Press Inc., New York. Kap. 4

NARDONE, G., DOMENELLA (1995), »Processi di persuasione e psicoterapia«, in: *Scienze dell'Interazione* 2

NARDONE, G., VERBITZ, T., MILANESE, R. (1997), *Anoressia, bulimia, vomiting: La terapia in tempi brevi*

NARDONE, G., WATZLAWICK, P. (1990), *L'Arte del Cambiamento: Manuale di terapia strategica e ipnoterapia senze trance*, Ponte alle Grazie, Florenz; dt.: *Irrwege, Umwege und Auswege: Zur Therapie versuchter Lösungen*, Hans Huber, Bern 1994

O'HANLON, W.H. (1987), *Taproots: Underlying Principles of Milton Erickson's Therapy and Hypnosis*, Norton, New York; dt.: *Eckpfeiler: Grundlegende Prinzipien der Therapie und Hypnose Milton Ericksons*, Isko Press, Hamburg 1990

O'HANLON, W.H. (1993), »Possibility Therapy: From Iatrogenic Injury to Iatrogenic Healing«, in: GILLIGAN, S., PRICE, R. (Eds.), *Therapeutic Conversation*, Norton, New York

O'HANLON, W.H., WEINER-DAVIS, M. (1989) *In Search of Solutions: A New Direction in Psychotherapy*, Norton, New York

O'HANLON, W.H., WILK, H. (1987), *Shifting Contexts: The Generation of Effective Psychotherapy*, Guilford, New York

OMER, H. (1992), »From the One True to the Infinity of Constructed Ones«, in *Psychotherapy* 29, S. 253–261

OMER, H. (1994), *Critical Interventions in Psychotherapy*, Norton, New York

PAGLIARO, G. (1995), »La mente discorsiva e la psicoterapia interattivo-cognitiva«, in: PAGLIARO, G., CESA-BIANCHI, M. (Eds.), *Nuove prospettive in psicoterapia e modelli interattivo-cognitivi*, Angeli, Mailand

PAGUNI, R. (1993), *La ricerca in psicoterapia*, Armando, Rom

PASCAL, B. (1670), *Pensées*; dt.: *Über die Religion und über einige andere Gegenstände*, übertragen und herausgegeben von Ewald Wasmuth, Lambert Schneider, Heidelberg 1954

PATTERSON, M.L. (1982), »A Sequential Functional Model of Non Verbal Exchange«, in: *Psychological Review* 19, 3, S. 231–249

PERA, M. (1991), *Scienza e retorica*, Laterza, Bari

PIAGET, J. (1937), *La construction du réel chez l'enfant*, Delachaux et Niestlé, Neuchâtel; dt.: *Der Aufbau der Wirklichkeit beim Kinde*, Klett, Stuttgart 1974

PITTENDRIGH, C. (1958), »Adaption, Natural Selection, and Behavior«, in: ROE, A., SIMPSON, G.G. (Eds.), *Behavior and Evolution*, Yale University, New Haven

POPPER, K.R. (1972), *Objective Knowledge*, Oxford University Press, London; dt.: *Objektive Erkenntnis*, Hoffmann & Campe, Hamburg 1973

RABKIN, R. (1977), *Strategic Psychotherapy*, Basic Books, New York

REDA, M.A. (1986), *Sistemi cognitivi complessi e psicoterapia*, La Nuova Italia Scientifica, Rom

RITTER, J.F. (1977), *Friedrich von Spee*, Spee Verlag, Trier

ROGERS, C. (1975), »Emphatic, an Appreciated Way of Being«, in *The Counseling Psychologist* 5, 2, S. 2–10

ROSENBLUETH, A., WIENER, N., BIGELOW, J. (1943), »Comportamento, scopo e teleologia«, in: SOMENZI, V., CORDESCHI, R. (Eds.), *La filosofia degli automi*, Boringhieri, Turin 1986

ROSENHAN, D.L. (1973), »On Being Sane in Unsane Places«, in *Science* 179, S. 250–258; dt.: »Gesund in kranker Umgebung«, in: WATZLAWICK, P. (Hg.), *Die erfundene Wirklichkeit*, Piper, München, 1985, S. 111–137 (im Einvernehmen zwischen Verfasser und Herausgeber etwas abgeänderte und erweiterte Fassung)

ROSENTHAL, R., JACOBSON, L. (1968), *Pygmalion in the Classroom: Teacher Expectation and Pupil's Intellectual Development*, Holt, Rinehart & Winston, New York; dt.: *Pygmalion im Unterricht: Lehrererwartungen und Intelligenzentwicklung der Schüler*, Beltz, Weinheim 1971

ROSSETTI, L. (1994), »Strategie macro-retoriche: la formattazione dell' evento comunicazionale«, in: *Aesthetica* 41 (Reprint)

RUESCH, J., BATESON, G. (1951), *Communication: The Social Matrix of Psychiatry*, Norton, New York; dt.: *Kommunikation: Die soziale Matrix der Psychiatrie*, Carl Auer Systeme, Verlag und Verlagsbuchhandlung, Heidelberg 1995

SALVINI, A. (1988), »Pluralismo teorico e pragmatismo conoscitivo: assunti metateorici in psicologia della personalità«, in: FIORA, E., PEDRABISSI, I., SALVINI, A., *Pluralismo teorico e pragmatismo conoscitivo in psicologia della personalità*, Giuffrè, Mailand

SALVINI, A. (1995), »Gli schemi di tipizzazione della personalità in pscicologia clinica e psicoterapia«, in: PAGLIARO, G., CESA-BIANCHI, M. (Eds.), *Nuove prospettive in psicoterapia e modelli interattivo-cognitivi*, Angeli, Mailand

SARUP, M. (1989), *An Introductory Guide to Post-Structuralism and Postmodernism*, University of Georgia Press, Athens, GA

SCHOPENHAUER, A. (1836), *Über den Willen in der Natur*, in: *Arthur Schopenhauers Werke in fünf Bänden*, nach den Ausgaben letzter Hand herausgegeben von Ludger Lütkehaus, Bd. III, Haffmanns, Zürich 1988

SCHRÖDINGER, E. (1958), *Mind and Matter*, Cambridge University Press, Cambridge, England; dt.: *Geist und Materie*, Zsolnay, Wien 1986

SELEKMAN, M.D. (1993), *Pathways to Change: Brief Therapy Solutions with Difficult Adolescents*, Guilford, New York

SELVINI-PALAZZOLI, M., BOSCOLO, L., CECCHIN, G., PRATA, G. (1974), »The Treatment of Children through Brief Therapy of Their Parents«, in *Family Process* 13, S. 429–442

SHANNON, C.E. (1948), »The Mathematical Theory of Communication«, in: *Bell System Technical Journal* 27, S. 379-423, 623–656

SHAPIRO, A.K. (1960), »A Contribution to the History of the Placebo Effects«, in: *Behavioral Science* 5, S. 109–135

SHAZER, S. DE (1975), »Brief Therapy: Two's Company«, in: *Family Process* 14, S. 79–93

SHAZER, S. DE (1982a) *Patterns of Brief Family Therapy*, Guilford, New York; dt.: *Muster familientherapeutischer Kurzzeit-Therapie*, Junfermann, Paderborn 1992

SHAZER, S. DE (1982b), »Some Conceptual Distinctions Are More Useful than Others«, in: *Family Process* 21, S. 79–93

SHAZER, S. DE (1984), »The Death of Resistance«, in: *Family Process* 23, S. 1117, 20–21

SHAZER, S. DE (1985), *Keys to Solution in Brief Solution*, Norton, New York; dt.: *Wege der erfolgreichen Kurztherapie*, Klett-Cotta, Stuttgart 1991

SHAZER, S. DE (1988a), *Clues: Investigating Solutions in Brief Therapy*, Norton, New York

SHAZER, S. DE (1988b), »Utilization: The Foundation of Solutions«, in: ZEIG, J.K., LANKTON, S.R. (Eds.), *Developing Ericksonian Therapy: State of the Art*, Brunner/Mazel, New York, S. 112–124

SHAZER, S. DE (1991), *Putting Difference to Work*, Norton, New York; dt.: *Das Spiel mit Unterschieden*, Carl Auer, Heidelberg 1992

SHAZER, S. DE (1993), »Creative Misunderstanding: There Is No Escape from Language«, in: GILLIGAN, S., PRICE, R. (Eds.), *Therapeutic Conversations*, Norton, New York

SHAZER, S. DE (1994), *Words Were Originally Magic*, Norton, New York

SHAZER, S. DE, MOLNAR, A. (1984), »Four Useful Interventions in Brief Family Therapy«, in: *Journal of Marital and Family Therapy* 10, 3, S. 297–304

SIMON, F., STIERLIN, H. (1984), *Die Sprache der Familientherapie: Ein Vokabular – Überblick, Kritik und Integration systemtheoretischer Begriffe, Konzepte und Methoden*, Klett-Cotta, Stuttgart

SIRIGATTI, S. (1988), »La ricerca valutativa in psicoterapia: modelli e prospettive«, in: NARDONE, G. (Ed.), *Modelli di psicoterapia a confronto*, Il Ventaglio, Rom

SIRIGATTI, S. (1994), »La ricerca sui processi e i risultati della psicoterapia«, in: *Scienze dell'Interazione* 1, 1, Pontecorboli, Florenz, S. 117–130

SLUZKI, C.E. (1983), »Interview on the State of the Art«, in: *Familiy Therapy Networker 7*, 1

SPENCER-BROWN, G. (1969), *Laws of Form*, George Allen & Unwin, London

SZASZ, T. (1975), *The Manufacture of Madness*, Dell, New York; dt.: *Die Fabrikation des Wahnsinns*, Walter Verlag, Olten und Freiburg i.Br. 1974

TALMON, M. (1990), *Single Session Therapy*, Jossey Bass, San Francisco

THOM, R. (1990), *Parabole e Catastrofi*, Il Saggiatore, Mailand

TODD, T.C., SELEKMAN, M.D. (1991), »Beyond Structural-Strategic Family Therapy: Integrating Other Brief Systemic Therapies«, in: TODD, T.C., SELEKMAN, M.D. (Eds.), *Family Therapy Approaches with Adolescent Substance Abusers*, Allyn & Bacon, Needham Heights

VARELA, F.J. (1975), »A Calculus for Self-Reference«, in: *International Journal of General Systems* 2, S. 5–24

VICO, G. (1710), *De antiquissima italorum sapientia*, Fink, München 1979 (Ausz. lat./dt.)

WATZLAWICK, P. (Ed.) (1964), *An Anthology of Human Communication: Text and Tape*, Science & Behavior Books, Palo Alto, CA

WATZLAWICK, P. (1976), *How Real is Real?*, Random House, New York; dt.: *Wie wirklich ist die Wirklichkeit?*, Piper, München 1976

WATZLAWICK, P. (1977), *Die Möglichkeit des Andersseins: Zur Technik der therapeutischen Kommunikation*, Hans Huber, Bern

WATZLAWICK, P. (Ed.) (1981), *The Invented Reality*, Norton, New York; dt.: *Die erfundene Wirklichkeit*, Piper, München 1981

WATZLAWICK, P. (1990), »Therapy Is what You Say It Is«, in: ZEIG, J.K., GILLIGAN, S. (Eds.), *Brief Therapy: Myths, Methods and Metaphors*, Brunner/Mazel, New York, S. 55–61

WATZLAWICK, P., BEAVIN, J.H., JACKSON, DON D. (1967), *Pragmatics of Human Communication: A Study of Interactional Patterns, Pathologies and Paradoxes*, Norton, New York; dt.: *Menschliche Kommunikation: Formen, Störungen, Paradoxien*, Hans Huber, Bern 1974

WATZLAWICK, P., WEAKLAND, J.H., FISCH, R. (1974), *Change: Principles of Problem Formation and Problem Solution*, Norton, New York; dt.: *Lösungen: Zur Theorie und Praxis menschlichen Wandels*, Hans Huber, Bern 1974

WEAKLAND, J.H. (1993), »Conversation – But what Kind?«, in: GILLIGAN, S., PRICE, R. (Eds.), *Therapeutic Conversation*, Norton, New York

WEAKLAND, J.H., FISCH, R., WATZLAWICK, P., BODIN, A.M. (1974), »Brief Therapy: Focuses Problem Resolution«, in: *Family Process* 13, 2, S. 141–168; dt.: »Kurztherapie – Zielgerichtete Problemlösungen«, in:

WATZLAWICK, P., WEAKLAND, J.H. (Hg.), *Interaktion: Menschliche Probleme und Familientherapie*, Hans Huber, Bern 1980; Piper, München 1990, S. 369–401

WEAKLAND, J.H., RAY, W.A. (Eds.) (1995), *Propagations: Thirty Years of Influence from the Mental Research Institute*, Haworth Press Inc., New York

WEINER-DAVIS, M. (1984), *Another Useful Intervention in Brief Family Therapy*, unveröffentliches Manuskript

WEINER-DAVIS, M. (1993), »Pro-constructed Realities«, in: GILLIGAN, S., PRICE, R. (Eds.), *Therapeutic Conversation*, Norton, New York

WEINER-DAVIS, M., SHAZER, S. DE, GINGERICH, W. (1987), »Building on Pretreatment Change to Construct the Therapeutic Solution: An Exploratory Study«, in: *Journal of Marital and Familiy Therapy* 13, 4, S. 359–363

WHITE, M. (1984), »Pseudo-encopresis: From Avalanche to Victory, from Vicious to Virtuous Cycles«, in: *Family Systems Medicine* 2, 2, S. 150–160

WHITE, M. (1985), *Fear-busting and Monster Taming: An Approach to the Fears of Young Children*, Dulwich Centre Review

WHITE, M. (1986a), »Negative Explanation, Restraint and Double Description: A Template for Family Therapy«, in: *Family Process* 25, 2, S. 169–184

WHITE, M. (1986b), »Anorexia Nervosa: A Cybernetic Perspective«, in: ARKAWAY, J.E. (Ed.), *Eating Disorders and Family Therapy*, Aspen, New York

WHITE, M. (1987), »Family Therapy and Schizophrenia: Addressing the in-the-corner Lifestyle«, in: *Dulwich Centre Newsletter*

WHITE, M. (1988), »The Process of Questioning: A Therapy of Literary Merit?«, in: *Dulwich Centre Newsletter*

WHITE, M. (1989), *Selected Papers*, Dulwich Centre Publications, Adelaide

WHITE, M. (1992), *La terapia come narrazione*, Astrolabio, Rom

WHITE, M. (1993), »Deconstruction and Therapy«, in: GILLIGAN, S., PRICE, R. (Eds.), *Therapeutic Conversation*, Norton, New York

WHITE, M., EPSTON, D. (1990), *Narrative Means to Therapeutic Ends*, Norton, New York; dt.: *Die Zähmung der Monster: Literarische Mittel zu therapeutischen Zwecken*, Auer, Heidelberg 1990

WHITEHEAD, A.N., RUSSEL, B., (1910-1913), *Principia Mathematica*, Cambridge University Press, Cambridge, England; dt.: *Principia Mathematica*, Suhrkamp, Frankfurt/M. 1986

WIENER, N. (1967), *The Human Use of Human Being: Cybernetics and Society*, 2. Aufl., Avon, New York; dt.: *Mensch und Maschine*, Metzner, Frankfurt/M. 1952

328 *Bibliographie*

WIENER, N. (1975), *Cybernetics, or Control and Communication in the Animal and the Machine*, 2. Aufl., Massachusetts Institute of Technology Press, Cambridge; dt.: *Kybernetik: Regelung und Nachrichtenübertragung im Lebewesen und in der Maschine*, Econ, Düsseldorf 1963

WIENER, N., ROSENBLUETH, A., BIGELOW, J. (1943), »Behavior: Purpose and Teleology«, in: *Philosophy of Science* 19, S. 18–24

WITTEZAELE, J.J., GARCIA, T. (1992), *À la Recherche de l'école de Palo Alto*, Éditions du Seuil, Paris

WITTGENSTEIN, L. (1922), *Tractatus Logico-philosophicus*, in: *Schriften*, Bd. 1, Suhrkamp, Frankfurt/M. 1969

WITTGENSTEIN, L. (1956), *Bemerkungen über die Grundlagen der Mathematik*, in: *Schriften*, Bd. 6, Suhrkamp, Frankfurt/M. 1974

WITTGENSTEIN, L., (1977), *Vermischte Bemerkungen*, in: *Schriften*, Bd. 8, Suhrkamp, Frankfurt/M. 1984

WITTGENSTEIN, L. (1980), *Culture and Value*, University of Chicago Press, Chicago

YAPKO, M. (1984), *Trancework: An Introduction to Clinical Hypnosis*, Irvington, New York

ZEIG, J.K. (Ed.) (1980), *A Teaching Seminar with Milton H. Erickson*, Brunner/Mazel, New York; dt.: *Meine Stimme begleitet Sie überallhin: Ein Lehrseminar mit Milton H. Erickson*, Klett-Cotta, Stuttgart 1985

ZEIG, J.K. (1985), *Experiencing Erickson: An Introduction to the Man and His Work*, Brunner/Mazel, New York

ZEIG, J.K. (1987), »Therapeutic Patterns of Ericksonian Influence Communication«, in: ZEIG, J.K. (Ed.), *The Evolution of Psychotherapy*, Brunner/Mazel, New York, S. 392–409; dt.: *Psychotherapie: Entwicklungslinien und Geschichte*, DGTV, Tübingen 1991

ZEIG, J.K. (1988), »An Ericksonian Phenomenological Approach to Therapeutic Hypnotic Induction and Symptom Utilization«, in: ZEIG, J.K., LANKTON, S.R. (Eds.), *Developing Ericksonian Therapy: State of the Art*, Brunner/Mazel, New York, S. 353–375

ZEIG, J.K. (1990), »Seeding«, in: ZEIG, J.K., GILLIGAN, S. (Eds.), *Brief Therapy: Myths, Methods and Metaphors*, Brunner/Mazel, New York, S. 221–246

ZIMBARDO, P.C. (1993), *Persuasion and Change*, Guilford, New York

Die Autoren

Steve de Shazer und *Insoo Kim Berg:* Sind Leiter des Brief Family Therapy Center im Wisconsin Family Therapy Center in Milwaukee, haben das Modell der »lösungsorientierten« Kurzzeittherapie ausgearbeitet.

Heinz von Foerster: Physiker, Philosoph und Kybernetiker lebender Systeme, ist emeritierter Professor der University of Illinois in den Fachbereichen Electrical Engineering und Biophysics and Physiology.

Stefan Geyerhofer: Klinischer Psychologe, Mitbegründer des Instituts für Systemische Therapie (IST), Wien, ist Forschungsmitglied und Dozent am IST sowie Assistenzprofessor für Psychologie an der Universität von Webster.

Ernst von Glasersfeld: Vertreter des »radikalen Konstruktivismus«, lehrt seit 1970 Kognitive Psychologie an der University of Georgia.

Yasunaga Komori: Kinderärztin und Familientherapeutin, arbeitet in Forschung und Lehre an der medizinischen Fakultät (Abteilung Neuropsychiatrie) der Universität in Nagoya, Japan.

Cloé Madanes: Leitet mit Jay Haley das Institut für Familientherapie in Washington.

Giorgio Nardone: Ist Leiter des Centro di terapia strategica in Arezzo sowie Professor an der Universität in Siena im Fachbereich Klinische Psychologie (Technik der Kurzzeittherapie).

Alessandro Salvini: Ist Ordinarius für Klinische Psychologie an der Fakultät für Psychologie der Universität in Padua.

Martin Wainstein: Leiter des Fundación Instituto Gregory Bateson-Mental Research Institute in Buenos Aires, Argentinien, ist Autor zahlreicher Publikationen zur konstruktivistischen Kurzzeittherapie.

Paul Watzlawick: Ist einer der bekanntesten Vertreter des radikalen Konstruktivismus, lehrte in El Salvador und an der Stanford University. Sein Spezialgebiet sind die menschliche Kommunikation und die Theorien der Veränderung im klinischen und sozialen Bereich. Seit 1960 arbeitet er am Mental Research Institute in Palo Alto (MRI).

John Weakland: Ist kürzlich verstorben. Er war Leiter und einer der Gründer des Brief Therapy Center im MRI in Palo Alto. Als Anthropologe hat er zusammen mit Gregory Bateson am Thema »Doppelbindung« gearbeitet.

Jeffrey Zeig: Ist Gründer und Leiter der Milton H. Erickson Foundation und Assistenzprofessor an der Arizona State University.

Paul Watzlawick

Anleitung zum Unglücklichsein
135 Seiten. Serie Piper

Paul Watzlawicks »Anleitung zum Unglücklichsein« ist zum Kultbuch geworden. Die Geschichten, mit denen der Autor seine Leser zum Unglücklichsein anleitet – etwa die mit dem verscheuchten Elefanten –, sind inzwischen Allgemeingut. Man kann Paul Watzlawicks Buch mit einem lachenden und einem weinenden Auge lesen. Jeder Leser dürfte etwas von sich selbst in diesem Buch wiederfinden – nämlich seine eigene Art und Weise, den Alltag unerträglich und das Triviale enorm zu machen.

»Eine amüsante Lektüre für Leute, die dazu neigen, sich das Leben schwer zu machen – ohne zu wissen, wie sie das eigentlich anstellen. Ein Lesevergnügen mit paradoxem Effekt. Das Nichtbefolgen der ›Anleitung zum Unglücklichsein‹ ist die Voraussetzung dafür, glücklich sein zu können.«
Brigitte

Paul Watzlawick

Vom Schlechten des Guten
oder Hekates Lösungen.
124 Seiten. Serie Piper

»Ein sehr unterhaltend geschriebenes Buch, das sich mit Witz und Ironie der drängenden Probleme unserer Gegenwart annimmt und versucht, die Trugschlüsse der populärsten Problemlösungen aufzudecken.«
Österreichischer Rundfunk

»Das sich auf weite Strecken amüsant gebende und im Plauderton geschriebene Buch steckt voll tiefen Ernstes.«
Wiener Zeitung

SERIE PIPER

Paul Watzlawick

Vom Unsinn des Sinns oder vom Sinn des Unsinns

Mit einem Vorwort von Hubert Christian Ehalt. 84 Seiten. Serie Piper

»Wenn sich der brillante Philosoph und Psychoanalytiker Paul Watzlawick Gedanken über den Sinn und seine Täuschungen macht, ist Konzentration gefragt. Trotz aller Verwirrung und sprachmächtigen Wortspielereien behandelt er nämlich die zentrale Frage der menschlichen Existenz. Unbedingt ernstzunehmen.«
Forbes

Paul Watzlawick

Wie wirklich ist die Wirklichkeit?

252 Seiten. Serie Piper

Paul Watzlawick klärt auf unkonventionelle und amüsante Weise darüber auf, was die sogenannte Wirklichkeit tatsächlich ist. Denn sie ist keineswegs das, was wir naiv »Wirklichkeit« zu nennen pflegen, sie ist vielmehr das Ergebnis zwischenmenschlicher Kommunikation, was Watzlawick mit vielen verblüffenden Beispielen belegt.

»Dieses Buch sollte zur Pflichtlektüre für jene gemacht werden, die für alles eine Erklärung parat haben und sie als objektive Tatsachen anpreisen. Politiker, Soziologen, Theologen, Lehrer, aber natürlich auch Kritiker und Journalisten sollten sich Watzlawicks Buch unters Kopfkissen legen.«
Rias Berlin

Erving Goffman

Wir alle spielen Theater

Die Selbstdarstellung im Alltag.
Aus dem Amerikanischen von
Peter Weber-Schäfer. Vorwort von
Lord Ralf Dahrendorf. 256 Seiten.
Serie Piper

An verblüffenden Beispielen zeigt der Soziologe Goffman in diesem Klassiker das »Theater des Alltags«, die Selbstdarstellung, wie wir alle im sozialen Kontakt, oft nicht einmal bewußt, sie betreiben, vor Vorgesetzten oder Kunden, Untergebenen oder Patienten, in der Familie, vor Kollegen, vor Freunden. Erving Goffman gibt in diesem Buch eine profunde Analyse der vielfältigen Praktiken, Listen und Tricks, mit denen sich der einzelne vor anderen Menschen möglichst vorteilhaft darzustellen sucht. Goffman wählt dazu die Perspektive des Theaters. Wie ein Schauspieler einen bestimmten Eindruck vermittelt, so inszenieren einzelne und Gruppen im Alltag »Vorstellungen«, um von den eigenen echten oder vorgetäuschten Fähigkeiten zu überzeugen.

Konrad Lorenz

Das Jahr der Graugans

182 Seiten mit 147 Farbfotos von
Sybille und Klaus Kalas. Serie Piper

Seit seiner Jugend hat sich Konrad Lorenz, vor hundert Jahren geboren, mit Wildgänsen befaßt. Der große Verhaltensforscher und Nobelpreisträger hat die Graugänse so leidenschaftlich wie kein anderes Tier beobachtet. Über die Lebens- und Verhaltensweisen der Graugänse in ihrer natürlichen Umwelt veröffentlichte er diesen mittlerweile legendären Text- und Bildband: 147 hervorragende Farbfotos aus dem Jahresablauf des Familien- und Gesellschaftslebens der Wildgänse und ein bewegender, anschaulicher Text von Konrad Lorenz.

»Bei dem Wort Verhaltensforschung dürften die meisten an Konrad Lorenz denken, beim Namen Konrad Lorenz an Graugänse.«
Dieter E. Zimmer, Die Zeit

SERIE PIPER

Einstein sagt

Zitate, Einfälle, Gedanken. Herausgegeben von Alice Calaprice. Vorwort von Freeman Dyson. Betreuung der deutschen Ausgabe und Übersetzungen von Anita Ehlers. 280 Seiten mit 26 Abbildungen. Serie Piper

Mit Einstein ist es wie mit Goethe: Mit einem Zitat von ihm liegt man immer richtig! Er formulierte glänzend und einfallsreich, seine Worte und Sprüche waren nicht nur witzig, sondern hatten auch bedenkenswerten Tiefgang. Die hier versammelten fünfhundert Einstein-Zitate ordnen zum ersten Mal seine Gedanken und Ideen nach Themen: Der Leser findet also Einsteins Äußerungen über sich selbst, Deutschland, Amerika, die Juden und Israel, den Tod, die Ehre und die Familie, Krieg und Frieden, Gott und Religion, Freunde, Wissenschaftler und die Frauen. Er selbst würde vermutlich über die Sammlung seiner geflügelten Worte schallend lachen und seinen Stoßseufzer von 1930 wiederholen: »Bei mir wird jeder Piepser zum Trompetensolo!«

Robert Levine

Eine Landkarte der Zeit

Wie Kulturen mit Zeit umgehen. Aus dem Amerikanischen von Christa Broermann und Karin Schuler. 320 Seiten. Serie Piper

Um herauszufinden, wie Menschen in verschiedenen Kulturen mit der Zeit umgehen, hat Levine mit Hilfe von ungewöhnlichen Experimenten das Lebenstempo in 31 verschiedenen Ländern berechnet. Das Ergebnis ist eine höchst lebendige Theorie der verschiedenen Zeitformen und eine Antwort auf die Frage, ob ein geruhsames Leben glücklich macht.

Levine beschreibt die »Uhr-Zeit« im Gegensatz zur »Natur-Zeit« – dem natürlichen Rhythmus von Sonne und Jahreszeiten – und zur »Ereignis-Zeit« – der Strukturierung der Zeit nach Ereignissen. Robert Levine glückte ein anschauliches und eindrucksvolles Porträt der Zeit, das dazu anregt, unser alltägliches Leben aus einer anderen Perspektive zu betrachten und ganz neu zu überdenken.

Yagyu Munenori
Der Weg des Samurai

Anleitung zum strategischen Handeln. Herausgegeben von Hiroaki Sato. Aus dem Amerikanischen von Guido Keller. 153 Seiten. Serie Piper

In kurzen Kapiteln vermittelt der legendäre Schwertkunstmeister Yagyu Munenori (1571–1646) Wahrheiten, die immer noch Gültigkeit besitzen: Klarheit und Inspiration, Harmonie und Vollendung – das sind die Essenzen der uralten japanischen Schwertkunst, die besonders heute den Weg zu klugem strategischem Handeln in Konflikten und im Wettbewerb zeigen. Ein außergewöhnliches Buch, das den Leser tief mit der spirituellen Lebensart und strategischen Weisheit des edlen japanischen Samurai vertraut macht.

Tsunetomo Yamamoto
Hagakure

Der Weg des Samurai. Aus dem Englischen von Guido Keller. 142 Seiten. Serie Piper

»Nicht länger als sieben Atemzüge« soll es dauern, bis man eine Entscheidung getroffen hat, schrieb Tsunetomo Yamamoto vor dreihundert Jahren im »Hagakure« (»Hinter den Blättern«). Dieser Ehrenkodex für Samurais spielt eine eindrucksvolle Hauptrolle in Jim Jarmuschs Film »Ghost Dog«. In kurzen Kapiteln vermittelt das »Hagakure« Wahrheiten, die noch immer gültig sind. Ähnlich wie Machiavellis »Der Fürst« oder Sunzis »Die Kunst des Krieges« zeigt es den Weg zu Entschlossenheit und Loyalität und schärft Verstand und Vertrauen in die eigenen Fähigkeiten. Daß auch der innere Friede ein entscheidender Faktor ist, die Durchsetzung bei Konflikten, die Gelassenheit bei privaten Entscheidungen und die Weisheit in der Lebensführung zu finden, macht das »Hagakure« zu einem besonderen Wegweiser in der heutigen Welt.

SERIE PIPER

05/1588/01/L   05/1181/01/R